JN265480

Accounting
and
Financial Statement Analysis

会計と
財務諸表分析

OKAMOTO Haruo
岡本治雄

唯学書房

はしがき

　2008年9月15日，投資銀行リーマンブラザーズ社が突然倒産した。このいわゆるリーマンショックが米国の経済や連邦準備局の政策を変え，世界経済に深刻な不況をもたらした。刻々と変化する世界情勢，株価や為替レートの変動で一喜一憂する経済社会において，現代の会計はいかなる機能と役割を担っているのであろうか。

　会計に関しては，さまざまな解釈があるが，会計は，企業や他の組織における経済的リアリティを，会計固有の言語に転換したコミュニケーションの道具としての役割を果たすと同時に，国内外の経済インフラを補完し，法律や政治制度に組み込まれた社会的制度として機能している。こうした現代の会計制度は，今世紀初頭，米国エンロン事件，ワールドコム社の粉飾，カネボウ，ライブドア，オリンパス等のスキャンダラスな事件に関係した。今後，2011年3月11日の震災後の経済復興や新たなエネルギー開発と原発問題にもどう関係していくのであろうか。

　本書『会計と財務諸表分析』は，こうした時代における経営者の作成する会計情報（財務諸表）が，株主をはじめとするステークホルダーとの社会的コミュニケーションにおいていかなる機能を果たしているのかを明らかにすることを目的とする。会計は「ビジネス言語」(language of business) であるが，経済的リアリティの何を語り，何を語らないのであろうか。まず，本書第Ⅰ部の第1章から第3章において，財務諸表を作成するコード（記号の結合の仕方）や記号の意味づけとして機能する会計制度の基本的枠組みを概説する。そして第Ⅱ部の第4章から第8章までは，貸借対照表に表示される「資産」，「負債と純資産」，損益計算書で計算される各事象の「利益」，キャッシュ・フロー計算書で表示される「資金」，そして企業グループの全体を表現した連結財務諸表の世界と経済的リアリティとの関係を分析する。また，第4章，第5章，第6章では「補節」として重要な会計諸基準を取り上げて説明を加えている。最終の第9章は第4章から第8章までの分析手法を総合した財務諸表分析の手法を説明する。

会計と財務諸表分析　目次

はしがき … iii

第Ⅰ部　会計制度の基本的枠組み

第1章　会計の基本的な考え方

1　会計の世界 … 3

- 1 会計を学ぶ … 3
- 2 簿記の時代 … 5
- 3 近代会計の生成 … 6
- 4 近代会計から現代会計 … 7

2　会計の基礎的諸概念 … 8

- 1 会計の本質と公準 … 8
- 2 財務諸表のメカニック … 9
- 3 簿記一巡の手続と決算 … 14
- 4 財産法と損益法 … 15

3　会社会計と財務諸表 … 16

- 1 会社会計の特質 … 16
- 2 アカウンタントと会計主体論 … 17
- 3 会計言語の勘定科目と財務諸表 … 19

第2章 財務報告の会計制度

1 企業会計制度 … 24
- ① わが国の企業会計制度 … 24
- ② 会計基準設定機関と財務会計の概念フレームワーク … 26
- ③ わが国の GAAP と国際化への対応 … 28
- ④ 米国の会計基準と FASB … 30
- ⑤ IASB による国際会計基準とフレームワーク … 34

2 企業会計原則 … 35
- ① 企業会計原則の目的 … 35
- ② 一般原則と注解のコンメンタール … 36

3 会社法と会社計算規則 … 42
- ① 会社法の目的と特徴 … 42
- ② 会社の設立プロセスと発行可能株式数 … 43
- ③ 計算書類等と会社計算規則 … 43

4 金融商品取引法と財務報告書 … 45
- ① 金融商品取引法の目的 … 45
- ② 有価証券報告書と財務諸表等規則 … 45
- ③ 証券取引所と決算短信 … 46

5 中小企業の会計 … 46

6 日本の税制と税務会計 … 48
- ① 納税の義務 … 48
- ② 税務会計 … 48

第3章 会計監査と内部統制

1 わが国の会計監査制度 … 54

　1 会計監査の意義と歴史 … 54
　2 会計監査制度 … 57

2 監査基準 … 59

　1 会計監査におけるリスク・アプローチ … 59
　2 監査基準の改定とゴーing・コンサーン規定 … 59
　3 監査基準の概要 … 60
　4 監査報告書と監査人の選択 … 67
　5 会計監査人の仕事と倫理 … 68

3 リスク情報の開示 … 69

4 会計不正と会計操作 … 69

　1 会計不正 … 69
　2 利益調整と会計操作 … 70
　3 粉飾決算とそのパターン … 70

5 内部統制制度と内部監査 … 72

　1 内部統制報告書 … 72
　2 内部監査 … 73

第Ⅱ部　会計と経済的リアリティ

第4章　貸借対照表の分析（資産の会計）

1　貸借対照表の本質と表示能力 … 81

　① 作成方法 … 81
　② 貸借対照表の本質と記載基準 … 82

2　資産の概念と測定 … 83

　① 資産の概念と定義 … 83
　② 資産の測定と評価 … 83
　③ 公正価値の概念 … 85

3　流動資産の会計 … 86

　① 現金預金と営業債権 … 87
　② 有価証券の会計 … 90
　③ 棚卸資産 … 99
　④ その他の流動資産 … 103

4　固定資産の会計 … 103

　① 有形固定資産 … 103
　② 無形固定資産 … 108
　③ のれんの会計 … 109
　④ 投資その他の資産 … 111
　⑤ 固定資産の減損会計 … 111

5　繰延資産 … 114

補節　会計諸基準の説明　そのⅠ … 115

- 1 金融商品に関する会計基準 … 115
- 2 デリバティブ取引とヘッジ会計 … 118
- 3 研究開発費とソフトウェアの会計基準 … 128
- 4 リース会計基準 … 132

第5章　貸借対照表の分析（持分の会計）

1　負債の会計 … 146

- 1 負債の定義と分類 … 146
- 2 社債の会計 … 147
- 3 引当金の会計 … 148

2　純資産の会計 … 151

- 1 純資産の定義 … 151
- 2 株主資本と増資 … 152
- 3 会社法における剰余金の配当と処分 … 154
- 4 会社法における損失の処理と減資 … 156
- 5 自己株式の会計処理 … 157
- 6 新株予約権 … 158

3　株主資本等変動計算書 … 161

- 1 株主資本等変動計算書の役割 … 161
- 2 注記表の作成 … 163

補節　会計諸基準の説明　そのⅡ … 163

　1 退職給付会計基準 … 163
　2 ストック・オプションの会計 … 182
　3 資産除去債務の会計 … 186

第6章　損益計算書の分析

1　会計の利益と測定 … 199

　1 会計における利益概念 … 199
　2 会計の利益計算アプローチ … 200

2　損益計算の本質 … 202

　1 会計利益の認識と測定 … 202
　2 収益の認識と測定 … 203
　3 費用の認識と対応の原則 … 207

3　損益計算書の仕組み … 208

　1 損益計算書の作成と区分表示 … 208

4　クリーン・サープラス関係と包括利益計算書 … 215

　1 クリーン・サープラスの原則 … 215
　2 わが国の包括利益会計基準 … 216
　3 包括利益の定義 … 216

補節　会計諸基準の説明　そのⅢ … 218

　1 外貨建取引等会計処理基準　企業会計審議会 … 218
　2 税効果会計基準 … 231
　3 工事契約に関する会計基準 … 238

第7章 キャッシュ・フロー計算書の分析

1 キャッシュ・フロー計算書の本質 … 249

1 キャッシュ・フロー計算書の導入と目的 … 249
2 損益計算書とキャッシュ・フロー計算書との違いと表示区分 … 251

2 キャッシュ・フロー計算書の作成 … 252

1 営業活動によるキャッシュ・フローの作成方法 … 252
2 投資活動によるキャッシュ・フロー … 260
3 財務活動によるキャッシュ・フロー … 260
4 個別項目の取扱 … 261
5 キャッシュ・パターンによる分析 … 263

3 フリーキャッシュ・フローと会計発生高の概念 … 264

1 フリーキャッシュ・フロー … 264
2 会計発生高 … 264

4 連結キャッシュ・フロー計算書 … 265

1 原則法と簡便法 … 265
2 連結キャッシュ・フロー計算書の表示 … 265

第8章 連結財務諸表の分析

1 連結会計の基本的な考え方 … 270

1 連結会計の意義と目的 … 270
2 連結会計の基礎概念 … 271

2 連結財務諸表に関する会計基準 … 274

1 連結財務諸表作成における一般原則 … 274
2 連結財務諸表作成における一般基準 … 274
3 連結貸借対照表の作成基準 … 275
4 「連結損益及び包括利益計算書」又は「連結損益計算書」及び
「連結包括利益計算書」の作成基準 … 277
5 連結株主資本等変動計算書の作成 … 280

3 連結財務諸表作成のプロセス … 281

1 事前準備とその後 … 281
2 支配獲得日の会計処理 … 281
3 支配獲得日の部分所有子会社 … 284
4 子会社株式の段階取得 … 286
5 評価差額と税効果会計の適用 … 288

4 支配獲得日後の連結会計処理 … 289

1 連結仕訳 … 289
2 連結財務諸表の作成 … 291
3 連結二期目以降の会計処理 … 296

5 連結財務諸表作成の個別的会計処理 … 297

1. 子会社株式の追加取得 … 297
2. 子会社株式の売却 … 298
3. 連結会社間の内部取引と未実現利益の消去 … 300

6 非連結子会社及び関連会社に関する持分法の適用 … 306

1. 持分法の意義と適用範囲 … 306
2. 持分法の会計処理 … 306

7 連結会計における税効果会計 … 309

1. 連結法における税効果会計 … 309
2. 税効果会計の持分法への適用 … 314

8 連結会計における退職給付会計 … 316

9 在外子会社等の財務諸表の換算 … 318

1. 在外子会社等の会計処理 … 318
2. 在外子会社等の財務諸表項目の換算 … 319

10 連結四半期報告書 … 322

11 連結会計制度の課題 … 323

1. 連結納税制度 … 323
2. 連結の範囲と特別目的会社 … 323

第9章 財務諸表分析

1 財務諸表分析の意義 … 335

   1 財務諸表の有機的関係と分析の注意点 … 335
   2 主要な財務比率 … 338
   3 投下資本の効率性と構造 … 338
   4 株価と財務比率との関係 … 342
   5 企業価値の評価 … 346

2 主要な財務比率分析 … 346

   1 収益性の分析 … 346
   2 投資の効率性分析 … 351
   3 成長性と規模の分析 … 353
   4 財務の流動性分析 … 355
   5 キャッシュ・フロー情報の分析 … 358
   6 生産性分析と付加価値 … 360

3 連結財務諸表に固有の分析問題 … 364

謝　辞 … 373
索　引 … 374

第Ⅰ部
会計制度の基本的枠組み

第1章 会計の基本的な考え方

学習目標

　本章は，会計を学ぶ意義，会計の基本的な考え方，簿記や会計の歴史，基本的な会計上の諸概念（資産，負債，資本，収益，費用，取引，勘定科目など）及び財務諸表の機能を理解することを目標とする。

1 会計の世界

1 会計を学ぶ

（1）会計の世界

　会計（accounting）は，現代社会のインフラを補完し，社会的かつ制度的実践として機能する[1]。会計は国民経済を対象にするマクロ会計[2]とそれを構成する単位のミクロ会計に分類される。ミクロ会計には企業や家計，病院や学校といった非営利法人（NPO），非政府組織（NGO）の会計が含まれる。本書で取り上げる企業会計（business accounting）は企業組織（business organization）を単位とする会計である。それは簿記や原価計算のような計算技法だけでなく，財務会計，管理会計，税務会計，会計監査，経営分析，環境会計等の目的に応じて実践される。

（2）会計の役割

　会計は，企業の取引や経済事象の変化を認識・記録し，ある一定の計算技法を使って，貨幣による測定，評価をして財務諸表（financial statement）に総合するプロセスである。経営者は，委託された企業の財産管理と運用に対する経営責任を財務諸表によってステークホルダー[3]に報告し，ステークホルダーはそれを使って経営者の責任を解除し，同時に経済的な意思決定を下す。こうした現代の財務諸表は，経済的リアリティを鏡に写し取った単純な写像ではなく，複雑に展開される社会的制度を通じて会計固有の資本，資産，負債，収益，費用あるいはコスト，利益といった概念で表現されたものである。

　財務諸表は，伝統的には次の役割を担ってきた。①経営者による株主等への受託責任（stewardship）の報告，②経営管理と財務政策の基礎データ，③経営者による適法な配当の決定，④賢明な配当行動の指針，⑤銀行等からの信用保証のための基礎，⑥資本市場における投資家に向けた情報の開示，⑦すでに実行された投資価値の指針，⑧行政による監督支援，⑨価格や料金（rate）を決定するための基礎資料，⑩課税の基礎として利用される[4]。今日，資本市場に向けた企業の財務情報を開示する役割が強調されている。

（3）会計の学び方

　会計を学ぶ第一歩は，標準化されたテキストから基本的知識を身につけることである。会計専門職（profession）を目指すには，会計制度に関する深い知識が必要とされるが，いずれにしろ，会計が表現する経済的リアリティを常に観察し，問題意識を抱えることである。そして，会計の世界から経済的リアリティに新たな発見や解釈を見出すことである。会計を研究するには，さらに研究方法論（research methodology）[5]が問われる。研究方法には規範的な理論研究，会計制度の比較研究，情報の経済学による情報分析，会計情報の有用性を検証する資本市場研究（capital markets research），会計一般理論を探究する公理アプローチ，言語機能の批判的研究等がある。ちなみに，理論とは「ある程度まで検証されてきた，ある観察済みの現象の明白な関係性あるいは基礎となる原理・原則の形式[6]」である。会計理論（theory）へのアプローチには合理主義に基づく規範・演繹的（normative）方法と，事実によって証明する実証的（positive）

方法がある。規範的理論は「いかにあるべきか」を説明するのに対して，実証的理論（記述論）は「何が事実か」を説明する理論である。会計ではどのような意味で「理論」という用語を使用するか注意を払う必要がある。会計基準や会計処理も理論というし，それらを支える理論をメタ理論という。また，実証的会計研究で展開される統計的手法の理論は「モデル」や「仮説」であって会計理論とは区別される。

2 簿記の時代

　会計とは何か，その本質を明らかにしない限り，その起源を語ることはできない。そこで，会計がある特定の目的をもつコミュニケーション手段であると仮定すると，その本質は時代の要請に従って変化してきた。伝統的には委託者と受託者とのスチュワードシップ責任関係から，他者の財産の管理を委託された者が，その受託者に対して財産管理の顛末のすべてを報告し，説明する行為である。その起源は，文字が現れた古代メソポタミア文明（紀元前4000年）の時代，数を記録するクレイトークン（粘土の焼き物）にみられる[7]。また，古代ローマの貴族と奴隷との関係では，奴隷は主人に代わり貸付業務に関係し，その金銭出納の顛末を主人たる貴族へ報告した[8]。また，英国の封建社会（feudalism）における荘園制度（manor）の代理人報告[9]にも受託責任会計をみることができる。しかし，今日の会計と密接に関係するのは，中世に出現した複式簿記（double-entry bookkeeping）である。簿記には単式簿記と複式簿記がある。単式簿記は現金出納帳にみられるように現金の流れだけを記録するが，複式簿記は，取引を二重に記録し，貨幣の流れと財貨・用役の流れを二元的に記録する体系的なシステムである。以下では，複式簿記のことを単に簿記という。簿記は，組織の経済的行為を記録する道具であり，会計の一つであるが，すべてではない。その最古の史料がジェノバ市財政官の帳簿（1340年）であるが，商人たちが実践していたものを最初に文書化したのが，ルカ・パチオリ（Luca Pacioli）による『スンマ』である[10]。その技法はイタリアからオランダ，フランス，そして英国に伝播した。フランスでは，ルイ14世の時代，1673年3月23日，大蔵大臣コルベールが企業の不正を糺(ただ)し倒産を防止す

るために，フランス商事王令に複式簿記を導入した[11]。ちなみに，江戸時代の商人が利用した大福帳があったが，それは債権と債務の備忘記録にとどまっていた[12]。わが国では明治維新（Meiji Restoration in 1868）後，福澤諭吉が1873年（明治6年），米国のブライヤント／スタラットン（H. B. Bryant and H. D. Stratton (1871) *Common School Book-Keeping*）を訳した『帳合之法』にて簿記を紹介した。本書の初編（1873年）が単式簿記，二編（1874年）が複式簿記を扱う。日本発の複式簿記書は，1873年（明治6年）12月，スコットランドの銀行家アラン・シャンド（Alexander Allan Shand）の起草により大蔵省が発行した『銀行簿記精法』が最初である。ここで使われたbookkeepingという言葉が「簿記」と訳され，一般化した。

3 近代会計の生成

富（wealth）として金銀や胡椒（銀と同じ重さで交換），香辛料など奢侈品を求めた大航海時代，その主要な推進の役割を果たしたのが，各国の東インド会社（英国の東インド会社，ユリウス暦1600年12月31日に創設〜1858年解散，オランダ1602年に設立〜1799年廃止，フランス1664年設立〜1769年解散）であった[13]。1602年に設立されたオランダ東インド会社（VOC）が世界初の株式会社であった[14]。アムステルダムでは，多くの出資者を募り証券取引所も開かれた。このオランダ東インド会社は最盛期には5万人以上の従業員，軍艦40隻，兵士1万人，船乗り2万人を抱える組織となった。当社は国策会社であり，投機の対象であった[15]。そして，株式会社が多く誕生したのは18世紀後半，英国に始まる産業革命後のことである。会社の設立は当初勅許主義（王の勅命による免許）に基づくものであったが，しだいに法律において一定条件を満たして法人格を認める準則主義が確立された。こうして英国では労働から生まれる国富論の広がりと資本主義社会[16]が生成した。英国で会計士（accountant）という職業が生まれ発展していったのは，19世紀半ばのスコットランドであり，19世紀後半のイングランドであった。英国で原価計算が発達したのは第一次世界大戦における軍需産業の成長に関係する[17]。

英国で萌芽した会計と監査は米国に渡り急速に近代化した[18]。米国では

ニューヨーク証券取引所（New York Stock Exchange）が1792年に開設されたが，現在のような財務情報を公開することは一般的ではなかった[19]。20世紀初期に入って株式会社が大規模化し，証券市場が拡大し，所有株主の分散化により「所有と経営の分離」が顕著となった[20]。米国は，第一次世界大戦（1914年〜1918年）を契機にして世界をリードする国力をもったが，その後過剰生産と投機による資本市場が加熱して，1929年10月24日（暗黒の木曜日），ニューヨーク証券市場が大暴落した。米国の戦後がここから始まった。米国は，健全かつ公正な資本市場の構築に向けて，1933年に証券法（Securities Act of 1933），1934年に証券取引所法（Securities Exchange Act of 1934）を制定した。この法律に基づく米国証券取引委員会（Securities and Exchange Commission, SEC）の誕生は近代会計制度化の始まりであった。

4 近代会計から現代会計

1940年代から1960年代中頃まで，米国の経済発展とともに会計の近代化も進展した。60年代後半は，金融事件，訴訟，会計士（監査法人 Big Eight，会計基準設定機関 APB）への批判が渦巻き，それまでの会計制度の存続が危ぶまれた[21]。一方，1971年に貿易収支は赤字に転落し，ドル兌換制度が廃止され変動為替相場制が始まった。OAやコンピュータの普及による情報化社会が出現し，この時点はまさに会計変革のターニングポイントであった。会計は，利益の測定と評価という視点から，メディア化し会計情報の有用性を重視しだした。アメリカ会計研究学会（American Accounting Association）は1966年に『基礎的会計理論』（ASOBAT）を刊行し，意思決定に有用な情報をコア概念とする会計理論を打ち出した。1971年，AAAは『会計理論の構築と検証に関する委員会報告[22]』に意思決定のための情報として取得原価以外の多元的評価を導入した。いわゆる現代会計は，企業業績を評価・測定する以上に情報をあまねく報告することに力点を置いた。この会計観は不確実性下の合理的意思決定論（theory of rational decision-making under uncertainty）と効率的資本市場仮説（efficient market hypothesis，以下EMHという）と結びついた。EMHとは資本市場における株価はすべての投資家がもつ知識や期待を反映して決まるとい

う仮説である。EMHには三種類のパターンがある。一つは公開された過去の株価チャートだけでは超過収益を手にできない弱度の効率性（weak form test）、二つ目はそれに加えて公開情報（会計情報、経営者予測情報等）では超過収益を手にできない半強度の効率性（semi strong form）、さらにインサイダー情報があっても超過収益を手にできない強度の効率性（strong form）のパターンに分けられる。現実の半強度の効率性下では、公開された利用可能な情報が証券価格を確定する場合に株価に折り込まれるためには、株価操作、会計情報の虚偽報告、インサイダー取引などの規制が必要となる。また、経済学者アロー（K. Arrow）は、人がさまざまな選好（preference）をもち、必ずしも合理的な諸条件を備えた選好に結びつかないという「定理」（the Possibility Theorem of Arrow）[23]を打ち出した。合理的な行動をする人「ホモエコノミックス」という仮説から離れて、個人間の、例えば経営者と投資家を完全に満足させる諸概念の集合は存在しないが、両者を互いに満足させるものが戦略的交渉（negotiation）と妥協（compromise）であり、これをもって、組織は集団的行動の利点を実現する手段であること[24]を証明した。この定理が「不完全情報の経済学」（the economics of imperfect information）やエイジェンシー理論に生かされている。現代会計はこうしてコミュニケーションにおける「情報の非対称性」（asymmetry of information）の問題に取り組むことになる[25]。

2 会計の基礎的諸概念

■1 会計の本質と公準

　会計公準（postulates）とは数学の定理と同じく説明を必要としない基本概念であり、少なくとも次の三つをいう。
① 企業実体（entity）の公準：会計は個人企業（proprietorship）、共同企業（partnership）あるいは株式会社（corporation）の形態にはとらわれず、一つのエンティティを単位（unit）として行われる公準である。事業部会計、本支店会計、連結会計などが展開される。

②継続事業体（going concern）の公準：企業が途中で清算するのではなく，継続して存在すると仮定して会計を行う公準である。継続事業体の経済活動は，ある一定期間ごとに期間計算を必要とする。したがって，定期的に帳簿を締め切る決算（closing books）が行われる。その会計期間（1年，四半期，1カ月）のはじめを期首，途中を期中，決算日を期末という。

```
      期首              期中          期末（決算日）
       ↓                ↓                ↓
       ●————————————————————————————————→ ∞
              会計期間
```

③貨幣的評価（monetary valuation）の公準：会計の取引がすべて貨幣単位で表示されるという公準である。貨幣測定の概念（money-measurement concept）であり，会計対象のすべては貨幣によって測定される。

2 財務諸表のメカニック

（1）簿記と会計との関係

簿記は，一連の取引（transactions）を，資産や負債の財政状態の変化と，その変化の因果関係の両面を体系的に記録するシステムである。取引には，資金の出資と引出という資本が直接に増減する「資本取引」と，この資本を運用して利益を獲得する「損益取引」がある。損益取引は，資本を変化させる因果関係に起因する。取引には，この損益取引と損益に関係しない資産（資産相互間），負債（負債相互間），資本（資本相互間）の交換取引とそれらをミックスした混合取引がある。

（2）貸借対照表と損益計算書と会計等式

貸借対照表（balance sheet，一般にバランスシートB／Sという）は，資本の元入れを一つは現金の増加（借方＝左辺）と，もう一つは出資者の資本金（持分という）の増加（貸方＝右辺）という二つの側面を表示する。現金やその他の生産要素を資産（assets）という。資産は将来のサービスポテンシャル（キャッシュ・フロー）を創出するものである。企業が銀行から現金を借り入れた場合，貸借対

照表は現金（資産）の増加と同時に銀行に返済する義務の「借入金」を表示する。借入金は負債（liabilities）の一つである。貸借対照表は下記のように借方に資産を計上し，貸方に負債と資本金を含む「純資産」の均衡状態を示す。

	借方	貸借対照表	貸方	
資産	現金		借入金	（負債）
			資本金	純資産（資本）

まず，個人企業の貸借対照表と損益計算書をみよう。個人企業は株式会社の法人とは異なり，企業と事業主とが一体であって無限責任の原則が貫かれる企業の形態である。最終的に企業の債務は事業主が負担することになる。

❶ Aさんは，現金100万円を元手に中古車販売業Y商会を開業した。この時点以降，すべての取引は，Y商会が主体（主語）となって記録する。Y商会の「財政状態」（経済の姿）は下記の貸借対照表に描かれる。100万円の元手は，一つは現金の増加，もう一つは出資金（proprietor's name）の増加であるが，資本金（capital）として表示される。

	借方	期首貸借対照表	貸方	（単位：万円）
❶	現金	100	❶ 資本金	100
		100		100

❷ Y商会は，銀行から100万円を借りた。この取引によりY商会は現金がさらに増える。同時に，将来に返済すべき借入金が増える。これは返す義務のない資本金と区別される。負債の一つとなる。

	借方	貸借対照表	貸方	（単位：万円）
❶	現金	100	❷ 借入金	100
❷	現金	100	❶ 資本金	100
		200		200

❸ Y商会は店舗を借りたが，家賃10万円は月末に支払う契約をした。同日，商品（中古車）を100万円で現金で仕入れた。商品はそれを資産と商品売買益（収益）とに区分する分記法で処理する。

借方	貸借対照表	貸方	（単位：万円）
❸ 現金	100	❷ 借入金	100
❸ 商品	100	❶ 資本金	100
	200		200

＊商品を仕入れたとき，分記法ではなく一般には三分法が使われる。三分法とは，商品の購入を仕入勘定，商品の販売を売上勘定，そして繰越商品勘定に区分して処理する方法であって，決算時にその売上原価を求める。この時点では，貸借対照表の機能を理解するために分記法を使った。

❹ Y商会は，仕入れた商品（原価）を顧客に150万円で現金販売した。差額50万円は商品売買益（収益，revenues）として損益計算書（profit & loss statement）の貸方に計上する。

借方	貸借対照表	貸方	（単位：万円）
❹ 現金	250	❷ 借入金	100
		❶ 資本金	100
		❹ 当期純利益	50
	250		250

借方	損益計算書	貸方	（単位：万円）
		❹ 商品売買益	100

❺ Y商会は月末に給料20万円，借入金の利息5万円，家賃10万円を現金で支払った。この取引は支払利息，支払家賃，給料の費用（expenses）として損益計算書の借方に計上される[26)]。

借方	貸借対照表	貸方	（単位：万円）
❺ 現金	215	❷ 借入金	100
		❶ 資本金	100
		❺ 当期純利益	15
	215		215

	借方	**損益計算書**		貸方	（単位：万円）
❺ 給与	20	❹ 商品売買益		50	
❺ 支払利息	5				
❺ 支払家賃	10				
当期純利益	15				
	50			50	

二つの財務諸表から次の会計等式が導かれる。

貸借対照表等式	資産 ＝ 負債 ＋ 純資産（株主資本）
資本等式	資産 － 負債 ＝ 純資産（株主資本）

損益計算書等式	費用総額（35）＋ 当期純利益（15）＝ 収益総額（50）

個人企業では期末の純資産（資本金と当期純利益）が次期の期首資本金となる。

（3）仕訳と総勘定元帳と勘定記入の原理

　取引は領収書，請求書，注文票などの証憑（しょうひょう）に基づいて仕訳帳（journal）と同時に総勘定元帳（general ledger）に記録される。仕訳（journalizing）は取引を発生順に記録し各勘定口座の借方要素と貸方要素に分類する手続である。その記帳は「勘定記入の原理」（rules for increase and decreases）と「取引8要素の結合」に基づいて行われる。仕訳帳の記録は，総勘定元帳に転記（posting）される。すべての取引を記録する総勘定元帳は「勘定」（accounts ＝ a/c）の集合である。勘定は，①日付，②勘定科目名，③借方と貸方，④金額を記録する。その略式をT字フォームという。勘定はバランスシートに関係する資産（assets），負債（liabilities），純資産（資本）（stockholders' equity）と損益計算書に関連する収益勘定と費用勘定がある。

　下記の勘定記入の原理から，資産に関係するすべての勘定の増加は借方，減少は貸方に記入される。各勘定の残高は貸借対照表に表示される。反対に，負債と純資産に関係するすべての勘定はその減少を「借方」，増加を「貸方」に記録する。損益計算書に関係するすべての費用は，それが発生した原因は「借方」，すべての収益勘定にはそれが発生した原因をすべて貸方に記録する。そ

れら取引が消滅する場合には，反対の仕訳が行われる。

勘定記入の原理

期末貸借対照表

現金	215	借入金	100
		資本金	100
		当期純利益	15
	215		215

総勘定元帳　　**現金（資産）**

❶ 資本金	100	❸ 商品	100
❷ 借入金	100	❹ 給料	20
❹ 諸口	150	❹ 支払家賃	10
		❹ 支払利息	5
		（残高）B／S へ	215
	350		350

商品（資産）

❸ 現金	100	❸ 商品	100

借入金（負債）

←B／S（残高）	100	❷ 現金	100

資本金（純資産）

←B／S（残高）	100	❶ 現金	100

商品売買益（収益）

←損益勘定	50	❹ 諸口	50

給料（費用）

❹ 現金	20	20	損益勘定→

支払家賃（費用）

❹ 現金	10	10	損益勘定→

支払利息（費用）

| ④ 現金 | 5 | | 5 | 損益勘定→ |

損益計算書

給料	20	商品売買益	50
支払家賃	10		
支払利息	5		
当期純利益	15		
	50		50

　総勘定元帳の資産，負債，資本金の残高（次期繰越）は試算表に集計される。次に，それをもとにして貸借対照表に表示される。収益と費用の各勘定は，損益勘定に振り替えられ，それをもとに損益計算書に集計される。例えば，商品売買益50（貸方）を損益勘定の貸方に振り替えるには，その勘定をゼロ（均衡状態）にする（商品売買益50／損益50）という振替仕訳が行われる。損益勘定で計算される差額がプラスであれば，資本金勘定の増加を意味する「当期純利益」として表示される。

3 簿記一巡の手続と決算

　企業の経済活動をすべて網羅し体系的に把握するためには，適切な帳簿組織が必要である。帳簿組織には普通仕訳帳と総勘定元帳の主要簿以外に伝票と日計表，特殊仕訳帳などの複数仕訳制が補助簿として用いられる。帳簿の開始記入，期中取引，決算のプロセスを「簿記一巡の手続」という。決算（closing entry）とは定期的に帳簿を締め切る手続である。決算の目的は一定時点の財政状態を示すバランスシートと一定期間の経営成績を示す「損益計算書」を作成することにある。複式簿記の計算プロセスは決算整理前の繰越試算表まで，その後の決算整理後のプロセスには会計の考え方が導入される。決算後の翌期には再び簿記の記録が続けられる。簿記と会計手続は相互に不可分の関係にある。

①試算表の役割と作成……決算整理前の試算表
　　期中取引の記録の正確性を検証するために試算表（残高試算表，合計試算表）

を作成する。試算表は期首の元入資本に期中の資本取引を加減して期末の元入資本を算定する。試算表（決算整理前）はすべての金銭の使途と収入の事由を示したものにすぎない。

②棚卸表の作成

　簿記の記録から離れて，期中では判明しない事実を調査して棚卸表を作成する。それが決算整理事項である。現金過不足，売上原価の計算，有価証券の評価替，売掛金等の貸倒見積，減価償却費，引出金整理，収益と費用の繰延と見越，そして消耗品の整理がある。

③決算整理事項の整理仕訳は普通仕訳帳で行われる。

〈本決算の手続〉

④損益勘定（income summary account）に収益勘定と費用勘定の残高を振り替える。

⑤損益勘定で計算した差額を資本金勘定に振り替える。株式会社の場合，資本金勘定が株主総会まで維持されるから，当期純利益は繰越利益剰余金に振り替えられる。

⑥総勘定元帳におけるすべての収益と費用の各勘定を締め切る。

⑦資産，負債，及び資本（純資産）の勘定各残高（繰越）を残高勘定（あるいは次期繰越の繰越試算表）に振り替える。決算整理後の資産，負債，純資産の次期繰越額は，「繰越試算表」（英米式）あるいは「残高表」（大陸法）を作成して検証される。これらの繰越額は決算日の貸借対照表を作成するために使用される。

⑧普通仕訳帳を締め切る。

⑨繰越試算表から貸借対照表を作成し，損益勘定から損益計算書を作成して終了する。

4 財産法と損益法

　期間損益の計算方法には財産法と損益法がある。財産法は，貸借対照表における期末資本の額（純資産）から期首資本の額（純資産）を差し引いて利益を求める方法であるが，計算段階では二つの財産法が存在する。一つは簿記上の財

産法であり，決算整理前の試算表に基づいて期首資本と期末資本との差額を求める[27]。もう一つは会計における本来の財産法であり，決算整理前に作成した試算表の後，決算整理仕訳を施した貸借対照表から導かれる。それは期末の純資産とその期における「元入資本」が比較される。つまり，①試算表の純資産計算＝資産の帳簿残高－負債の帳簿在高(ありだか)＝純資産（資本）を導き，期首と期末を比較する。決算整理（事実の確認）後，①式を修正して，②貸借対照表の純資産計算＝資産の実際在高－負債の実際在高＝純資産の実際在高を導き，期首と期末を比較する方法である。会計上の財産法は，②式から導かれる。期中に追加出資や引出がないとすれば，③期末の純資産額－期首の純資産額＝当期純損益である。財産法は利益の発生の要因を明らかにはしない。

これに対して，損益法はある会計期間に発生したすべての収益と費用を比較し，純資産の変動の要因を明らかにする計算方法である。損益法は，財貨の流れを追跡し捕捉するが，常に財貨の中に貨幣を見出す貨幣的利益計算と，給付（財貨の費消によって新たに財貨を生産し販売する対価）と費消（流入した財貨が企業の給付を生産するために消費された犠牲）という給付費消計算がある。これは財貨の流れそのものを追跡し，計算対象は貨幣でなく財貨自体の物量計算に基礎を置く財貨的利益計算である。それは積極要素を「給付」，消極要素を「費消」として計算する。通常，損益法とは，前者の貨幣収支の原因分析を基礎に収益とそれに対応する費用を計算する。過去の収支記録だけでなく将来の収支を含めて拡張された収支計算に基礎を置く。

> 貸収益の総額 － 費用の総額 ＝ 当期純利益（又は当期純損失）
> 費用総額 ＋ 当期純利益 ＝ 収益総額（損益計算書等式）

3 会社会計と財務諸表

1 会社会計の特質

会社には，合名会社，合資会社，合同会社，そして株式会社の種類がある。

会社が大規模化するには，多額の資本を必要とするが，その意味で株式会社（以下では単に会社という）がポピュラーな企業形態である。会社は，その資金調達として株式を発行し資本を集める。会社は株式だけでなく，社債という将来に償還する義務のある債券を起債する。会社の特徴は，株主の「有限責任」と株式の発行と資本市場における譲渡にある。株式会社の設立には出資者を募る「募集設立」と発起人が全部を出資する「発起設立」がある。設立には発起人が定款を作成して，株式を発行して出資者を募り，出資金が払い込まれる。会社の機関等を決めて登記という手続を申請して存在する。会社は，出資者から募った資金を株式払込額として，原則，全額を「資本金」勘定（paid in capital）に組み入れる。だが，会社法の最低資本金組入額の規定から，資本金に組み入れない部分を資本準備金（株式払込剰余金という）とすることができる。会社が一期間に獲得した利益は，繰越利益剰余金勘定に振り替えられる。次期に開催される株主総会において，この繰越利益剰余金は前期繰越額と合わせて，配当や内部留保として処分されることになる。会社に関する会計処理は会社法とそれに基づく会社計算規則に則して行われる。

2 アカウンタントと会計主体論

　財務諸表を作成し，報告する最終責任は経営者が負うが，実際には社内のアカウンタント（accountant）が記録し，作成する。アカウンタントは，期中の日常取引を記録する帳簿係であり，予算，原価計算，管理会計，会計システム設計，内部監査報告等の業務に従事し，自らの会計責任を果たす使命をもつ。

　経営者は経営責任（responsibilities）と同時にこうした結果を説明する「会計責任」（accountability）がある。経営者の行動をモニタリングする機構に取締役会，社外取締役，監査委員会の内部牽制制度がある。会社内には売掛金回収，借入，増資と運用（証券投資，貸付）の財務意思決定を担当するラインとそれを補佐し情報を提供するスタッフ（予算，主計などのコントローラー）からなる。

　経営者が財務諸表を作成するにあたり，会計を誰の立場から行うのかという判断基準が問われる。この企業観あるいは判断主体の問題が会計主体論（accounting viewpoints）である。資本主理論，企業主体論，代理人理論（エイジェ

ンシー理論を含む）がある。

　資本主理論（所有主理論，Proprietary theory）は，所有主（資本主）の立場から会計上の判断を行う。利益は資本主の持分増加と考えられる。企業は所有主と一体視され，経営者は所有主の利益獲得のために仕えると仮定される。これは簿記に流れる支配的な考え方である。資産は所有主が所有する積極財産であり，負債は所有主の負担する消極財産と考える。次の資本等式が重視される。

> 資産－負債＝資本（所有主持分＝純資産）

　企業主体理論は，所有主理論では説明できない現実に対応し，企業を所有主から「分離した実体」とみなし，企業を制度的な経済的組織体と考えて会計を行う。次の貸借対照表等式が基礎となる。

> 資産＝他人資本＋自己資本＝各持分の合計

　資産は，会社という「法人」が所有し，支配する財産である。事業で獲得した利益はそれが個々の利害関係者に移転されるまでは，企業自体の利益とみなされる。企業主体理論は，所有主理論とは対称的に所有者を債権者や顧客と同じように単なる外部者として取り扱う。経営者は所有者もその他の利害関係者と等しく奉仕するスチュワードシップ概念を備えて企業自体の利益を追求する。

　代理人理論は，企業自体が権利と義務の主体となる企業主体論を認めるが，企業は所有者の代理機関であり，経営者は株主から資源の運用を受託し所有者のために行動すると考える。この代理人理論において新たにエイジェンシー理論（agency theory）が展開されている。エイジェンシー理論では，経営者（agent）は株主（principal）が委託した資源の運用を受託するが，経営者は株主のためだけでなく，経営者自身の利益を保護し，さらに自己規制の自制行動（bonding）をとると仮定する。株主は経営者をモニタリング（monitoring）するが，会計はそのモニタリング制度として機能する。エイジェンシー理論は企業という組織を「契約の束」とみなす。その他の会計主体論には「企業体理論」（企業を社会的制度と理解し，利害関係者の利害調整を果たす）や企業を非人格的な集合体としての資金とみなす「資金理論」（fund theory），「経営者理論」等のフレームワーク

が展開される。

3 会計言語の勘定科目と財務諸表

下記はABC株式会社の貸借対照表（勘定式）と損益計算書（勘定式）である。表示された勘定科目の意味と勘定科目相互の関係を分析することにより，企業の経営成績や財政状態を知ることができる。

(1) 貸借対照表

資産は，将来の経済的価値を生み出すものであるが，企業が支配する資源のすべてを表示するものではなく，無形の資産（知財，名声，組織力等）や人間の労働力を表示しない。奴隷制度の廃止（abolition of slavery）以来，何人も他者の労働を所有することはできないからである。負債は，将来返済する義務のある債務（obligations）や，期間損益計算から生まれる会計固有の負債（未払費用，引当金等）も含まれる。借入金などの負債は資産に対する請求権（claim）をもつ。純資産は，資産と負債との差額であり，株主資本とその他のものからなる。株主資本（equity）は資本金，資本剰余金，利益剰余金からなる。

貸借対照表

ABC 株式会社　　　×1年12月31日　　　　　　　　　　（単位：円）

資産の部				負債の部		
Ⅰ　流動資産				Ⅰ　流動負債		
1　現金預金			480	1　短期借入金		80
2　受取手形		100		2　支払手形		40
3　売掛金		60		3　買掛金		50
▲貸倒引当金		10	150	4　未払法人税		30
4　有価証券			300	Ⅱ　固定負債		
5　商品			90	1　長期借入金		200
6　前払利息			30	2　社債		100
7　未収金			50	3　退職給付引当金		300
流動資産合計			1,100	負債合計		800
Ⅱ　固定資産				純資産		
1　備品		1,000		Ⅰ　資本金		500
▲減価償却累計額		100	900	Ⅱ　資本剰余金		
2　土地			130	1　資本準備金		500
3　投資有価証券			100	Ⅲ　利益剰余金		
固定資産合計			1,130	1　利益準備金		100
Ⅲ　繰延資産				2　その他利益剰余金		
1　株式交付費			5	任意積立金		100
2　創立費			15	繰越利益剰余金（内訳　前期繰越40＋		250
繰延資産合計			20	当期純利益210）		
				純資産合計		1,450
資産合計			2,250	負債及び純資産合計		2,250

（2）損益計算書

　損益計算書は，右側に収益を示す。収益には営業活動による収益（売上高や受取手数料）と，財務活動による営業外収益（受取利息等）がある。左側に費用を表示する。営業活動（売上原価，給料，支払家賃等），営業外費用（支払利息等），特別損益（固定資産売却損）が表示される。収益と費用の差額が純損益である。

損益計算書

ABC 株式会社　　　自 ×1 年 1 月 1 日　　至 ×1 年 12 月 31 日　　　　（単位：円）

II	売上原価				I　1　売上高		1,000
	1　期首繰越商品	80			2　受取手数料		150
	2　当期仕入高	450			3　受取利息		50
	合計	530					
	3　期末商品棚卸高	90					
	4　商品評価損	30	470				
III	販売費及び一般管理費						
	1　給料	270					
	2　支払家賃	80					
	3　通信交通費	20					
	4　減価償却費	70	440				
IV	1　支払利息	20					
	2　社債利息	10	30				
V	固定資産売却損		50				
	当期純利益		210				
			1,200				1,200

▶▶▶ 注 ◀◀◀

1) Miller, Peter (1994) "Accounting as social and institutional practice: an introduction," *Accounting as Social and Institutional Practice,* Edited by Anthony G. Hopwood and Peter Miller, Cambridge Studies in Management, Cambridge, pp.1–5.
2) 内閣府の国民経済計算では，国富とは国民全体が保有する資産から負債を差し引いた全額である。2011 年 11 月の資産（住宅，工場，耐久消費財，土地，森林）は 2,995 兆円。地価と株価が大きく影響したという。
3) ステークホルダー（stakeholder）とは，企業等の組織と直接・間接的な利害関係をもつ者で投資家，債権者，顧客，取引先，従業員，仕入先，地域社会，行政機関などをいう。
4) May, G. O. (1946) *Financial Accounting, A Distillation of Experience,* The Macmillan Company, p.10.
5) Mattessich, R. (2000) "The Status of Modern Accounting Thought and Its Evolutionary Background," S. B. Dahiya, ed. (2000) *The State of Business Disciplines, Vol.1: Accounting*, Rothka, India: Jan Tinbergen Institute and Spellbound Publishing, p.1.
6) *Webster's New Universal Unabridged dictionary,* 2nd ed. (1983), New York: Simon &

Schuster.

7) デニス・シュマント＝ベッセラ，小口好昭／中田一郎訳，2008年，『文字はこうして生まれた』，岩波書店，参考。
8) 友岡賛，1996年，『歴史にふれる会計学』，有斐閣，21頁参考。
9) 片野一郎監閲，久野光朗訳，1965年『ギルマン会計学・上巻』，同文舘出版，参考。当時の執事は領主に対して現金や麦を税の対象とする会計報告《charge and discharge account》の受託責任（master-slaver relationship）制度を負った。
10) フルネームはLuca Pacioli，姓だけをPaciolo（パチオロ）という。彼は1494年『スンマ「算術・幾何・比及び比例全書」』（*Summa de Arithmetica, Geometria, Proportioni et Proportionalita*）において複式簿記の体系を文書化した。
11) 商事王令は1807年にナポレオン商法に引き継がれ，1861年「一般ドイツ商法典」の範にもなった。
12) 山下勝治，1966年，『会計学一般理論』（第4版），千倉書房，7頁参考。大福帳は掛代金の得意先人名別に断片的記録する備忘記録で非組織的な単式簿記である。
13) 羽田正，2007年，『東インド会社とアジアの海』，講談社，参考。東インドとはアフリカ南端の喜望峰からマゼラン海峡に至る海岸沿いの諸地域をいう。インド，アラビア半島，東アジア，中国，日本が含まれる。
14) フレデリック・ドルーシュ総合編集，木村尚三郎監修，花上克己訳，1998年，『ヨーロッパの歴史――欧州共通教科書　第2版』，東京書籍，191-209頁参考。
15) Zack, Gerard M. (2012) *Financial Statement Fraud: Strategies for Detection and Investigation*, Wiley.
16) Chen, Rosita S. (July 1975) Social and Financial Stewardship, *The Accounting Review*, p.533.
17) アンソニー・ホップウッド／ピーター・ミラー編著，岡野浩／國部克彦／柴健二監訳，2003年，『社会・組織を構築する会計――欧州における学術的研究』，中央経済社，第5章「会計と第一次世界大戦」参考。
18) Mattessich, R. (2007) *Two Hundred Years of Accounting Research: An international survey of personalities, ideas and publication*, Routledge, New York, p.214.
19) Revsine, L., D. W. Collins, Bruce Johnson, and Fred Mittelstaedt (2011) *Financial Reporting & Analysis*, McGraw-Hill Irwin, p.38.
20) Berle, A. A. and G. C. Means (1932)・北島忠男訳，1957年，『近代株式会社と私有財産』，文雅堂銀行研究社，参考。200余巨大会社は産業全体の財産比率が49.2％に達し専門的経営者によって支配された。
21) Zeff, S. A. (September 2003) How the U.S. Accounting Profession Got Where It Is Today: Part I, *Accounting Horizons*, Vol.17, No.3, p.196.
22) AAA, (1971) "Report of the Committee on Accounting Theory Construction and Verification," *The Accounting Review*.
23) Arrow, K. J. (1963) *Social Choice and Individual Value*, Cowles Foundation Monograph, 2nd ed., New York, John Wiley.
24) ケネス・J. アロー，村上泰亮訳，1976年，『組織の限界』，岩波書店，111頁参考。

25) Scott, W. R. (2009) *Financial Accounting Theory,* fifth edition, Pearson, Prentice Hall, pp.5–6.
26) 取引で現金を手にしたとき収益，現金を支払ったとき費用として認識する考え方を「現金主義」(cash basis) という。現金の収支に関係なく財貨や用役の費消や給付という事実で収益と費用を認識する考え方を発生主義 (accrual basis) という。
27) 岩田巌，1969年，『利潤計算原理』，同文舘出版，107–124頁参考。

第2章 財務報告の会計制度

学習目標

　財務報告は企業会計基準や各種法令等の制度によって規制される。本章はわが国の企業会計制度，具体的には企業会計原則，会社法と計算書類等，金融商品取引法と財務報告書，中小企業の会計，税制と税務会計の骨組みを理解し，さらに，米国会計基準や国際会計基準との関係を考察することに目標を置く。

1 企業会計制度

1 わが国の企業会計制度

（1）戦後経済の変遷

　わが国の会計制度は，戦後の経済民主化[1]とめざましい経済成長とともに歩んできた。1950年代の経済は，50年の朝鮮戦争による特需とそれに続く三種の神器（洗濯機，掃除機，冷蔵庫）に代表される民間消費の拡大と投資の時代であった。1964年の東京オリンピックを挟み，経済は60年代と70年代初期まで高度経済成長を遂げた。反面，公害による環境破壊も深刻化し，負の経済が表面化した時代でもあった。1971年8月には，金融市場は，固定から変動為替相場制へ移行した。いわゆるニクソンショックが起きた。さらに，73年秋には中東諸国を中心とする産油国のオイル価格の大幅な引き上げによるオイ

ルショックが発生し，各国経済は狂乱物価に振り回された。そして，70年代の経済は低成長あるいはマイナスに転じた。わが国は，その後80年代前半まで，自動車等のハイテク産業を中心に輸出を増大させたものの，貿易収支の不均衡から，日米経済摩擦が激化した。1985年9月，米国でドル安と円高マルク高を容認する国際的為替協調のプラザ合意が結ばれた。その結果，日本経済は円高不況に向かった。それを克服するための85年から89年まで公定歩合を引き下げた低金利政策が続いた。それは過剰流動性を生み出し，バブル経済へと繋がった。日本は世界第2位の経済大国となり，国民総生産（gross national product, GNP）と国内総生産（gross domestic product, GDP）が飛躍的に発展した。こうした経済背景において，日本固有の法人資本主義が形成され，終身雇用，年功序列賃金，企業内組合制度が育まれた。社会的凝着性が濃い集団主義と合理的な経済理論とが融合した和魂洋才の文化が定着し，独特の金融システム[2]が存在した。証券や不動産への投機熱が高まったバブル期，金融機関は企業への収益性を度外視した融資に走り，企業はその資金を元手に濡れ手に粟という投機利益を求めた。その環境では個人が責任をとるという社会的風潮が薄れていった。

　やがて，1980年代後半の世界は冷戦が終了し，経済のグローバル化が生まれていた。わが国の経済政策は，1990年以降，引き締めに転じて，バブルは崩壊していった。日本企業や大手金融機関はBIS規制，金融ビッグバン等に対応できず，次々と経営破綻していった[3]。1996年11月，自由（free），公正（fair），国際的（global）な市場を目指して金融改革法が制定された。2000年代の経済は，バブルの後遺症を引きずり，不良債権の処理に喘いだ。

（2）企業会計制度

　わが国に公正なる会計慣行を導くために1949（昭和24）年，企業会計原則（旧大蔵省企業会計審議会）が設定された。企業会計原則は商法（commercial law），証券取引法（securities exchange law），税法（tax law）の法律制度に影響を及ぼした。わが国の制度会計では，利益分配の機能を果たす商法会計と税務会計，情報機能を果たす証券取引法会計の部分的結びつきをトライアングル体制（triangular legal system）といった。しかし，2006年に施行された会社法から計算

規定が削除された。代わって法務省令の会社計算規則が施行された。それは会計基準を全面的に受け入れるものであり，2007年に金融商品取引法が施行され，双方の財務諸表作成には実質的な相違点はなくなった。ただし，法人税申告書（corporate tax return）は会社法を基礎にした確定決算主義に基づいて作成される。

現在の企業会計制度は，下記の関係にある。

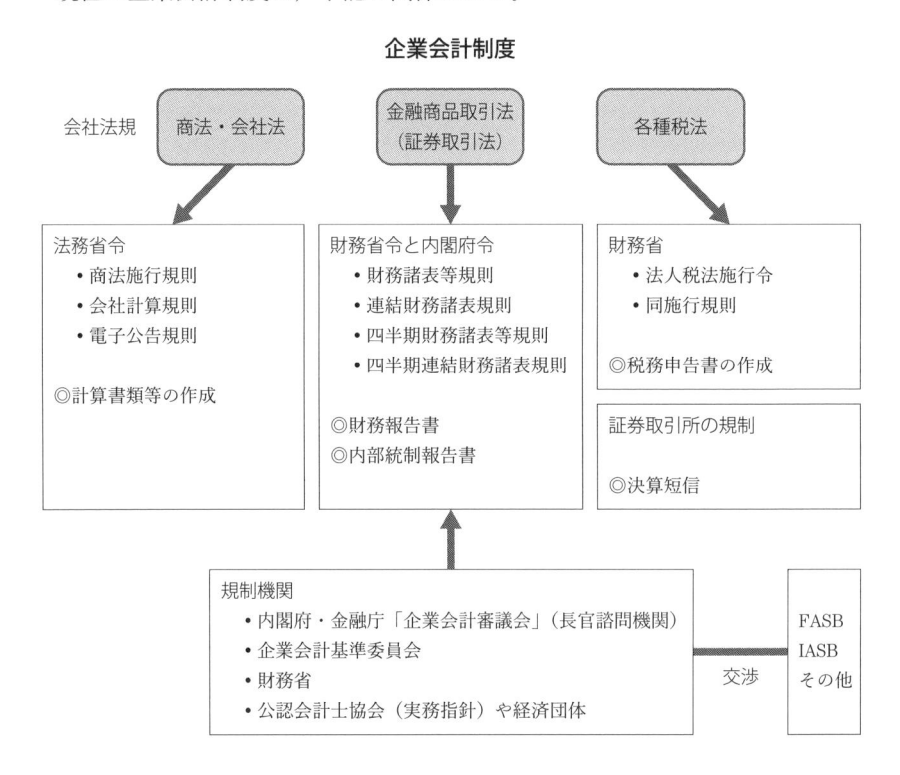

企業会計制度

会社法規	金融商品取引法	各種税法
商法・会社法	（証券取引法）	

法務省令	財務省令と内閣府令	財務省
・商法施行規則 ・会社計算規則 ・電子公告規則 ◎計算書類等の作成	・財務諸表等規則 ・連結財務諸表規則 ・四半期財務諸表等規則 ・四半期連結財務諸表規則 ◎財務報告書 ◎内部統制報告書	・法人税法施行令 ・同施行規則 ◎税務申告書の作成 証券取引所の規制 ◎決算短信

規制機関
・内閣府・金融庁「企業会計審議会」（長官諮問機関）
・企業会計基準委員会
・財務省
・公認会計士協会（実務指針）や経済団体

交渉 — FASB / IASB / その他

2 会計基準設定機関と財務会計の概念フレームワーク

　会計制度に関する一連の抜本的改革を会計ビッグバン（big bang）という。それは1990年代後半に始まり，国際的に通用する会計基準の適正化を確保し，財務諸表の信用を取り戻し，経営の透明性を図り，自己責任の原則，ディスクロージャーとコミュニケーションの促進を目的とする。企業会計基準の設

定機関は，これまでの「企業会計審議会」から，2001年7月26日，プライベート・セクター「財団法人・企業財務制度研究会」(Corporate Finance Research Institute, Japan, COFRI) の下に「企業会計基準委員会」(Accounting Standards Board of Japan, 以下 ASBJ という) が設立された。ちなみに，米国には財務会計基準審議会 (Financial Accounting Standards Board, FASB という)，英国には財務報告審議会 (Financial Reporting Council)，ドイツには会計基準委員会 (Deutsche Rechnungs Legungs Standards Committee) がある。

　ASBJ は「一般に公正妥当と認められる企業会計の基準」(Generally Accepted Accounting Principles, GAAP という) 等の調査研究・開発，ディスクロージャー制度，その他企業財務に関する諸制度の調査研究，及びそれらを踏まえた提言，並びに国際的な会計基準の整備等への貢献などを目的とする。ASBJ は，2003年1月，「基本概念ワーキング・グループ」を組織し，2006年12月，「公正性」「透明性」「独立性」を基本理念に『討議資料・財務会計の概念フレームワーク』(以下，討議資料という) のメタ理論を表明した。討議資料は，会計の基礎となる前提や概念[4]を体系化し，会計政策と制度の根幹を形成し，首尾一貫した会計基準を導き，財務会計と財務諸表の性質・機能・限界を規定する相関した諸項目と諸原理との整合的な体系を確保し，FASB や国際会計基準審議会 (International Accounting Standards Board, IASB という) の概念書に近づく方針に基づくものである。それは，個別具体的な会計基準の新設・改廃をただちに提案するものではなく，金融商品市場におけるディスクロージャー制度を念頭に置いて，公開企業の情報開示を前提に投資家による「企業成果の予測」と「企業価値の評価」に役立つことにある。

討議資料の目次

前　文　概念フレームワークの役割，会計基準を取り巻く環境，概念フレームワークと会計基準，概念フレームワークの構成
第1章　財務報告の目的
第2章　会計情報の質的特性
第3章　財務諸表の構成要素
第4章　財務諸表における認識と測定

　第1章「財務報告の目的」では，財務報告制度の目的は，社会からの要請に

よって与えられるものであり，自然に決まってくるのではない。いま社会からいかなる要請がなされているかを確かめることは，そのあり方を検討する際に最優先すべき作業であろう。その目的が，投資家による企業成果の予測と企業価値の評価に役立つような，企業の財務状況の開示にあるとする。自己の責任で将来を予測し投資の判断する人のために，企業の「投資のポジション」とその成果が開示される。これまでの「過去の取引をいかに正確に会計処理」するかということから「将来を予測して，資産と負債をどう評価するか」に軸足がシフトする。第2章「会計情報の質的特性」では，会計情報に求められる最も重要な特性はその目的にとっての有用性である。第3章「財務諸表の構成要素」では，構成要素を特定しそれらに定義を与えることを通じて，財務報告が対象とすべき事象を明確にする。不適格な項目を排除するとともに，財務報告の対象とすべき項目を包摂するように，構成要素の定義をするアプローチを採用する。第4章「財務諸表における認識と測定」では，第3章の定義を充足した各種構成要素を，いつ認識し，それらをどのように測定するかという問題を扱う。

3 わが国の GAAP と国際化への対応

（1） GAAP と会計基準

わが国の GAAP として，まず企業会計審議会が次の原則と基準を公表してきた。

企業会計原則	（1949 年 7 月制定，最終改正 1982 年）
原価計算基準	（1962 年 11 月）
連結財務諸表原則	（1975 年 6 月，最終改正 1997 年）
外貨建取引等会計処理基準	（1979 年 6 月，最終改正 1995 年 10 月）
リース取引に関係する会計基準	（1993 年 6 月，最終改正 2007 年）
連結キャッシュ・フロー計算書等の作成基準	（1998 年 3 月）
研究開発費等に係る会計基準	（1998 年 3 月）
中間連結財務諸表の作成基準	（1998 年 3 月）
退職給付に係る会計基準	（1998 年 6 月）
税効果会計に係る会計基準	（1998 年 10 月）

金融商品に係る会計基準	（1999 年 1 月，最終改正 2007 年）
固定資産の減損に係る会計基準	（2002 年 8 月）
企業結合に係る会計基準	（2003 年 10 月）

ASBJ が公表してきた企業会計基準（最終改正日）は以下の通りである。

第 1 号	自己株式及び準備金の額の減少等に関する会計基準	（2006 年 8 月）
第 2 号	1 株あたり当期純利益に関する会計基準	（2010 年 6 月）
第 3 号	退職給付に係る会計基準の一部改正	（2005 年 3 月）
第 4 号	役員賞与に関する会計基準	（2005 年 11 月）
第 5 号	貸借対照表の純資産の部の表示に関する会計基準	（2009 年 3 月）
第 6 号	株主資本等変動計算書に関する会計基準	（2010 年 6 月）
第 7 号	事業分離に関する会計基準	（2008 年 12 月）
第 8 号	ストック・オプション等に関する会計基準	（2008 年 12 月）
第 9 号	棚卸資産の評価に関する会計基準	（2008 年 9 月）
第 10 号	金融商品に関する会計基準	（2008 年 3 月）
第 11 号	関連当事者の開示に関する会計基準	（2008 年 12 月）
第 12 号	四半期財務諸表に関する会計基準	（2011 年 3 月）
第 13 号	リース取引に関する会計基準	（2007 年 3 月）
第 14 号	退職給付に係る会計基準の一部改正（その 2）	（2007 年 5 月）
第 15 号	工事契約に関する会計基準	（2007 年 12 月）
第 16 号	持分法に関する会計基準	（2008 年 12 月）
第 17 号	セグメント情報等の開示に関する会計基準	（2010 年 6 月）
第 18 号	資産除去債務に関する会計基準	（2008 年 3 月）
第 19 号	退職給付に係る会計基準の一部改正（その 3）	（2008 年 7 月）
第 20 号	賃貸等不動産の時価等の開示に関する会計基準	（2011 年 3 月）
第 21 号	企業結合に関する会計基準	（2008 年 12 月）
第 22 号	連結財務諸表に関する会計基準	（2011 年 3 月）
第 23 号	研究開発費等に係る会計基準の一部改正	（2008 年 12 月）
第 24 号	会計上の変更及び認識の訂正に関する会計基準	（2009 年 12 月）
第 25 号	包括利益の表示に関する会計処理	（2010 年 6 月）
第 26 号	退職給付に関する会計基準	（2012 年 5 月）

　これらのデュープロセスを経て設定される会計基準は最終的に企業会計審議会が責任を負う。

（2）わが国の「一般に公正妥当と認められる企業会計の基準」

わが国の GAAP は次の事項である。その適用は新しい基準から優先される。

> 1　企業会計審議会又は ASBJ が公表した会計原則と会計基準
> 2　ASBJ による企業会計基準適用指針（基準の解釈や実務に適用するときの指針），これは従来日本公認会計士協会が公表してきた実務指針に該当する。
> 3　ASBJ による実務対応報告（基準がない分野の取扱，緊急性のある分野での実務上の取扱）
> 4　日本公認会計士協会から公表された会計制度委員会等の実務指針及び Q & A
> 5　一般に認められる会計実務慣行

（3）国際会計基準への対応

　ASBJ は，2007（平成19）年 8 月に国際会計基準（国際財務報告基準, International Financial Reporting Standards, 以下 IFRS）とのコンバージェンス（収斂）に向けた東京合意を結んだ。コンバージェンスは企業の会計ディスクロージャー政策に影響を及ぼす[5]。IFRS はわが国の会計制度に今後も大きな影響を与えるし，これを適用する上場会社は今後も増えていくであろう。また，新興国などは，IFRS を自国基準としてアドプション（適用）する動きを加速させている。

4 米国の会計基準と FASB

（1）FASB と会計概念フレームワーク

　米国の会計基準は，財務会計基準審議会（FASB）を中心に設定される。FASB は 1973 年に私的セクターとして創設された。それ以前に「会計手続委員会」（Committee on Accounting Procedure, CAP: 1938-1959）や AICPA「会計原則審議会」（Accounting Principles Board, APB: 1959-1973）が基準作成を担った。FASB は，私的企業だけでなく，非営利団体のビジネスや経済環境における変化を反映するカレントな基準を保持し，財務報告制度の問題点を言及し，そこに含まれる情報の本質と目的を理解するよう改善し，国際会計基準とのコンバージェンスを推進する使命を抱える[6]。会計基準の制定には，FASB 以外に「政府会計基準審議会」（GASB，州・地方政府事業体の活動と取引の会計報告基準），AICPA，SEC（レギュレーション S-X），そして緊急問題専門委員会（Emerging Issues Task Force,

EITF)[7] が関係する。FASB が設定する GAAP はデファクト・スタンダード（事実上の標準）であるが，違反すると SEC による法的訴追を受ける。

1976 年，FASB はプロジェクトを立ち上げ，「概念フレームワーク」(Conceptual Framework) の構築に着手した。一般に，会計基準の作成アプローチには，問題が生じた時にその都度個別に対応するピースミール方式と概念アプローチがある。ピースミール方式では各基準間に矛盾が生まれる場合があり，首尾一貫性を欠いた。その対処法として会計基準設定の枠組みである概念フレームワークを必要とした。概念フレームワークは，会計基準の設定や会計諸問題を解決するための概念の枠組みであり，指針となる会計諸概念の展開を試みる。偏向のない財務情報及びそれに関する情報を提供することを促進するため，財務会計及び財務報告の構造と報告性を与えることによって，公共に利益に資することを意図する。

当該プロジェクトが公表する「財務会計概念書」(Statement of Financial Accounting Concepts, SFAC という) は，権威のある GAAP の源泉であり，実務の指針となる概念を説明し法の適正な手続において現在の指針や実務を評価する基礎として役立つ。また，FASB は国際会計基準との共通化を目指す「ノーウォーク合意」(2002 年 10 月) を公表し，2006 年 2 月には覚書書 (Memorandum of understanding, MOU) をとり交わした。FASB は「財務報告のための概念フレームワーク 2010」を公表し，IASB とのジョイント・プロジェクトの成果として第 8 号「財務報告のための概念フレームワーク」を明示し[8]これまでの SFAC 第 1 号と第 2 号を置き換えた[9]。

SFAC No.1	1978 年	営利企業の財務報告の目的（No.8 へ置き換え）
SFAC No.2	1980 年	会計情報の質的特徴（No.8 へ置き換え）
SFAC No.3	1980 年	営利企業の財務諸表の構成要素（No.6 により廃止）
SFAC No.4	1980 年	非営利組織の財務報告の目的
SFAC No.5	1984 年	営利企業の財務諸表における認識と測定
SFAC No.6	1985 年	財務諸表の構成要素（SFAC 第 3 号の改定）
SFAC No.7	2002 年	会計測定におけるキャッシュ・フロー情報と現在価値の利用
SFAC No.8	2010 年	財務報告のための概念フレームワーク
		第 1 章　一般目的の財務報告の目的（SFAC No.1 から）
		第 3 章　有用な財務情報の質的特性（SFAC No.2 から）

(2) 米国の GAAP

米国 GAAP は，1992 年の AICPA の「監査基準書 69 号」(Statement on Auditing Standards, SAS No.69) によると，APB や FASB による成文書 (Codification of Statements of Auditing Standards) からなり，下記の四つのカテゴリーに区分される[10]。

---

❶ カテゴリー A
- 「FASB 財務会計基準書」(1973 年から現在) FASB Statements of Financial Accounting Standards-SFASs) ……会計方法と個別問題の会計処理
- 「FASB 解釈指針」(FASB Interpretations, FIN という)・修正と拡大
- 「会計原則審議会意見書」(Accounting Principles Board Opinions, 1959 年から 1973 年にわたって発行した 31 の意見書)
- 「AICPA 会計研究公報」(Accounting Research Bulletins, 1939 年から 1959 年) が発行した 51 の公報。

↓

❷ カテゴリー B
- FASB「技術基準公報」(FASB Technical Bulletins)
- AICPA の「業種別監査・会計指針」(AICPA Industry Audit and Accounting Guides)
- AICPA 意見書 (AICPA Statements of Position)

↓

❸ カテゴリー C：AICPA の機関と会計専門家で構成の単体より発表され承認されたもの
- FASB「緊急問題特別委員会による合意」(FASB Consensus reached by the EITF)
- AICPA の「会計基準執行委員会業務公報」(AICPA, Accounting Standards Executive Committee Practice Bulletins)

↓

❹ カテゴリー D：一般に認められている実務慣行，発表文
- 「AICPA 会計解釈指針」(AICPA　Accounting Interpretations)
- 「FASB スタッフ発行 Q&A (FASB Implementation Guides Q and A)
- 一般に又はその産業において広く認識されたあるいは普及する会計実務

D 群は有用な会計情報であると実証されて GAAP となる。新しく基準書が発行された場合，該当分野については既発行の基準等を修正あるいは廃止する。

FASB は，会計基準利用者の利便性を高めるために，財務会計基準書 (Statement of Financial Accounting Standards) を成文化し「会計基準編纂書」

(Accounting Standards Codification, ASC) を編纂し，2009 年 9 月 15 日から適用した。これは非政府組織に適用される一般に公正妥当と認められた権威ある会計基準である。

米国に上場する会社は SEC が規定する「Regulation S-X」《10-K：アニュアル・リポート形式 (90 日以内)，10-Q：四半期報告書 (情報開示 45 日以内)，8-K：会社の財務状況に強い影響を及ぼす事象について (4 日以内)》の規則に従う。米国の基本財務諸表 (Annual Report) は以下の 7 種類の文書から構成され，それらすべてが公表される必要がある。

米国の財務諸表	
❶ Balance Sheet	貸借対照表
❷ Income Statement	損益計算書
❸ Statement of retained earnings or changes in shareholders' equity	余剰金計算書又は株主持分計算書
❹ Statement of Cash Flows	キャッシュ・フロー計算書
❺ Description of Accounting policies	会計方針の記述
❻ Notes of Financial Statements	財務諸表注記
❼ Schedules and explanatory material	附属明細書及び説明資料

（3）会計危機と SOX 法

21 世紀はじめ，米国ではエンロン事件やワールドコム事件が発生し，監査制度，ディスクロージャー，コーポレートガバナンスのあり方が問われた。2002 年に「企業会計改革法」(Sarbanes-Oxley, Public Company Reform and Investor Protection Act) が制定され，その下に「公開会社会計監視委員会」(Public Company Accountability Oversight Board, PCAOB という) が設置された。PCAOB は，監査人の独立性とディスクロージャー制度を強化し，会計と監査手続に対する基準を規制し，経営者の責任を強化し，そして監査委員会の強化と企業の内部統制を拡充した。経営者には有価証券報告書など開示義務のある財務諸表が正しいという宣言（確認書）が求められた。財務諸表に関わる内部統制について外部の監査人による監査も要求された。PCAOB は上場会社を監査する監査事務所の調査と懲戒処分，一般に公正妥当と認められる監査基準 (generally accepted auditing Standards, GAAS) を発行する。

5 IASBによる国際会計基準とフレームワーク

(1) 国際会計基準

現在の国際会計基準審議会（IASB）は前身が「国際会計基準委員会」（International Accounting Standards Committee, IASC, 1973年設立, 本部ロンドン）である。IASC は9カ国会計士団体（オーストラリア, カナダ, フランス, ドイツ, 日本, メキシコ, オランダ, 英国とアイルランド, 米国）から構成された。当初, 各国会計基準を「調和化」することを目的にした。2000年, 世界の証券監督当局からなる「証券監督者国際機構」（International Organization of Securities Commissions, IOSCO）が同じ物差しで経営成績を比較できる包括的会計基準（コア・スタンダード）として, IASCに国際財務報告基準（International Financial Reporting Standards, 以下 IFRS）を求めた。

IASB が公表する IFRS は, IASC の「国際会計基準」（IAS 第1号から第41号）, 国際財務報告解釈指針委員会（IFRIC）又はその前任組織の解釈指針委員会（SIC）が組成する「解釈指針」（IFRIC 第1号から第12号等）を含む。IFRS の正文は英語, 主として上場企業の連結財務諸表に適用される。「財務諸表の目的は, 広範な利用者が経済的意思決定を行うにあたり, 企業の財政状態, 経営成績及び財政状態の変動に関する有用な情報を提供することにある」(par.12)。IFRS の根底には投資家志向の視点があり, 資産調達は資産が増加しただけでは意味がなく, どんなキャッシュ・フローを生むかに関心が向けられる。この視点から, 貸借対照表に代わる「財政状態計算書」が作成される。財務諸表は経営者の判断に基づく「公正価値会計」（fair value accounting）から導かれる。

- 財政状態計算書　　　　　　　　　Statement of financial position
- 包括利益計算書　　　　　　　　　Statement of comprehensive income
- 持分変動計算書　　　　　　　　　Statement of changes in equity
- キャッシュ・フロー計算書　　　　Statement of cash flows
- 注記　　　　　　　　　　　　　　notes
- 重要な会計方針の要約及びその他の説明を行う注記で構成される注記

IFRS の適用は, 投資活動を促進し, 資本市場のリスクプレミアムを減少し,

資本コストの削減, IT システムの統合, 連結作業の効率化などのメリットがある。2005 年, 欧州連合 (European Union, EU) は, 域内の加盟企業に対して IFRS を強制適用 (mandatory adoption) した。ただし, 会計基準が企業の命運を左右し, 国益に関係する場合, IFRS は各国の例外規定 (離脱規定) を設けている。

(2) IASB フレームワーク

IASB は「財務諸表の作成及び表示に関するフレームワーク」(Framework for the Preparation and Presentation of Financial Statements, 以下, IASB フレームワークという) を 2001 年 4 月に採用した。IASB フレームワーク[11]は, 国際会計基準の設定・改定, 代替的な会計処理の数を削減する基礎を提供し, 各国の会計基準設定主体が国内基準を設定する際に役立つ。会計基準は「原則主義」(principles-based-approach) に立脚する。原則主義とは, 基礎的な概念や原則的基準のみを定めておき, 細かな会計処理は会計担当者や監査人の判断に委ねる。そこでは期間損益計算の考え方に資産・負債アプローチをとる。このアプローチから「純利益」を廃止し「包括利益」を採用する。首尾一貫する基本的な概念を目指し, IASB は FASB と共同で「財務報告に対する概念フレームワーク 2010」(Conceptual Framework for Financial Reporting 2010) を公表し, これまでの財務諸表に関係する範囲からその目的を「財務報告」(financial reporting) へと広げた。財務報告書は正確な描写よりも, 見積, 判断, 及びモデルに基づいている。以上, IFRS の特徴は, 原則主義, 公正価値, そして貸借対照表重視の会計といえる。

2 企業会計原則

1 企業会計原則の目的

企業会計原則は, 一般原則, 損益計算書原則, 貸借対照表原則の本文と注解から構成される。

一般原則	下記 **2** に示す七つの原則
損益計算書原則	損益計算書の本質，区分（各種利益）
貸借対照表原則	貸借対照表の本質，区分，配列，科目の分類，貸借対照表評価額
注解	本文における特定事項の補足的説明，具体的会計処理，表示方法を示す。

2 一般原則と注解のコンメンタール

　一般原則は，損益計算書原則と貸借対照表原則に共通して適用される通則であり，両者を指導し方向づける包括的原則であって，次の七つの原則から構成される。

一　真実性の原則

> 企業会計は，企業の財政状態及び経営成績に関して，真実な報告を提供するものでなければならない。

　この原則は他のすべての企業会計原則を遵守することによって到達できる。真実とは「適正性と誠実性」を意味する。適正性とは一般に公正妥当と認められる会計慣行への準拠性を意味する。「誠実性」(integrity) とは不正や虚偽を排除する，つまり事実の虚構や隠蔽がないこと，特定の利害関係者への偏向がないことを意味する。その意味には絶対的真実と相対的真実とがある。絶対的真実とは一つの会計事実については一つの測定値しかないこと，相対的真実とは発生主義に基づく期間損益計算では単なる事実の記録だけでなく，経営者の判断が介入する余地があり，棚卸資産や固定資産に関しては代替的会計処理の選択が認められる。その表示内容は「絶対的真実」というよりも「相対的真実」となる。

二　正規の簿記の原則

> 企業会計は，すべての取引につき，正規の簿記の原則に従って，正確な会計帳簿を作成しなければならない。（注1）

この原則（principle of orderly bookkeeping）は財務諸表作成の基礎となる会計帳簿を正確に作成することを要請し，会計行為を律する原則である。その要件に①「記録の網羅性」（認識の対象），②「記録の検証可能性」（立証性），③記録の秩序性（組織性）が要求される。複式簿記はこの要件を満たす。

（注1）「重要性の原則の適用」（一般原則二，四，貸借対照表原則一）

> ……，重要性の乏しいものについては，本来の厳密な会計処理によらないで他の簡便な方法によることも正規の簿記の原則に従った処理として認められる。重要性の原則は，財務諸表の表示に関しても適用される。

　①消耗品，消耗工具器具備品その他貯蔵品のうち重要性（materiality）の乏しいものは費用として処理する方法を採用できる。②前払費用，未収収益等の経過勘定科目のうち重要性の乏しいものは経過勘定科目として処理しないことができる。③引当金のうち重要性の乏しいものについては計上しないことができる。④たな卸資産の取得原価に含められる付随費用のうち重要性の乏しいものについては取得原価に算入しないことができる。⑤分割返済の定めがある長期の債権又は債務のうち，期限が1年以内に到来するもので重要性が乏しいものについては固定資産又は固定負債として表示することができる。

三　資本取引・損益取引区分の原則

> 　資本取引と損益取引とを明瞭に区別し，特に資本剰余金と利益剰余金とを混同してはならない。（注2）

　この原則（principle of distinction between capital and earnings）は期間損益計算を適正化し，企業の資本を維持し，企業の財務の健全性を図るためのものである。資本取引は出資や引出といった直接の増減取引で拘束性を特質とする。損益取引は運用取引の処分性を特質とする。損益取引を源泉とする利益剰余金も資本に含まれるが，資本維持の観点から維持されるべき部分は拠出資本に限定される。それ以外は過去と当期の損益取引を源泉とする処分可能な利益と解釈される。期間損益計算は，狭義に損益取引を把握し，留保利益の増減取引は資本取

引として位置づける。この区分原則は「取引区分原則」(資本取引と損益取引の区分) と「剰余金区分原則」の二つを包摂する。前者は利益決定計算の原則，後者は株主資本内部での区分原則である。これら二つが一つの「資本・損益区分原則」という言葉で統一された。

(注2)「資本取引と損益取引との区分について」(一般原則三)

> (1) 資本剰余金は，資本取引から生じた剰余金であり，利益剰余金は損益取引から生じた剰余金，すなわち利益の留保額であるから，両者が混同されると，企業の財政状態及び経営成績が適正に表示されないことになる。従って，例えば，新株発行により株式払込剰余金から新株発行費を控除することは許されない。
> (2) 商法上資本準備金として認められる資本剰余金は限定されている。従って，資本剰余金のうち，資本準備金及び法律で定める準備金で資本準備金に準ずるもの以外のものを計上する場合には，その他の剰余金の区分に記載されることになる。

四 明瞭性の原則

> 企業会計は，財務諸表によって，利害関係者に対し必要な会計事実を明瞭に表示し，企業の状況に関する判断を誤らせてはならないようにしなければならない。(注1)，(注1-2)，(注1-3)，(注1-4)

この原則 (principle of clarity) は利害関係者が企業の経済状況に関する適切な判断や合理的な意思決定ができるよう，財務諸表が必要な会計事実を十分かつ適切に表示する会計報告の行為を律する。それは会計数値のみならず，会計判断において採用した会計方針，その他利害関係者が企業の状況を理解するために重要な後発事象，偶発債務，担保提供資産などに関する情報が含まれる。「明瞭に表示」するとは「詳細性」と「概観性」のトレードオフ関係を配慮することを意味する。これを高める方法に総額主義の原則，費用収益対応の原則，区分表示の原則，項目配列の原則，科目の分類基準，科目の明瞭性，注記による追加情報の開示，附属明細表による開示がある。

（注1-2）重要な会計方針の開示について（一般原則四及び五）

> 　財務諸表には，重要な会計方針を注記しなければならない。会計方針とは，企業が損益計算書及び貸借対照表の作成に当たって，その財政状態及び経営成績を正しく示すために採用した会計処理の原則及び手続き並びに表示の方法をいう。

　会計方針（accounting policy）は，財務諸表の作成にあたって財政状態と経営成績を正しく表示するために採用した会計処理の原則と手続並びに表示の方針をいう。例えば，有価証券や棚卸資産の評価基準及び評価方法，減価償却方法，繰延資産処理方法，外貨建資産・負債の換算基準，引当金の計上基準，費用・収益の計上基準，代替的な会計基準が認められない場合には会計方針の注記を省略することができる。

（注1-3）重要な後発事象の開示について（一般原則四）

> 注1-3　重要な後発事象の開示
> 　財務諸表には，損益計算書及び貸借対照表を作成する日までに発生した重要な後発事象を注記しなければならない。後発事象とは，貸借対照表日後に発生した事象で，次期以後の財政状態及び経営成績に影響を及ぼすものをいう。重要な後発事象を注記事項として開示することは，当該企業の将来の財政状態および経営成績を理解するための補足情報として有用である。

　後発事象（subsequent events）には，（イ）火災，出水等による重大な損害の発生，（ロ）多額の増資又は減資及び多額の社債の発行又は繰延償還，（ハ）会社の合併，重要な営業の譲渡又は譲受，（ニ）重要な係争事件の発生又は解決，（ホ）主要な取引先の倒産がある。

（注1-4）注記事項の記載について（一般原則四）

> 注1-4　注記事項の記載方法
> 　重要な会計方針に係る注記事項は，損益計算書及び貸借対照表の次にまとめて記載する。なお，その他の注記事項についても，重要な会計方針の注記の次に記載することができる。

注記（notes to the financial statements）は，財務諸表記載事項の全体又は特定項目に対する補足的な説明である。財政状態及び経営成績を判断する上で不可欠と思われる重要な情報を補足開示する。注記の判読には専門用語に慣れる必要がある。

五　継続性の原則

> 企業会計は，その処理の原則及び手続を毎期継続して適用し，みだりにこれを変更してはならない。（注1-2），（注3）

この原則（principle of continuity）は，①利益操作の排除，②期間比較性の確保のために必要とされる。一つの会計事実について複数の代替的な会計処理方法や表示方法が存在する場合，その中から企業がいったん選択適用した方法を毎期継続して適用しなければならないことを意味する。正当な理由がなければ，会計処理の方法は変更できない。選択の自由とは，経理自由の原則であり，これを担保する原則が継続性の原則である。

(1) 正当な理由による会計方針の変更

監査基準の改定（2002年1月）では次のような会計方針の変更が類型化された。

　①複数の会計処理が認められている場合の会計処理の変更
　②表示方法の変更と会計方針の変更……科目分類，配列，報告様式
　③会計基準等の改正に伴う会計方針の採用又は変更
　④会計方針の変更に類似する事項……監査委員会報告第77号（追加情報の注記）

(2) 会計方針の変更における正当な理由

　①その変更は企業の事業内容及び企業内外の経営環境の変化に対応して行われる。
　②変更後の会計方針が一般に公正妥当と認められる企業会計基準に照らし妥当である。
　③その変更は会計事象等の財務諸表により適切に反映するために行われるもの。

④会計方針の変更が利益操作等の目的としていないこと。

(注解1-2)前記参照

(注解3)「継続性の原則」 一般原則五

> 継続性の原則について
> 　企業会計上継続性が問題とされるのは、一つの会計事実について二つ以上の会計処理の原則又は手続きの選択適用が認められている場合である。このような場合に、企業が選択した会計処理の原則又は手続きを毎期継続して適用しないときは、同一の会計事実について異なる利益額が算出されることになり、財務諸表の期間比較を困難ならしめ、この結果、企業の財務内容に関する利害関係者の判断を誤らしめることになる。従って、いったん採用した会計処理の原則又は手続きは、正当な理由により変更を行う場合を除き、財務諸表を作成する各時期を通じて継続して適用しなければならない。なお、正当な理由によって、会計処理の原則又は手続きに重要な変更を加えたときは、これを当該財務諸表に注記しなければならない。

六　保守主義(安全性)の原則

> 　企業の財政に不利な影響を及ぼす可能性がある場合には、これに備えて適当に健全な会計処理をしなければならない。(注4)

(注解　4)

> 　企業会計は、予測される将来の危険に備えて慎重な判断に基づく会計処理を行わなければならないが、過度に保守的な会計処理を行うことにより、企業の財政状態及び経営成績の真実な報告をゆがめてはならない。

　この原則(principle of conservation)における不利な影響とは「予測される将来の危険」を意味する。不確かなときは資産と利益を過大に報告することがないよう慎重に会計処理する。「慎重な判断に基づく会計処理」とは未実現利益の計上をしてはならない。予想の損失に対しては計上しなければならないことを意味する。つまり、将来の事象に関して多くの見積りや判断が必要とされる

が，慎重な判断に基づいて適正な期間損益計算を行い，企業の財務的な健全性を確保することを要請し，会計の認識と測定に関する原則である。

七　単一性の原則

> 株主総会提出のため，信用目的のため，租税目的のため等種々の目的のために異なる形式の財務諸表を作成する必要がある場合，それらの内容は，信頼しうる会計記録に基づいて作成されたものであって，政策の考慮のために真実な表示を歪めてはならない。

この原則 (principle of consistency) は複数の目的に対して異なる形式の財務諸表の作成を認めるが，その実質的内容は信頼しうる会計記録に基づいた同一の内容でなければならない。二重帳簿の作成を禁止する。報告内容（数値）は同じという形式多元・実質一元を要請する。

3　会社法と会社計算規則

1　会社法の目的と特徴

会社法 (company law) は 2005 年 7 月に制定，2006 年 5 月 1 日から施行された。それは民法と刑法の特別法に関係し，会社の設立，組織，運営及び管理の法律として利益バランスを保ち，旧商法第 2 編，有限会社法，商法特例法をまとめたものである[12]。企業経営の機動性，柔軟性，健全性を高めることを目的にするが，①ファイナンス，②ガバナンス，③組織の再編[13]という三つの面に特徴がある。会社法は債権者保護，株主と債権者との利害調整を目的とし，剰余金の分配を規制する会計を体系化した。会社法では社員が一人になっても会社は解散しないと定めたことから，人の集まりの社団概念が削除された。株式会社以外の合名会社，合資会社，合同会社を総称して持分会社という。株式会社は規模の大小と公開性の有無で規制される。公開会社はすべての種類の株式について譲渡制限がある株式会社以外の株式会社である[14]。

2 会社の設立プロセスと発行可能株式数

　会社の設立は発起人（proposer）が定款（articles of association）[15]を作成し，公証人から認証を受けて始まる。発起人はそれに基づいて株式を発行し引受の確定と機関を決定する。株式引受人が出資を履行し財産と設立時の株主を決めて設立登記により，「法人」が誕生する[16]。法人は自然人の権利義務の主体となる地位（権利能力）を有する（民法3条）。発起設立は発起人が設立の際に発行する株式のすべてを引き受け当初の株主になる。募集設立は発起人が発行する一部の株式だけを引き受け，残りをそれ以外の者に対して募集を行う。金融機関による払込金保管証明手続が不要になって，発起設立が主流となる。公開会社では設立時に発行可能株式総数の4分の1以上を発行し，残りは必要に応じて取締役会の決議により発行できる。

3 計算書類等と会社計算規則

(1) 計算書類の内容

　すべての商人は商業帳簿（会計帳簿と貸借対照表）を作成する義務がある。会計帳簿とは「日記帳」とそれを分類した「仕訳帳」と「総勘定元帳」である。株式会社と合同会社には計算書類（貸借対照表，損益計算書，株主資本等変動計算書，個別注記表），事業報告（事業の経過や成果，設備投資や資金調達，内部統制等），及びこれらの附属明細書の作成を求める。合名会社と合資会社は貸借対照表の作成のみが義務づけられる。「計算書類」と事業報告及び附属明細書を「計算書類等」という。それに連結計算書類を含めて「計算関係書類」という。計算関係書類は，事業報告について「会社法施行規則」，計算書類については法務省令「会社計算規則」に基づいて作成される。会社計算規則は，財務諸表等規則及び連結財務諸表規則との整合性を求めた。会社計算規則では貸借対照表と連結貸借対照表を「貸借対照表等」，損益計算書と連結損益計算書を「損益計算書等」，株主資本等変動計算書と連結株主資本等変動計算書を「株主資本等変動計算書等」という。金額は1円単位，1,000円単位又は100万円単位をもって表示される。これまで商法第32条第2項「公正なる会計慣行」という斟酌

規定は「株式会社の会計は，一般に公正妥当と認められる企業会計の慣行に従うものとする」（会社法第431条）として会計基準等を尊重して「準拠すること」に変更された。

（2）計算書類等の作成と決算公告

　代表取締役等が「計算書類等」を作成し，監査役等（監査役あるいは監査委員会〔以下「監査役等」〕）がこれに関する「監査報告書」，会計監査人が会計監査報告書を作成し，定時株主総会で承認されて，決算公告される。会計参与がいる機関では代表取締役と共同で計算書類を作成する。監査を受けた計算書類は定時株主総会に提出されて承認を得る。事業報告書の内容は定時株主総会報告で足りる。また，大会社は連結計算書類の作成が義務づけられる。会計監査人の「不適法意見」もその旨を公告において明示される。ただし，有価証券報告書を内閣総理大臣に提出する株式会社は決算公告が不要である。

（3）会社法の資本金と剰余金

　「資本金」とは，株主となる者が当該会社に対して払込又は給付した財産の額とする。設立時の資本金は1円でも可能である。設立後は0円とすることもできる（会社法第447条2項）。資本金の減少は株主総会の特別決議を必要とする。最低資本金制度の撤廃に代わり，剰余金分配規制という方法で債権者の保護を図る。公開会社は資本金の払込額の2分の1以下の額を資本準備金とすることができる。資本準備金は債権者を保護するため資本金の4分の1相当額を残す制限を設けていたが，資本自体の規制がなくなった結果，株主総会の決議で資本準備金を0円にできる。ただしマイナスは認められない（第448条1項，2項）。

　「剰余金の分配」について，株式会社はその株主（当該株式会社を除く）に対して剰余金の配当をすることができる。利益分配は会社法の「剰余金」の範囲内で行われる。会社法の「剰余金」は，その他資本剰余金とその他利益剰余金の合計である。ただし，利益の分配はさらに剰余金から自社株の帳簿価額や事業年度の途中で臨時決算した場合の損失等を控除した額（分配可能額）が残っていなければならない（第461条2項）。会計監査人設置会社では取締役会の決議で

いつでも，何度でも利益剰余金の配当と処分を行うことができる（第453条）。

4 金融商品取引法と財務報告書

1 金融商品取引法の目的

2006年12月，証券取引法に代わって，金融商品取引法が制定された。「この法律は，企業内容等の開示の制度を整備するとともに，金融商品取引業を行う者に関し必要な事項を定め，金融商品取引所の適正な運営を確保すること等により，有価証券の流通を円滑にするほか，資本市場の機能の十全な発揮による金融商品等の公正な価格形成等を図り，もつて国民経済の健全な発展及び投資者の保護に資することを目的とする」（第1条）と定める。これは一般の投資家を保護するルールと利用者の利便を向上させ，貯蓄から投資に向けて市場の機能を確保及び金融資本市場の国際化に対応するものである。この一部は「日本版SOX法」と呼ばれる。上場会社は，それに基づいて2008年4月以降「内部統制報告書」の作成が義務づけられた。

2 有価証券報告書と財務諸表等規則

新規に証券取引所に株式公開（initial public offering, IPO）する上場会社（listed company）は，発行市場で有価証券届出書を発行し「内閣総理大臣」に提出し審査を受ける。同じ目論見書が購入者にも交付される。上場会社は有価証券報告書（流通市場）を作成し，各事業年度終了後3カ月以内に金融庁に提出する義務がある。上場企業等の情報開示は「財務諸表等規則」（財務諸表等の用語，様式及び作成方法に関する規則）・「同取扱要領」の規定に従うが，定めのないものは一般に公正妥当と認められる会計慣習に従う。また，上場会社が連結財務諸表を作成するには，「連結財務諸表規則」（連結財務諸表の用語，様式及び作成方法に関する規則）に従う[17]。これ以外に四半期財務諸表等規則（四半期財務諸表等の用語，様式及び作成に関する規則），四半期連結財務諸表規則，「中間連結財務諸表の用語，

様式,及び作成方法に関する規則」(中間連結財務諸表規則)等がある。

金融商品取引法と財務諸表

貸借対照表	連結貸借対照表
損益計算書	連結損益計算書と連結包括利益計算書
株主資本等変動計算書	連結株主資本等変動計算書
キャッシュ・フロー計算書	連結キャッシュ・フロー計算書
附属明細表	連結付属明細表

有価証券報告書は,①「決算情報」,②「中間決算情報」,③「四半期決算書」(正式名称・四半期報告制度)と年に四回公表される。損益計算書については四半期ごと3カ月単位と期初からの累計を作成する。監査作業を軽減し,企業経営の存続に関わる重大なリスクを点検するため「レビュー」という簡易版の監査が義務づけられた。

3 証券取引所と決算短信

証券取引所は投資家にタイムリーな決算情報をディスクロージャーするため上場会社に「決算短信」の作成と公表を義務づける。決算後45日以内に決算短信が公表される。通期の外に第1四半期決算短信,第2四半期,そして第3四半期がある。ただし,四半期報告書にはキャッシュ・フロー計算書は開示されない。決算短信は非監査対象であるが有価証券報告書に繋がることから監査法人のアドバイスがある。

5 中小企業の会計

会社法の施行に伴い,中小企業は「一般に公正妥当と認められる企業会計の慣行」(会社法第431条及び第614条)に従い,会社計算規則により適時正確な会計帳簿の作成と計算書類が義務づけられた。税法規定から脱却すべく,日本税理士連合会,日本公認会計士協会,日本商工会議所及び企業会計基準委員会の関係四団体からなる「中小企業の会計に関する指針作成検討委員会」は,

2005（平成17）年8月，「中小企業の会計に関する指針」（以下，中小指針という）を公表した。国際会計基準の改定を勘案して貸借対照表，損益計算書，株主資本等変動計算書，個別注記表の作成を薦める。

　わが国の株式会社は約168万社（2012年2月1日現在）であるが，そのうち上場会社は約3,425社（2014年5月29日現在），上場会社以外の金融商品取引法対象会社が約1,000社，会社法大会社で上場会社以外が約1万社ある。これら株式会社の大半は中小企業であり，さらに多くの小規模事業者が存在する。中小指針は，これら中小企業が計算書類の作成にあたり拠ることが望ましい会計処理や注記等を示す。会計参与制度の導入に伴い，中小企業の一定の基準を示し，取締役と共同して，会計参与が計算書類を作成するにあたって拠ることが適当な会計のあり方を示す。中小の株式会社，特例有限会社，合名会社，合資会社又は合同会社は，本指針に拠ることが推奨されるが，会計士監査を受ける公開会社は含まれない。会計情報は本来，投資家の意思決定を支援する役割を果たすことが期待されるが，中小企業に対しては，その会計情報利用者が限られるために会計基準を一律に強制適用することはコスト・ベネフィットの視点から適切とはいえない。しかし，簿外債務を隠さない透明性の高い決算書の作成やキャッシュ・フロー計算書の作成は，金融機関からの資金調達に向け，担保や保証に依存しない信用力を高め，経営内容を簡単かつ迅速に判断することを可能にする。そのメリットの一つは信用保証協会の信用保証料割引が受けられることである。

　また，中小企業庁は『中小企業の会計に関する基本要領』（2012〔平成24〕年2月1日）を公表し，中小指針と比べてより簡便な会計処理をする中小企業が利用することを策定した[18]。中小企業の多様な実態に配慮しその成長に資するため，中小企業が会社法上の計算書類等を作成する際に参照するための会計処理や注記等を示す。自社の経営状況の理解と把握，金融機関，取引先，株主等への情報提供，会計と税制の調和を図り，会社計算規則に準拠した会計，その作成負担を最小限にとどめ過重な負担を課さない会計である。日本政策金融公庫の金利引下制度を受けることができるメリットがある。これは国際会計基準の影響を受けない。

6 日本の税制と税務会計

1 納税の義務

「国民は，法律の定めるところにより，納税の義務を負う」(憲法第30条)。その第84条に「租税法律主義」(新たに租税を課し現行の租税を変更するには，法律または法律の定める条件によること)が明記されている。租税には公正性，中立性，そして透明性が不可欠な要件である。

2 税務会計

税務会計(tax accounting)は，税(法人税法，法人税法施行令，法人税法施行規則)の会計領域である。法人税法(corporate tax)は確定決算主義[19](基準性，conformity rule)に基礎を置くが，2002年に「連結納税制度」が採用されて，大会社においては課税所得と当期純利益の関連は薄れている。税務会計は財務諸表の作成と報告を目的としない，法律，政令，省令，通達などに規制される。収益と費用は損金・益金という概念で計算される。国や地方公共団体の政策(投資減税，加速度償却，不良債権処理等)に大きな影響を受ける。

(1) 税の種類

国税(所得税，法人税，財産税としての相続税・贈与税，地価税，消費税，酒税・たばこ税，揮発税，関税，印紙税，環境税等)と地方税(固定資産税，事業税，都府県民税，市町村民税，その他多くの税)がある。納税義務者と租税の実際の負担者(担税者)が一致するものを直接税，税負担が転嫁されるため両者が一致しないものを間接税という。使途を特定しない租税の普通税と特定の目的にあてるために課せられる目的税という分類もある。企業所得に課せられる税金に法人税，住民税，事業税がある。まとめて「法人税等」という。法人税の中間納付が仮払法人税等である。企業活動には固定資産税，印紙税，登録免許税があるが，租税公課として会計処理される。

（2）法人税

「内国法人は，……税務署長に対し，確定した決算に基づき，……申告書を提出しなければならない」（法人税法第74条1項）。この考え方は課税の安定性の要請と租税政策に基づいて採用されている。法人税法第22条4項も確定決算主義の考え方を認め，法律上「別段の定め」がない限り，「一般に公正妥当と認められる会計処理の基準にしたがって，各事業年度の収益の額および費用・損益の額は計算すべきである」と定める。

■益金の範囲に関する基本規定（法人税法22条2項）

　益金は，「資産の販売，有償による資産の譲渡，無償による資産の譲渡，有償による役務の提供，無償による役務の提供，無償による資産の譲受け」となる。受取配当金は企業会計上の営業外収益を構成するが，税務会計上，二重課税排除の原則から益金不算入の取扱となる[20]。

■損金の範囲に関する基本規定（法人税法22条3項）

　損金とは原価（売上原価，製造原価），費用（販売費・一般管理費・営業外費用），損失である。

（3）税額の計算

　法人税額は次の計算となる。つまり，収益－益金不算入＋益金算入＝益金，費用－損金不算入＋損金算入＝損金，益金－損金＝課税所得，課税所得×法人税率－法人税額の特別控除＝法人税額となる。

- 税率（法人税のみ）は，2014年現在，普通法人（資本金1億円超）が25.5％であるが，赤字でも徴税される法人事業税の外形標準課税と住民税を含めた総合的税率の法定実効税率は2014年35.64％である（本書第6章の注30を参照）。
- 税額控除とは，事業年度における所得税法に規定する利子等，配当等，利益の分配，報酬もしくは料金又は賞与金の支払を受ける場合，同法の規定により課される所得税は当該事業年度の所得に対する法人税額から控除する（法68）。

(4) 申告, 納付及び税務調査

　確定申告とは事業年度終了日の翌日から2カ月以内に確定申告書（別表と呼ばれる）を納税地に提出することである。中間申告は事業年度が6カ月を超える場合, 2カ月以内に仮決算による予定申告が行われる。申告には青色申告制度がある。この制度は租税徴収の確保・効率性の原則と租税公平主義の原則から導かれた納税申告制度を支える制度である[21]。納付や税務調査が行われる。追徴税納付は「法人税等追徴税額」, 還付は「法人税等還付納税額」として処理される。

(5) 事業税と住民税

　事業税は地方税であり個人と法人に課せられ損金算入される。申告期限等は法人税と同じ。住民税も地方税（都道府県民税）として課せられる。

(6) 消費税

　消費税は1989年に税率3％で導入された。1997年4月5％, 2014年4月から8％に引き上げられた。消費税はものを買う, あるいはサービスを受ける人が負担する税金である。本来企業の損益に影響を及ぼさない[22]。会計処理には「税抜方式」と「税込方式」がある。税抜方式は商品の仕入にかかる消費税や商品の売上にかかる消費税を, 仕入価額や売上価額に含めないで仮払消費税（資産）勘定で処理する。

■税抜方式仕訳
- 支払ったケース　　（仕入）　　　1,000　（現金）　　　1,080
　　　　　　　　　　（仮払消費税）　　80
- 受けとったケース　（現金）　　　2,160　（売上）　　　2,000
　　　　　　　　　　　　　　　　　　　　（仮受消費税）　160
- 決算では, 預かった消費税から支払った消費税の差額を「未払消費税」として計上する。
　　　　　　　　　　（仮受消費税）　　160　（仮払消費税）　　80
　　　　　　　　　　　　　　　　　　　　　（未払消費税）　　80
- 納付のケース　　　（未払消費税）　　80　（当座預金）　　80

税額方式は消費税額を仕入価額や売上価額に含める。

例えば，商品1,080（税込額，消費税8%）を仕入れ，代金は現金で支払った。

　　　　　　　　　　（仕入）　　　　1,080　　（現金）　　　　1,080

商品4,200（税込額）を売上，代金は現金で受け取った。

　　　　　　　　　　（現金）　　　　4,320　　（売上）　　　　4,320

決算時には，売上価額と仕入価額に含まれる消費税額を計算し，その差額を未収消費税（資産）又は未払消費税（負債）で処理する。

　　　　　　　　　　（租税公課）　　　××　　（未払消費税）　××

逆に，売上価額に含まれる消費税が仕入価額に含まれている消費税より少ない場合，差額は未収消費税（資産）で処理し，貸方は雑益（収益）として処理する。

▶▶▶ 注 ◀◀◀

1) 日本経済新聞社，2000年，『ゼミナール日本経済入門』参考。戦後の民主化は自由な証券市場を導くために財閥を解体し，地主所有地買収の農地改革と小作農地の解放，労働組合法，労働基準法，労働関係調整法による労働市場の自由化（laissez faire）によって行われた。
2) 自由な競争を規制し経営基盤の弱い銀行に足並みを合わせる「護送船団方式」（convey system）は，結果として家計の可処分所得に占める貯蓄率を高め，銀行の不倒神話（the myth of failure-proof banks）を生み出した。
3) 飛ばしとは，見せかけの本社決算の健全性を保つために含み損を抱えた金融商品を証券市場外で連結決算の対象でない会社に時価より高い価格で売却して損失を本体から切り離す手法である。例えば，保有する有価証券（取得価額100円）が50円に下落した場合，この評価損を回避するため，決算日前，買戻を条件に関連会社に100円で売却し，買戻価格は金利部分5円を上乗せして105円とする。この手法は時価が回復するまで繰り返された。
4) 概念（concept）とは物事の本質をとらえる思考形式である。その適用範囲に属する物事に共通する性質の集合を内包（connotation）と概念の適用されるべき事物の集合外延（denotation）からなる。例えば，惑星という概念の内包が恒星（太陽）の周囲を公転する星である。外延は水星，金星，地球，火星，木星等である。定義とは，物事の意味・内容を他と区別できるようにすること，概念の内包を明瞭にし，その外延を確定することである。岩波書店『広辞苑』参考。
5) 連結財務諸表規則第1条の2第1項に規定された要件を満たす会社（特定会社）は，指定

国際会計基準により連結財務諸表を作成することができる。指定国際会計基準とは，国際会計基準のうち公正かつ適切な手続の下に作成及び公表が行われたと認められ，公正妥当な企業会計基準として認められることが見込まれるものをいう。
6) Schroeder, R. G. & Myrtle W. Clark, and J. M. Cathey (1998) *Accounting Theory* (Text and Readings) Sixth Edition, John Willy & Sons. Inc. p.9.
7) FASBの専門委員会，緊急を要する会計問題に関する適宜に適した指針を提供する。
8) Financial Accounting Foundation, FASB, ASFC No.8 (September 2010) Conceptual Framework for Financial Reporting, Chapter 1, The Objective of General Purpose Financial Reporting, and Chapter 3, Qualitative Characteristics of Useful Financial Information, a replacement of FASB Concepts Statements No.1 and No.2.
9) Ibid. 第8号は第1章「一般目的の財務報告の目的」と第3章「有用な財務情報の質的特性」を内容とする。概念書は財務会計・報告の指針の開発のために基礎となる「目的」と「基本的概念」を打ち出すことを意図する。目的とは，財務報告の目標（goals）と狙い（purposes）を明らかにすることである。「基本的概念」（fundamentals）は財務会計の基礎となる概念である。その概念は取引やその他事象の選択を指針となる概念であり，会計報告される諸条件であり，それらの認識と測定であり，それらを利害関係者に要約し伝達する手段である。
10) Schroeder, Richard G. & Myrtle W. Clark (1998) *Ibid.* p.16. SAS69号の目的は独立監査人の監査報告書における「一般に認められた会計原則に準拠して適正に表示している」という表現の意味を説明することである。
11) IASBフレームワークは，序文，はじめに，財務諸表の目的，基礎となる前提，財務諸表の質的特徴，財務諸表の構成要素，財務諸表の構成要素の認識，財務諸表の構成要素，資本及び資本維持の概念を内容とする。
12) 会社法は第1編総則，第2編株式会社，第3編持分会社，第4編社債，第5編組織変更，合併，会社分割，株式交換及び移転，第6編外国会社，第7編雑則，第8編罰則からなる。商法改正は2001（平成13）年，金庫株解禁，株式分割と純資産規制の撤廃，額面株式廃止，議決権制限内容の多様化，新株予約権制度等の導入で始まった。2002（平成14）年に大会社に委員会等設置会社や連結計算書類制度が導入された。2003（平成15）年に自己株式の買受制度，平成16年に会社法制の要綱案が出された。
13) M&Aにおいて存続会社が消滅会社株主に交付する株式は，発行済株式数の20%以下の場合取締役会の決議のみで実行できる。株式分割，株式交換，事業譲渡，赤字会社を吸収合併，三角合併も可能とした。敵対的買収の防衛策として「取得条項付新株予約権」が認められた。有限会社法廃止，合同会社（LLC）が創設された。
14) すべての株式会社は株主総会と取締役が不可欠である。公開会社は取締役会が必要，取締役会設置会社では監査役（監査役会）又は三委員会と執行役のいずれかが必要，取締役会を設置しない場合，監査役会や三委員会・執行役を置くことができない。会計監査人を置くには監査役（監査役会）又は三委員会と執行役のいずれかが必要となる。
15) 原始定款の記載事項は，会社の目的，商号，設立に際して出資額又は下限額，本店の所在地，発起人の氏名と住所，発行可能株式総数である。株券を発行しないことが原則だが定款の定めで株券発行もできる。
16) 社員が会社の法人格を責任逃れなど不当な目的のために利用する場合，債権者は会社の

法人格を否認して直接に社員個人に責任を問うことができる（法人格否認の法理）。個人が会社の法人格を主張するのは「権利の濫用」（民法1条3項）にあたる。

17) 金融庁は2012（平成24）年5月，「連結財務諸表の用語，様式及び作成方法に関する規則に規定する金融庁長官が定める企業会計の基準を指定する件」を改正し，IASBが2011（平成23）年1月1日から12月31日までに公表したIFRSを連結財規に規定する指定国際会計基準を追加指定した。指定国際会計基準はIFRSのうち金融庁が認めたものをいう。

18) 両者には次の違いがある。有価証券について（中小指針では売買目的有価証券とその他有価証券が時価評価，中小会計要項では売買目的有価証券のみ時価評価），棚卸資産について（中小指針では低価法の時価評価，最終仕入原価を認めるが，中小会計要項では原価法と低価法の選択，最終仕入原価法を認める），リースについて（中小指針では原則売買処理，例外的に賃貸借処理が認められる。中小会計要項では売買処理と賃貸借処理の選択適用），外貨換算について（中小指針では外貨建金銭債権債務は原則として決算時の為替相場の円換算額で計上，中小会計要項では取得時又は決算時の為替相場の円換算額で計上される）。

19) 法人税法第74条1項（確定決算主義）によると，所得は計算書類の当期利益に税法固有の規定を適用して算定されるとするが，近年，企業会計基準の影響を受け，売買目的有価証券の評価損益が一定の要件を満たし益金あるいは損金に算入され，棚卸資産の後入先出法も廃止された。

20) 受取配当金の80%相当額が益金に算入されない。

21) 中小・零細企業の事務負担などに配慮し，年間売上高を基準に納税を免除し納税できる「簡易課税制度」がある。適切に納税されずに事業者の手元に残る「益税」問題がある。

22) 資産の譲渡や不動産の貸付，保険料，介護，切手代，葬式，保険治療は非課税である。また，消費税は海外に輸出する商品も非課税である。

第3章 会計監査と内部統制

学習目標

財務諸表の信頼性はGAAPに準拠して適正に作成されたのか否かにかかっている。それをチェックするのが会計監査である。本章は，わが国の監査制度，監査基準，会計不正と会計操作，それらを防止する目的の内部統制と内部監査を理解することに目標がある。

1 わが国の会計監査制度

1 会計監査の意義と歴史

（1）会計監査の意義と目的

会計と切り離せない世界が監査である。監査（auditing）とは，組織の事業活動全体を監査する業務監査と，会計の側面を監査する会計監査（financial audit）に分けられる。会計監査は，企業，公益団体，行政機関（会計検査）などの会計に関して独立した立場にある機関が検査し，それを承認する行為である。ここで取り上げる企業の会計監査は，企業の財務諸表がGAAPに準拠して適正に表示している否かを会計監査人（auditor）が証拠を入手し，立証（validating）し，検証（verifying）し，その結果を「会計監査報告書」に報告することである。

（２）会計監査の歴史

　会計士というプロフェションの誕生は英国に始まる。最初の会計士協会がスコットランド（エディンバラ）で結成されたのは1853年，翌年には国王の勅許を受けて最初の「勅許会計士」（chartered accountant）が誕生した。だが，当初の会計士業務は，企業の清算と破産に関係した法律家の一部にすぎなかった。会計監査を最初に法に規定したのは1844年の会社法である。会社に関するマグナカルタといわれる1862年会社法では，会社清算手続の清算人を規定し，多くの場合に会計士が選ばれた[1]。1878年，無限責任会社であったシティ・オブ・グラスゴー銀行の突然の破綻は，巨額の投機失敗によるが，負債が粉飾決算によって隠蔽された。この事件が会計士による独立監査を必要とした[2]。翌年の会社法は，銀行を無限責任会社から有限責任会社として登記し，その計算書類は最低年1回監査人による検査を受けることを定めた。貸借対照表が十分かつ公正な貸借対照表であって，帳簿に示されるとおり業務状態に関する真実かつ正確な概観を示すように適切に作成されているかどうかの意見を，監査報告書において表明しなければならないとし，この監査報告書は勅許会計士が作成することになった。

　英国の勅許会計士は，19世紀末には植民地であった米国に投下した投資家の利益を保護するため海を渡り，米国でも職業会計人による監査が生成していった。1887年に米国公認会計士協会（AICPA）の前身，米国一般公共会計士協会（American Association of Public Accountants）が設立，1896年にニューヨーク州が最初の公認会計士法を制定した。そうした中，1913年，米国議会は憲法第16条を改正して第1回内国歳入法（first revenue act）を施行し，企業は課税所得から減価償却費が控除できることになった。連邦商業取引委員会（Federal Trade Commission, FTC）は統一会計（Uniform Accounting）を推進し，連邦準備制度理事会（Federal Reserve Board）は商業銀行に対して監査を受けた財務諸表を求めたが，企業が財務諸表の監査を受ける法律も規制もなく，USスティール等一部の企業を除いて，大半の会社は適切な会計監査を受けず，会計ディスクロージャーは不十分であった[3]。

　米国の会計監査のエポックは，1929年10月の大恐慌を契機に始まった。1932年には株価は80％以上下落，失業率25％，失業者1,200万人，閉鎖銀

行 1 万以上であった。そこで，ニューディール政策を推進するルーズベルト（F. D. Roosevelt）は，1933 年に有価証券の発行時の市場を規制する証券法（Securities Act）にサインし，独立した監査法人による財務諸表の監査が始まった。1934 年に証券取引所法が制定され，この法制度を土台に連邦証券取引委員会（Securities Exchange Commission, SEC）が誕生した。SEC は FBI などを動員する捜査権や企業会計規範の制定権限が付与され公正な取引を維持する司法機関である[4]。以来，米国の会計監査はさまざまな試練の道程を辿ることになる[5]。

（3）日本の会計監査

日本の会計は明治からの簿記の時代，大正から 1940 年頃までの財務諸表準則の時代，そして戦後の会計原則の展開時代に区分される[6]。1890（明治 23）年，商法が制定されて監査役制度が最初に設けられたが，現在に至る日本の会計制度は米国会計制度に倣ったものである。その制度は，1947（昭和 22）年の証券法，1948 年の証券取引法，同年 7 月 6 日に公認会計士法の制定から始まった。企業会計原則に基づく会計監査は，当初内部統制の整備と運用，1956 年 1 月 1 日以降の事業年度から正規の財務諸表監査が行われた。1965 年に起きた山陽特殊鋼粉飾事件は，商法総則第 32 条第 2 項に「公正な会計慣行の斟酌規定」を新設する契機となった。

（4）公認会計士，監査法人，金融庁

「市場の番人」といわれる公認会計士は，金融市場における公正な競争を確保する役割を果たす。2004 年 4 月 1 日，「公認会計士は，監査及び会計の専門家として独立した立場において，財務書類その他の財務に関する情報の信頼性を確保することにより，会社等の公正な事業活動，投資者及び債権者の保護等を図り，もって国民経済の健全な発展に寄与することを使命とする」（公認会計士法第一条）と規定された。公認会計士が所属する監査法人は，合名会社の一種で，出資者を「社員」と呼び，公認会計士 5 名以上からなる，債務に無限責任を負う特別法人である。公認会計士の資格を取得するには，短答式と論述式の試験に合格し実務経験を必要とする。金融市場を監視するのは，公認会計士以外に，金融庁に属する「証券取引等監視委員会」(Securities and Exchange

Surveillance Commission，以下，監視委員会）が機能する。監視委員会は金融市場における作為的な価格形成や不公正な行為を監視し，有価証券報告書の検査も担当する

2 会計監査制度

(1) 会計監査と会計理論との関係

　会計監査は，帳簿などの記録，取引や事象を証拠立てる資料，それを会計処理する際のGAAPとの整合性を「一般に公正妥当と認められる監査基準」（GAAS）に基づいて行い，監査意見を「監査報告書」に報告して終了する。その手続は可能な限り帳簿から離れて実査，確認，立会，質問（特別質問と呼ばれる監査手続）から事実を確かめる。それは帳簿記録の信頼性を立証し，あるいは帳簿を修正して事実に符合させる「財産法」を補充する役割を果たす。

(2) 会計監査と会計理論との関係

　監査は会社外部から要請される「外部監査」と経営管理を目的とする「内部監査」とに分類される。外部監査には，法的要請による「会社法による会計監査」，「金融商品取引法」の財務諸表監査と内部統制監査，そして法的要請に関係しない「任意監査」がある。

　「会社法による会計監査」は会社法第436条第2項を根拠とする。会社法における監査役の監査には「業務監査」（会社法が要求する営業報告要求権，業務財産調査権，取締役会出席・意見陳述）と「会計監査」がある。委員会等設置会社では「監査委員会」が監査を行う。すべての株式会社は「計算書類等」を作成し，株主総会の招集通知に資料として添付し，本支店に備えおき，株主，債権者に閲覧させることを要求する。監査役は「監査報告書」を作成しなければならない（会社法第381条）。

　「金融商品取引法に基づく監査」は，金融商品取引法第193条の2を根拠とする。この監査は，監査人が外部に公表する財務諸表の信頼性の程度に関する意見を表明し，各種利害関係者の利益を保護し，利害を調整することに主たる目的がある。財務諸表監査の監査対象は，有価証券報告書（又は有価証券届出書）

の経理の状況に掲げられている（連結）財務諸表である。その監査意見の内容は，監査対象がわが国におけるGAAPに準拠し，企業の財政状態並びに同日をもって終了する事業年度の経営成績及びキャッシュ・フローの状況をすべて重要な点において適正に表示しているか否かを表明する。内部統制監査（金融商品取引法第193条の2第2項）の監査対象は内部統制報告書，対象会社は上場会社等である。監査意見の内容は，監査対象がわが国における一般に公正妥当と認められる財務報告に係る内部統制の評価の基準に準拠して，財務報告に係る内部統制の評価について，すべて重要な点において適正に表示しているか否かを表明する。

（3）金融商品取引法と会社法による監査報告書の相違

　会社法監査と金融商品取引法監査の基本目的は同一であり，監査報告書の内容も実質的には異ならない。両監査はともに重要性の判断について共通することから，二重監査の弊害を回避するために，金融商品取引法監査を受ける企業は，監査法人と被監査会社との間で「両制度一括の監査契約」を結び，一つの監査で「二つの監査報告書」が発行される。大会社の会計監査事項は，会計監査人による監査報告書に記載される。監査報告書は，定時株主総会開催日の2週間前から計算書類，附属明細書とともに本店に5年間，その謄本を支店に3年間保存しなければならない。株主や会社債権者はいつでも閲覧できる。

　金融商品取引法監査と会社法監査において使用する監査報告書（監査・保証実務委員会実務指針第85号）は以下のようになる（2012年4月10日）。

監査報告書の文例（本章末の株式会社ニトリホールディングス有価証券報告書を参照）

独立監査法人の監査報告書

1　財務諸表監査
2　財務諸表に対する経営者の責任　　会社法においては計算書類等に対する経営者の責任
3　監査人の責任
4　監査人の意見
5　利害関係

　会計監査人は監査報告書を作成し監査役会に報告し，監査役が会計監査人に監査の結果が不当と思われる場合に独自に監査することもある。監査役は監査

報告書を代表取締役に提出し，謄本を外部公認会計士に送付する。

2 監査基準

① 会計監査におけるリスク・アプローチ

会計監査の対象は，財務諸表監査，帳簿監査，証憑の書類監査に分類される。監査範囲からは，全部監査か一部監査に分類される。監査方法には，①精査監査（すべての取引を順序に追い，領収書，請求書，原始証憑，仕訳日記帳，総勘定元帳，各種の補助簿，試算表の正しい集計），②貸借対照表監査（内部統制，銀行融資の信用調査の目的，資料科目，水増し資産，簿外負債，主に現金，受取手形，売掛金，買掛金，有価証券の実査と確認が中心），③財務諸表監査（試査が原則―内部統制を目的）がある。

重要な虚偽の表示が生じる可能性が高い事項について，重点的に監査の人員や時間をあてて監査を効果的かつ効率的なものにするリスク・アプローチが採用される。固有リスク（inherent risk）[7]，統制リスク（control risk）[8]，そして発見リスク（detection risk）[9]の三つのリスク要素である。監査リスク（audit risk）は（固有リスク×統制リスク×発見リスク）と計算されるが，財務諸表に重要な虚偽の表示が含まれているにも関わらず，誤って含まれていないという意見を表明するリスクである。監査報告書に添付された財務諸表利用者のリスクはゼロにはならない[10]。固有リスクと統制リスクは監査人にとって外部要因である。監査リスクを一定の水準以下にするには発見リスクを調整する。$1 \times 1 \times 1 \leqq 1$ とするには固有リスクや統制リスクが高い場合これまで以上に監査証拠を入手する手続が選択される。

② 監査基準の改定とゴーイング・コンサーン規定

公認会計士による財務諸表監査の実施規範としての監査基準は，1950年7月に制定された。企業会計審議会は，2010年3月まで幾度かの改定を重ねて

きた。監査の質を保つために監査法人が守るべき義務手順などを定めたものであり，財務諸表の作成規範である会計基準とともに適正なディスクロージャーを確保するための重要なインフラである[11]。

2002年1月の改定（監査実施準則と監査報告準則を削除）では，リスク・アプローチの徹底，内部統制概念の導入，特記事項の廃止と追加情報としてゴーイング・コンサーン規定を導入し，企業と監査人に破綻リスクを義務づけて改定された。監査人は，経営者が破綻リスクを適切に開示しているか，経営計画が合理的であるかなどを判断し，監査報告書で意見を表明する。経営者の開示が適切でなければ，その事実を監査報告書に記載するか，監査できない旨を表明しなければならない。追加情報欄では，重大な偶発事象や後発事象に加えてゴーイング・コンサーン情報や正当な理由による会計方針の変更が記載される。さらに「監査基準委員会報告書」（日本公認会計士協会）が改正されて，国際会計基準との整合性を求めて監査報告書の記載が3区分から4区分に変更された。

3 監査基準の概要

監査基準は，監査の目的，一般基準，実施基準，そして報告基準から構成されている（改定2010年3月26日）。

第一　監査の目的

財務諸表の監査の目的は，経営者の作成した財務諸表が，一般に公正妥当と認められる企業会計の基準に準拠して，企業の財政状態，経営成績及びキャッシュ・フローの状況をすべての重要な点において適正に表示しているかどうかについて，監査人が自ら入手した監査証拠に基づいて判断した結果の意見として表明することにある。財務諸表の表示が適正である旨の監査人の意見は，財務諸表には全体として重要な虚偽の表示がないということについて，合理的な保証を得たとの監査人の判断を含んでいる。

第二　一般基準

　この基準は，監査人の人的条件と監査の業務規範を規定する。人的条件としては，1 専門能力の向上と実務経験等から得られる知識の蓄積に努めること，2 監査を行うにあたって，常に公正不偏の態度を保持し，独立の立場を損なう利害や独立の立場に疑いを招く外観を有してはならないこと，3 正当な注意を払い，懐疑心を保持して監査を行わなければならないこと，業務規範として，4 不正な報告あるいは資産の流用の隠蔽を目的とした重要な虚偽の表示が財務諸表に含まれる可能性を考慮し，違法行為が財務諸表に重要な影響を及ぼすことを留意しなければならないこと，5 監査計画及びこれに基づき実施した監査の内容並びに判断の過程及び結果を記録し，監査調書として保存しなければならないこと，6 すべての監査が「一般に公正妥当と認められる監査の基準」に準拠して適切に実施されるために必要な質の管理（「品質管理」という）の方針と手続を定め，これらに従って監査が実施されていることを確かめなければならないこと，7 監査の品質管理に努めること，8 業務上知り得た事項を正当な理由なく他に漏らし又は窃用してはならないことである。

第三　実施基準

　実施基準は，総則の基本原則と個別原則（監査計画の策定，監査の実施，他の監査人等の利用）からなる。

一　基本原則

　1 監査人は，監査リスクを合理的に低い水準に抑えるために，財務諸表における重要な虚偽表示等のリスクを評価し，発見リスクの水準を決定するとともに，監査上の重要性を勘案して監査計画を策定し，これに基づき監査を実施しなければならない。2 内部統制を含む，企業及び企業環境を理解し，これらに内在する事業上のリスク等が財務諸表に重要な虚偽をもたらす可能性を考慮しなければならない。3 自己の意見を形成するに足る合理的な基礎を得るために，経営者が提示する財務諸表項目に対して，実在性，網羅性，権利と義務の帰属，評価の妥当性，期間配分の適切性及び表示の妥当性等の監査要点を設定し，これらに適合した十分かつ適切な監査証拠を入手しなければならな

い。4 十分かつ適切な監査証拠を入手するにあたっては，財務諸表における重要な虚偽表示のリスクを暫定的に評価し，リスクに対応した監査手続を原則として試査に基づき実施しなければならない。5 懐疑心をもって，不正及び誤謬により財務諸表に重要な虚偽の表示がもたらされる可能性に関して評価を行い，その結果を監査計画に反映し，これに基づき監査を実施しなければならない。6 監査計画の策定及びこれに基づく監査の実施において，企業が将来にわたって事業活動を継続するとの前提（以下，「継続企業の前提」という）に基づき経営者が財務諸表を作成することが適切であるか否かを検討しなければならない。

二 監査計画の策定

1 監査人は，監査を効果的かつ効率的に実施するために，監査リスクと監査上の重要性を勘案して監査計画を策定しなければならない。2 策定にあたり，景気の動向，企業が属する産業の状況，事業内容，経営者の経営理念，経営方針，内部統制の整備状況，情報技術の利用状況その他企業の経営活動に関わる情報を入手し，企業及び企業環境に内在する事業上のリスク等がもたらす財務諸表における重要な虚偽表示のリスクを暫定的に評価しなければならない。3 重要な虚偽表示のリスクがあると判断した場合には，そのリスクの程度に応じて，補助者の増員，専門家の配慮，適切な監査時間の確保等の全般的な対応を監査計画に反映しなければならない。4 財務諸表項目に関連して，暫定的に評価した重要な虚偽表示のリスクに対応する，内部統制の運用状況の評価手続及び発見リスクの水準に応じた実証手続に係る監査計画を策定し，実施すべき監査手続，実施の時期及び範囲を決定しなければならない。5 財務諸表に重要な虚偽表示をもたらす可能性のある事項，不正の疑いのある取引，特異な取引等，特別な検討を必要とするリスクがあると判断した場合には，そのリスクに対応する監査手続に係る監査計画を策定しなければならない。6 企業が利用する情報技術が監査に及ぼす影響を検討し，その利用状況に適合した監査計画を策定する。7 財務指標の悪化の傾向，財政破綻の可能性その他継続企業の前提に重要な疑義を生じさせるような事象又は状況の有無を確かめなければならない。8 監査計画の前提として事象や状況が変化した場合，あ

るいは監査の実施過程で新たな事実を発見した場合には，適宜，監査計画を修正しなければならない。

三　監査の実施

　1　監査人は，実施した監査手続及び入手した監査証拠に基づき，暫定的に評価した重要な虚偽表示のリスクの程度を変更する必要がないと判断した場合には，当初の監査計画において策定した内部統制の運用状況の評価手続を実施しなければならない。2　ある特定の監査要点について，内部統制が存在しないか，あるいは統制リスクが高いと判断した場合には，内部統制に依拠することなく，実施手続により適切な監査証拠を入手しなければならない。3　特別な検討を必要とするリスクがあると判断した場合には，それが財務諸表における重要な虚偽表示等をもたらしていないかを確かめる実証手続を実施し，必要に応じて内部統制の整備状況を調査し，その運用状況の評価手続を実施しなければならない。4　広く財務諸表全体に関係し特定の財務諸表項目のみに関連づけられない重要な虚偽表示のリスクを新たに発見した場合及び当初の監査計画における全般的な対応が不十分であると判断した場合には，当初の監査計画を修正し，全般的な対応を見直して監査を実施しなければならない。5　会計上の見積りの合理性を判断するために，経営者が行った見積り方法の評価，その見積り実績との比較により，十分かつ適切な監査証拠を入手しなければならない。6　不正又は誤謬を発見した場合には，経営者等に報告して適切な対応を求めるとともに，適宜，監査手続を追加して十分かつ適切な監査証拠を入手し，当該不正等が財務諸表に与える影響を評価しなければならない。7　継続企業を前提として財務諸表を作成することの適切性に関して合理的な期間について経営者が行った評価を検討しなければならない。8　継続企業の前提に重要な疑義を抱かせる事象又は状況が存在すると判断した場合には，当該事象又は状況に関して合理的な期間について経営者が行った評価及び対応策について検討した上で，なお継続企業の前提に関する重要な不確実性が認められるか否かを確かめなければならない。9　適切な財務諸表を作成する責任は経営者にあること，財務諸表の作成に関する基本的な事項，経営者が採用した会計方針，経営者は，監査の実施に必要な資料をすべて提示したこと及び監査人が

必要と判断した事項について，経営者から書面をもって確認しなければならない。

四　他の監査人等の利用

　以下の規定は，財務諸表監査を合理的に実施するための会計士の連携に関係する。

　1　監査人は，他の監査人によって行われた監査の結果を利用する場合には，当該他の監査人によって監査された財務諸表等の重要性及び他の監査人の信頼性の程度を勘案して，他の監査人の実施した監査が適切であるかを評価し，他の監査人の実施した監査の結果を利用する程度及び方法を決定しなければならない。2　専門家の業務を利用する場合には，専門家としての能力及びその業務の客観性を評価し，その業務の結果が監査証拠として十分かつ適切であるかどうかを検討しなければならない。3　企業の内部監査の目的及び手続が監査人の監査の目的に適合するかどうか，内部監査の方法及び結果が信頼できるかどうかを評価した上で，内部監査の結果を利用できると判断した場合には，財務諸表の項目に与える影響等を勘案して，その利用の程度を決定しなければならない。

第四　報告基準

　報告基準も実施基準と同様に，総則の基本原則と個別原則からなる。

一　基本原則

　1　監査人は，経営者の作成した財務諸表が，一般に公正妥当と認められる企業会計の基準に準拠して，企業の財政状態，経営成績及びキャッシュ・フローの状況をすべての重要な点において適正に表示しているかどうかについて意見を表明しなければならない。2　その判断にあたっては，経営者が採用した会計方針が，企業会計の基準に準拠して継続的に適用されているかどうかのみならず，その選択及び適用方法が会計事象や取引を適切に反映するものであるかどうか並びに財務諸表の表示方法が適切であるかどうかについても評価しなければならない。3　監査意見の表明にあたっては，監査リスクを合理的に

低い水準に抑えた上で，自己の意見を形成するに足る合理的な基礎を得なければならない。4 重要な監査手続を実施できなかったことにより，自己の意見を形成するに足る合理的な基礎を得られないときは，意見を表明してはならない。5 意見の表明に先立ち，自ら意見が一般に公正妥当と認められる監査の基準に準拠して適切に形成されていることを確かめるため，意見表明に関する審査を受けなければならない。

二　監査報告書の記載区分
　1 監査人は，監査報告書において監査の対象，実施した監査の概要及び財務諸表に対する意見を明瞭かつ簡潔に記載しなければならない。ただし，意見を表明しない場合には，その旨を監査報告書に記載しなければならない。2 財務諸表の記載について強調する必要がある事項及び説明を付す必要がある事項を監査報告書において情報として追記する場合には，意見の表明とは明確に区別しなければならない。

三　無限定適正意見の記載事項
　監査人は，経営者が作成した財務諸表が「一般に公正妥当と認められる企業会計の基準」に準拠して，企業の財政状態，経営成績及びキャッシュ・フローの状況のすべての重要点において適正に表示していると認められると判断したときは，その旨の意見（「無限定適正意見」という）を表明しなければならない（67頁の❹監査報告書と監査人の選択を参照）。

四　意見に関する除外
　1 監査人は，経営者が採用した会計方針の選択及びその適用方法，財務諸表の表示方法に関して不適切なものがあり，その影響が無限定適正意見を表明することができない程度に重要ではあるものの，財務諸表を全体として虚偽の表示にあたるとするほどではないと判断したときには，除外事項を付した限定適正意見を表明しなければならない。この場合には，別の区分を設けて，除外した不適切な事項及び財務諸表に与えている影響を記載しなければならない。2（上記1の下線と同文），その影響が財務諸表全体として虚偽の表示とするほど

に重要であると判断した場合には，財務諸表が不適正である旨の意見を表明しなければならない。この場合には，別の区分を設けて，財務諸表が不適正であるとした理由を記載しなければならない。

五　監査範囲の制約

　1　監査人は，重要な監査手続を実施できなかったことにより，無限定適正意見を表明することができない場合において，その影響が財務諸表に対する意見表明ができないほどに重要ではないと判断したときには，除外事項を付した限定付適正意見を表明しなければならない。この場合には実施した監査の概要において実施できなかった監査手続を記載し，財務諸表に対する意見において当該事実が影響する事項を記載しなければならない。2　重要な監査手続を実施できず，財務諸表に対する意見表明のための合理的な基礎を得ることができなかったときには，意見を表明してはならない。この場合には財務諸表に対する意見を表明しない旨及びその理由を記載しなければならない。3　他の監査人が実施した監査の重要な事項について，その監査の結果を利用できないと判断したときに，さらに当該事項について，重要な監査手続を追加して実施できなかった場合には，重要な監査手続を実施できなかった場合に準じて意見の表明の適否を判断しなければならない。4　将来の帰結が予測しえない事象又は状況について，財務諸表に与える当該事象又は状況の影響が複合的かつ多岐にわたる場合には，重要な監査手続を実施できなかった場合に準じて意見の表明ができるか否かを慎重に判断しなければならない。

六　継続企業の前提

　1　監査人は，継続企業の前提に重要な疑義が認められるときに，その重要な疑義に関わる事項が財務諸表に適切に記載されていると判断して無限定適正意見を表明する場合には，当該重要な疑義に関する事項について監査報告書に追記しなければならない。2　継続企業の前提に重要な疑義が認められるときに，その重要な疑義に関わる事項が財務諸表に適切に記載されていないと判断した場合は，当該不適切な記載についての除外事項を付した限定付適正意見を表明するか，又は財務諸表が不適正である旨の意見を表明し，その理由を記載

しなければならない。3 継続企業の前提に重要な疑義を抱かせる事象又は状況が存在している場合において，経営者がその疑義を解消させるための合理的な経営計画等を提示しないときには，重要な監査手続を実施できなかった場合に準じて意見の表明の適否を判断しなければならない。4 継続企業を前提として財務諸表を作成することが適切でない場合には，継続企業を前提とした財務諸表については不適正である旨の意見を表明し，その理由を記載しなければならない。

七　追記情報

　監査人は，強調すること又はその他説明することが適当と判断した事項は，監査報告書にそれらを区分した上で，情報を追記するものとする。①正当な理由による会計方針の変更，②重要な偶発事象，③重要な後発事象，④監査した財務諸表を含む開示書類における当該財務諸表の表示とその他の記載内容との重要な相違がある。

4 監査報告書と監査人の選択

　監査人は監査報告書を公表することにより，自己の監査責任を正式に認めることになる。監査報告書は，①実施した監査の範囲，②経営者の責任（作成の責任と財務諸表に重要な虚偽表示がないよう内部統制を整備し運用する責任，経営者から監査報告書に対する確認書を受け取る）[12]，③監査人の責任（独立の立場から財務諸表に対する意見を表明する），そして，④監査意見（経営者の作成した財務諸表がGAAPに準拠して企業の財政状態，経営成績及びキャッシュ・フローの状況を適正に表示していると認められるか）の4区分である。

（1）監査意見の内容

　金融商品取引法の監査では，会計監査人は監査意見として次の意見を表明する。①無限定適正意見（GAAPに従って適正に表示されている），②除外事項を付した限定付適正意見（一部に不適切な事項があるが，財務諸表全体に対してはそれほど重要性がないと考えられる），③不適正意見（不適切な事項が発見されて，それが財務諸表

全体に重要な影響を与える場合），④監査の意見不表明（重要な監査手続が実施できず，結果として十分な監査証拠が入手できない場合）がある。

（2）会計監査人の選択と報酬

監査法人の選任と報酬の決定は取締役から監査役に移された。報酬は会社からの独立性と職務の公正性を図るために，監査役（あるいは監査委員会）の同意権限が付与された。会計監査人は株主代表訴訟の対象となる。

5 会計監査人の仕事と倫理

会計監査人の資格要件に「独立性」があるが，それを担保する倫理（最高の道徳）が求められる[13]。倫理には原則と細則という物事の判断基準がある。原則とは高度な総論，次元の高い細則，善に従う良識であり，高邁な精神（noble spirit）が求められる。それに対して，細則とは必要条件を示し本質的には終わりがない。細則は原則と関係し，自己の行動が細則を遵守したかは，細則以外の意識に頼ることになる。また，監査ほど信頼性の程度が高くはないが，会計専門職に財務諸表をみてもらう「コンピレーション」（compilation）とレビュー（review）のサービスがある。コンピレーションとは，会計基準の知識が欠けるために適正な財務諸表を作成できない場合，会計士が実務担当者に質問をしながら，財務諸表を作成，調整することである。会計士は監査やレビューを行わないことから意見を形成できないことを記載した報告書を添付する。レビューは，会社が財務諸表を作成し，会計士はそれがGAAPに準拠して表示されているかについてのみ査閲する。そこでは分析と質問を行うが，実査，立合，確認等の監査手続は行わないから，積極的な意見は述べることができない。こうした会計サービスは米国では公共工事の入札で利用される。他方，監査役には資格要件は特になく取締役等の兼任禁止規定がある。監査役は主に業務監査にあたる。

3 リスク情報の開示

　経営にリスクが発生する場合，経営者は有価証券報告書，決算短信などを通じて投資家に注意を喚起し，1年以内に企業の存続を揺るがしかねない重大なリスクを開示する必要がある。注記は当該企業が公表するが，経営状況をよく知る第三者の会計監査法人はそれを知らせる義務がある。いわゆる「継続企業の前提に関する事項の注記」は，経営不振，債務超過などの財務的危機，貸付金の返済を迫る財務制限条項（covenants）について開示する。これらの判断は会計監査の対象になる。①継続企業の前提に関する注記（注記の理由，改善計画），②営業キャッシュ・フロー赤字（将来の黒字転換），③増資の発表（増資規模，使い道，前回の増資との関係），④監査法人の交代（決算情報の信頼性，交代理由，会計処理に関する意見の違い），⑤業績予想の下方修正（業績の悪化，リストラ，その程度や理由）。

4 会計不正と会計操作

1 会計不正

　資本市場が公正であるとは，市場に参加する人々が公開された情報をいつも平等に入手することができる状態をいう。それを担保するには株価操作，インサイダー取引，有価証券虚偽表示等が存在しないことである。インサイダー取引は公開すべき情報を一部の利害関係者のみが知ることになり秘密裏に取引を行い不公正な利益を手にする内部取引である。金融商品取引法はこれを規制する[14]。インサイダー取引は会社関係者の禁止行為と公開買付関係者の禁止行為（TOBとそれに準ずる行為についての未公開情報）がある。

2 利益調整と会計操作

利益調整（earnings management）とは「経営者が会計上の見積もりと判断及び会計方針の選択を通じて，GAAP 枠内で当期の利益を裁量的に測定するプロセス」[15] である。クリエイティブ会計ともいわれる。その一つのビッグバスは当期の利益を過小にして費用を過大に報告するという調整から一気に不良在庫を処理しリストラ費用を計上して次期以降一挙に好決算を導く益出しのＶ字型決算である。経営者が GAAP の枠内で行うきわめて意図的な利益増加型の利益調整がある。倒産に至るような経営状態の悪化や投資家をミスリードする場合もある。その中間が利益の平準化である。これらの裁量行動（discretion）には会計的裁量行動と実体的裁量行動がある。会計的裁量行動は経営者が都合の良い会計処理方法を選択して，会計数値を変え，貸倒予測や減価償却方法を変更することが該当する。後者は会計数値をゆがめるために取引などの事実を操作することである。

3 粉飾決算とそのパターン

粉飾決算（window-dressing settlement）は，GAAP に準拠しないで財務諸表を作成する虚偽報告（fraud, irregularity）である。財務諸表の数値を操作し，利益を過大に表示する行為である。業績悪化した企業は，経営破綻，上場廃止を回避，金融機関からの信用を維持する，上場会社の株主対策，裏金の捻出などさまざまである。粉飾は刑法上の「有価証券報告書虚偽記載罪」にあたる。税金逃れのために利益を過小に見せる逆粉飾もある。粉飾が公になると，会社は信用を失い上場廃止，経営者はその社会的地位を失い，さまざまな制裁を受ける。また，虚偽表示は，経営者や従業員が会社資産を着服，流用，隠蔽する目的で，証拠書類の改竄，捏造，記録の脱漏，誤記，架空取引の記録による。誤謬（error）は意図的ではない表示をいう。

■粉飾決算の基本的なパターン

　粉飾決算（財務諸表の虚偽表示）の60％以上は，収益（売上高）の虚偽である。それに対する他の勘定（資産，負債，費用，あるいはその他の収益）が影響を受けることになる[16]。

① 資産の過大計上，収益の増加
- 架空伝票を使用して売掛金を増加し売上を水増しする。架空売上には売上原価が計上されず，売上総利益が水増しされる。
- 翌期の売上を今期に計上する。取引先は期末に翌期分の商品まで出荷し，これを今期分として会計処理する。
- 棚卸資産，有価証券などの資産を不当に引き上げて評価し，評価益を特別利益に計上する。

② 資産の過大計上，費用の減少
- 架空資産の計上や不良在庫を計上して在庫を増やし，その結果，売上原価（期首繰越商品＋当期仕入高－期末繰越商品）が減少して利益が水増しされる。
- 固定資産の償却方法を変更する。定率法から定額法への変更により費用が圧縮されて利益が増える。
- 費用を資産として繰り延べる。費用計上すべきものを前払費用として資産処理し，費用を過小にする。
- 当期分の仕入高を翌期にまわして売上原価を減らす。
- 売上債権の貸倒引当金の計上を減らす。
- 固定資産の減損損失を計上しない。

③ 負債の減少，売上高と利益の増加
- 負債を簿外計上するなどして企業の実態を良く見せる。
- 関係会社への損失（負債）の移し替え。

④ 負債の増加，費用の減少，結果として利益の増加
- 売手への支払を延ばし，費用を繰り延べる。

　粉飾を発見することは困難である。棚卸資産回転率や売上債権回転率，総資産に対する運転資本などの比率分析，財務諸表の注記（会計方針など）を丹念に読んだり，競合他社との財務諸表比較は，粉飾発見の一つの手がかりとな

る。こうした会計不正に関して犯罪学的見地から財務分析を業務とする「法廷会計」(forensic accounting) が生まれた[17]。近年わが国の粉飾にはカネボウ事件[18]，オリンパス事件[19]がある。

5 内部統制制度と内部監査

　内部統制 (internal control) は，組織の業務の適正性を確保するための体制を構築するシステムである。内部監査と密接な関係がある。コーポレートガバナンスは，株主と経営者との間の仕組みであるが，内部統制は経営者と働く従業員との関係であるものの，それがいま，拡大している。日本では内部統制は，2004年5月の会社法において業務全体に関するシステムを大会社及び関連会社に義務づけられた。そして，2008年4月1日，「金融商品取引法」(JSOX法) がスタートし，上場会社は，財務報告の信頼性を確保するために内部統制報告書を作成することが義務づけられた。

1 内部統制報告書

　内部統制報告書は経営者が正しい決算書を行う仕組みが整い，それに従って会計数値が作成されているかを公認会計士が証明する。経営者は業務のフローチャートを作成し，仕事手続（取引→業務→業務の対応→内部統制報告書に記載）を文書化する。会社法は，内部統制に関する決議を取締役会で宣言することを求める。決議に沿って，会社は，従業員教育やリスク管理を進めて，内部監査部門を置くか否か，社内の職務規程を見直すか否かの措置を講ずる。そして，会社は，定時株主総会に提出する業務報告で取締役会の決議内容を開示し，株主の判断を仰ぐことになる。会社法は，大会社と委員会設置会社，業務全般，会社規模と内容に応じて設計，監査業務はない。開示義務はあるが，罰則はない。それに対して，金融商品取引法では，上場会社が対象であり，財務報告中心政令で定める基準に合わせて設計，開示義務がある。内部統制報告書を偽った場合，5年以下の懲役あるいは500万円以下の罰金がある。法人には5億円

以下の罰金がある。企業会計審議会「財務報告に係る内部統制の評価及び監査の基準」によれば，内部統制の目的は次の四つ，①事業の有効性及び効率性，②財務報告の信頼性，③事業活動に関わる法令遵守，④資産の保全である。付録として，章末に株式会社ニトリホールディングスの内部統制監査報告書を掲載している。

2 内部監査

　内部監査は，内部統制のモニタリング機能としての役割を果たし，他の統制の有効性を評価し，保証する機能として存在する。内部監査は，組織体の経営目標の効果的な達成に役立つことを目的として，合法性と合理性の観点から，公正かつ独立の立場で経営の諸活動を遂行している状況を検討，評価し，これに基づいて意見を述べる。そして，助言と勧告を行う監査業務である。内部監査の役割や対象は，内部統制概念によって変化するものである[20]。

▶▶▶ 注 ◀◀◀

1) V. K. ジンマーマン著，小澤康人，佐々木重人共訳，1993年，『近代アメリカ会計発達史——イギリス会計の影響力を中心に』，同文舘，91–95頁参考。
2) Goldberg, L. (2001) *A Journey into Accounting Thought,* edited by Leech, Routledge p.20.
3) 岡嶋慶，2012年，「SEC監査規制史におけるマッケソン＆ロビンス事件」，『三田商学』，第55巻第1号参考。米国で注目される監査は1938年末に発覚した薬品会社のマッケソン・ロビンズ事件（McKesson & Robbins, Inc.）である。同社は連結財務諸表の架空の売掛金と売上高操作をした。同社の担当監査法人プライス・ウォーターハウス会計事務所の監査手続が問われた。これが契機としてSECの監査規制が問われると同時に会計監査が見直された。
4) Zeff, S. A. (September 2003) How the U.S. Accounting Profession Got Where It is Today: Part I, *Accounting Horizons,* Vol.17, No.3, pp.189–205, Part II (December 2003), *Accounting Horizons*, Vol.17, No.4.
5) 米国監査基準審議会（Auditing Standards Board, ASB）は監査基準書（Statement on Auditing Standard, SAS）を公表し，SAS（1992年）第69号はGAAPに従って作成された財務諸表を求める。

6) 黒沢清，1990年，『日本会計制度発展史』，財経詳報社，3頁参考。
7) 固有リスクは，内部統制が存在しないという仮定から財務諸表に重要な虚偽の表示がなされている可能性をいう。経営環境リスク，特定取引記録，財務諸表項目リスクからなる。
8) 統制リスクは，財務諸表の虚偽の表示が内部統制によって防止又は適時に発見されない可能性をいう。
9) 発見リスクは，内部統制によって防止又は発見されなかった財務諸表の虚偽の表意が監査手続を実施してもなお発見されない可能性をいう。
10) 浜田康，2002年，『「不正」を許さない監査』，日本経済新聞社，19-21頁参考。
11) 長吉眞一，2007年，『監査基準論』，中央経済社，119-129頁参考。
12) 監査人は，監査の最終局面において経営者確認書（written representation）を入手しなければならない。これは一種の質問書である。特定の事項を確認するため又は他の監査証拠を裏付けるため経営者が監査人に提出する書面の陳述である。
13) Mark Cheffers & Michael Pakaluk（2007）Understanding Accounting Ethics, 藤沼亜起編著，2011年，『会計倫理の基礎と実践（公認会計士の職業倫理）』，同文舘出版，第6章参考。
14) インサイダー取引には5年以下の懲役，又は500万円以下の罰金，法人は5億円以下の罰金が課せられる。罰金以外にインサイダー取引で得た財産没収と追徴を受ける。2013年3月「不正リスク対応基準」が誕生し，2014年3月期から適用される。近年，米国のFBI調査官J. T. ウエルズが創設した不正検査士CFE（Certified Fraud Examiner）という資格も登場してきた。
15) 須田一幸，山本達司，乙政正太編著，2007年，『会計操作――その実態と識別法，株価への影響』，ダイヤモンド社，20-22頁参考。
16) Zack, Gerard M.（2103）*Financial Statement Fraud, Strategies for Detection and Investigation*, John Wiley & Sons Inc.
17) 細野祐二，2008年，『法廷会計学VS粉飾決算』，日経BP社，参考。
18) カネボウ事件では監査法人中央青山の公認会計士が，約800億円の資産超過とした偽った旧経営陣に適正意見を出し，有価証券報告書虚偽記載に問われた。
19) オリンパスはバブル期に金融商品投資に手を染めて1,000億円の損失を出し，それを隠蔽するために1998年から連結対象外のファンドに含み損を簿価で移し替える飛ばしを始めた。2006年以降，内外の企業買収を利用し架空ののれんを計上してその含み損を穴埋めし，2007年3月期から11年3月期，毎年連結純資産額が415億円から1,164億円を水増しした。
20) 松井隆幸，2005年，『内部監査』，同文舘出版，参考。

株式会社ニトリホールディングス有価証券報告書（第41期）

【表紙】

【提出書類】	内部統制報告書
【根拠条文】	金融商品取引法第24条の4の4第1項
【提出先】	関東財務局長
【提出日】	平成25年5月17日
【会社名】	株式会社ニトリホールディングス
【英訳名】	Nitori Holdings Co., Ltd.
【代表者の役職氏名】	代表取締役社長　似鳥　昭雄
【最高財務責任者の役職氏名】	該当事項はありません。
【本店の所在の場所】	札幌市北区新琴似七条一丁目2番39号 （平成24年10月1日より，本店所在地は札幌市手稲区新発寒六条一丁目5番80号から上記に移転しております。）
【縦覧に供する場所】	株式会社東京証券取引所 （東京都中央区日本橋兜町2番1号） 証券会員制法人札幌証券取引所 （札幌市中央区南一条西五丁目14番地の1）

1 【財務報告に係る内部統制の基本的枠組みに関する事項】
　代表取締役社長である似鳥 昭雄は，当社及び連結子会社（以下「当社グループ」という）の財務報告に係る内部統制の整備及び運用に責任を有しており，企業会計審議会の公表した，「財務被告に係る内部統制の評価及び監査の基準並びに財務報告に係る内部統制の評価及び監査に関する実施基準の設定について（意見書）」に示されている内部統制の基本的枠組みに準拠して，財務報告に係る内部統制を整備及び運用しております。
　なお，内部統制は各基本的要素が有機的に結びつき，一体となって機能することで，その目的を合理的な範囲で達成しようとするものであります。このため，財務報告に係る内部統制により財務報告の虚偽の記載を完全には防止又は発見することができない可能性があります。

2 【評価の範囲，基準日及び評価手続に関する事項】
　財務報告に係る内部統制の評価は，当事業年度の末日である平成25年2月20日を基準日として行われており，評価に当たっては，一般に公正妥当と認められる財務報告に係る内部統制の評価の基準に準拠しております。
　本評価においては，連結ベースでの財務報告全体に重要な影響を及ぼす内部統制（会社的な内部統制）の評価を行った上で，その結果を踏まえて，評価対象となる内部統制の範囲内にある業務プロセスを選定しております。当該業務プロセスの評価においては，選定された業務プロセスを分析した上で，財務報告の信頼性に重要な影響を及ぼす統制上の要点を識別し，当該統制上の要点について整備及び運用状況を評価することによって，内部統制の有効性に関する評価を行っております。
　財務報告に係る内部統制の評価の範囲は，当社グループについて，財務報告の信頼性に及ぼす影響の重要性の観点から必要な範囲を決定しております。財務報告の信頼性に及ぼす影響の重要性は，金額的及び質的影響の重要性を考慮して決定しており，当社及び連結子会社1社を対象として行った全社的な内部統制の評価結果を踏まえ，業務プロセスに係る内部統制の評価範囲を合理的に決定しております。なお，連結子会社17社については，金額的及び質的重要性の観点から僅少であると判断し，会社的な内部統制の評価範囲に含めておりません。
　業務プロセスに係る内部統制の評価範囲については，各事業拠点の前連結会計年度の売上高（連結会社間取引消去後）の金額が高い拠点から合算していき，前連結会計年度の連結売上高の概ね3分の2に達している事業拠点にその他の重要な業務委託拠点を加えて「重要な事業拠点」としております。選定した重要な事業拠点においては，企業の事業目的に大きく関わる勘定科目として売上高，仕入高，棚卸資産に至る業務プロセスを評価の対象としております。さらに，選定した重要な事業処点にかかわらず，それ以外の事業拠点をも含めた範囲について，重要な虚偽記載の発生可能性が高く，見積りや予測を伴う重要な勘定科目に係る業務プロセスやリスクが大きい取引を行っている事業または業務に係る業務プロセスを財務報告への影響を勘案して重要性の大きい業務プロセスとして評価対象に追加しております。

3 【評価結果に関する事項】
　上記の評価手続を実施した結果，当事業年度末日時点において，当社グループの財務報告に係る内部統制は有効であると判断いたしました。

4 【付記事項】
　付記すべき事項はありません。

5 【特記事項】
　特記すべき事項はありません。

独立監査人の監査報告書及び内部統制監査報告書

平成 25 年 5 月 17 日

株式会社ニトリホールディングス
　　取締役会　御中

新日本有限責任監査法人

指定有限責任社員　　公認会計士　○○　○○　印
業務執行社員

指定有限責任社員　　公認会計士　○○　○○　印
業務執行社員

指定有限責任社員　　公認会計士　○○　○○　印
業務執行社員

〈財務諸表監査〉
　当監査法人は，金融商品取引法第 193 条の 2 第 1 項の規定に基づく監査証明を行うため，「経理の状況」に掲げられている株式会社ニトリホールディングスの平成 24 年 2 月 21 日から平成 25 年 2 月 20 日までの連絡会計年度の連結財務諸表，すなわち，連結貸借対照表，連結損益計算書，連結包括利益計算書，連結株主資本等変動計算書，連結キャッシュ・フロー計算書，連結財務諸表作成のための基本となる重要な事項，その他の注記及び連結附属明細表について監査を行った。

連結財務諸表に対する経営者の責任
　経営者の責任は，我が国において一般に公正妥当と認められる企業会計の基準に準拠して連結財務諸表を作成し適正に表示することにある。これには，不正又は誤謬による重要な虚偽表示のない連結財務諸表を作成し適正に表示するために経営者が必要と判断した内部統制を整備及び運用することが含まれる。

監査人の責任
　当監査法人の責任は，当監査法人が実施した監査に基づいて，独立の立場から連結財務諸表に対する意見を表明することにある。当監査法人は，我が国において一般に公正妥当と認められる監査の基準に準拠して監査を行った。監査の基準は，当監査法人に連結財務諸表に重要な虚偽表示がないかどうかについて合理的な保証を得るために，監査計画を策定し，これに基づき監査を実施することを求めている。
　監査においては，連結財務諸表の金額及び開示について監査証拠を入手するための手続が実施される。監査手続は，当監査法人の判断により，不正又は誤謬による連結財務諸表の重要な虚偽表示のリスクの評価に基づいて選択及び適用される。財務諸表監査の目的は，内部統制の有効性について意見表明するためのものではないが，当監査法人は，リスク評価の実施に際して，状況に応じた適切な監査手続を立案するために，連結財務諸表の作成と適正な表示に関連する内部統制を検討する。また，監査には，経営者が採用した会計方針及びその適用方法並びに経営者によって行われた見積りの評価も含め全体としての連結財務諸表の表示を検討することが含まれる。
　当監査法人は，意見表明の基礎となる十分かつ適切な監査証拠を入手したと判断している。

監査意見
　当監査法人は，上記の連結財務諸表が，我が国において一般に公正妥当と認められる企業会計の基準に準処して，株式会社ニトリホールディングス及び連結子会社の平成 25 年 2 月 20 日現在の財政状態並びに同日をもって終了する連結会計年度の経営成績及びキャッシュ・フローの状況をすべての重要な点において適正に表示しているものと認める。

第Ⅱ部
会計と経済的リアリティ

第4章
貸借対照表の分析
（資産の会計）

学習目標

本章は，まず，貸借対照表の本質と表示機能，次に，その構成要素の資産概念，各種資産の属性，その会計処理を理解することに目標を置く。近年，会計には企業価値を判断する情報機能が重視されて資産価値の評価に関心が向けられる。補節では，資産に関係する重要な会計諸基準として，① 金融商品会計基準，② デリバティブ取引とヘッジ会計処理，③ 研究開発費とソフトウェアの会計，④ リース会計基準を取り上げる。

1 貸借対照表の本質と表示能力

1 作成方法

貸借対照表を作成する方法には，棚卸法（inventory method）と誘導法（derivation method）とがある。棚卸法は一定の時点における企業のすべての資産と負債の金額を，実地棚卸によって決定して貸借対照表を作成する方法である。この方法は企業の開業貸借対照表や解散時に作成される清算貸借対照表に利用される。一方，誘導法は帳簿の継続的な記録に基づいて貸借対照表を作成する方法であり，決算に際して棚卸法を併用する。

2 貸借対照表の本質と記載基準

(1) その本質

「貸借対照表は企業の財政状態を明らかにするため，貸借対照表日におけるすべての資産，負債及び資本を記載し，株主，債権者その他の利害関係者にこれを正しく表示するものでなければならない。ただし，正規の簿記の原則に従って処理された場合に生じた簿外資産及び簿外負債は貸借対照表の記載外におくことができる」(企業会計原則)。この財政状態とは会計目的に応じてその表示と内容が異なる理念的 (metaphysical) な意味にすぎない。測定においてフローを重視する収益費用アプローチに基づくと，財政状態は経済的な有意味性を捨象する。ストックを重視する資産負債アプローチでは公正価値概念による財政状態を表示する。

(2) 貸借対照表の記載基準

「資産，負債及び資本は，適当な区分，配列，分類及び評価の基準に従って記載しなければならない」(企業会計原則，第三・A)。「資産，負債及び資本は総額によって記載することを原則とし，資産の項目と負債又は資本の項目とを相殺することによって，その全部又は一部を貸借対照表から除去してはならない」(企業会計原則第三・一B：総額主義の原則)。しかし，計算の経済性の観点から重要性の乏しい資産や負債について簿外資産や簿外負債を認める。

(3) 貸借対照表の区分と配列

資産 (負債) は，その流動性に着目した「営業循環基準」(operating cycle basis) を使って流動と固定に分類される。この基準は，営業活動 (商品や原材料の購買→製品の製造→販売→代金の回収) の循環に入る資産を流動資産，これに見合う負債を流動負債と分類する。このサイクルに入らない資産 (負債) はたとえ営業債権であっても固定資産あるいは固定負債として扱われる。破産債権，更生債権及びこれに準ずる債権で1年以内に回収されないことが明らかなものは固定資産 (投資その他の資産) に属する。この基準を補足するルールが「1年基準」(one year rule) である。貸借対照表の配列は換金性の高いものから始まる流動

性配列が一般であるが，電力や鉄道業のように低いものを重視する固定性配列（ヨーロッパ企業）もある。貸借対照表の形式には勘定式と報告式がある。

2 資産の概念と測定

1 資産の概念と定義

　経済的価値をもつ財（貨）と用役（goods and services）を経済財という。それに対して空気や海水などきわめて豊富で売買の対象とならない財を自由財という。企業は，金融市場から集めた資金を使ってさまざまな生産要素を調達し，各種の投資プロジェクトを通じて付加価値を加え経済財を生産する。企業が経済財を生産するためにコントロールする資源を資産（assets）と総称する。資産は，①企業が所有あるいは支配し，②企業の経済活動にとって価値ある財であり，③測定可能な原価（measurable cost）として取得されたものである。討議資料は，資産を「過去の取引または事象の結果として，報告主体が支配している経済的資源」と定義する。「支配」とは所有権の有無に関わらず報告主体が経済的資源を利用しそこから生み出される便益を享受できる状態をいう。経済的資源とはキャッシュの獲得に貢献する便益の源泉であり，発生の可能性が高い将来の経済的便益（economic benefits）である。こうした経験的に資産に共通する属性を把握するアプローチの他に，資産を貸借対照表の計算構造から解釈するドイツ動態論[1]がある。このアプローチによると，資産とは費用であるという一元的解釈と，資産を，収入が基礎となる貨幣性資産（monetary assets）と，棚卸資産のように支出を基礎とする非貨幣性資産（non-monetary assets）とに分類する二元的解釈がある。非貨幣性資産は費用性資産ともいわれ，使用によって資産の価値を失い費用に変わっていく資産である。

2 資産の測定と評価

　会計の測定とは，対象物を識別，分類し，貨幣という物差しをあてる行為で

あり，対象物の価格を決める評価と区別されない。資産の評価基準には資産を取得するために流出した金額で測定する取得原価，再調達原価，割引将来原価と，資産が外部に出てその見返りに流入する金額で測定する清算価額，正味売却価額，割引キャッシュ・フローがある。これらの測定は，過去指向の取得原価（歴史的原価），現在指向の市場価格（時価），そして将来指向の割引現在価値に集約される。

（1）取得原価

これは資産を取得する際に支払われた現金（現金同等物）の金額，あるいは取得のために利用された財貨・用役の公正な価額をいう。取得時の市場価格であり，経済的価値を表現し，取引事実を直接に表現する客観的な資料によって裏付けられる。固定資産の取得原価は費用配分の原則によって各事業年度に配分され，未償却原価が帳簿に計上される。取得原価は，財貨・用役を実現というフィルターによって収益を認識する実現主義と表裏一体の関係にあるが，これを取得原価主義（historical cost basis）という。

（2）市場価格

市場価格（market price, value）とは，特定の資産が市場で成立している価格の時価をいう。購入市場と売却市場がある。購入市場での市場価格をインプット価格（入口価格）といい，取替原価や再調達原価が該当する。取替原価を決定する場合，特定産業では個別購買力指数（specific purchasing power index）が用いられることもある。棚卸資産の評価で利用されるように，売却市場でのアウトプット価格（出口価格）には正味売却価額がある。

（3）割引現在価値

すべての資産は将来のサービス・ポテンシャルのために取得されると仮定すると，資産の取得価格は将来収益を十分に生み出すキャッシュ・フローの見積金額，タイミング，適切な割引率と確率から計算される。割引現在価値（discounted present value）は将来に発生するキャッシュ・フローを合理的に予想し，割引率をどのように決定するかで決まる。割引現在価値は，①使用価値

の計算（固定資産などの減損会計における回収可能価額計算）や ②市場価格の推定計算（デリバティブ取引における正味の債権を計算する場合，市場価格が存在しない資産について期末時点での価値計算）に利用される。

3 公正価値の概念

　企業の経済的実態を反映するための測定あるいは評価として，会計や経済において「公正価値」(fair value) の概念が生まれた。公正価値とは，流動性と取引量が十分に確保された活発な市場での財貨・用役，あるいは資産に関する潜在的な市場価額 (market value) であり，合理的かつ偏見のない「見積値」(estimate) をいう。

　公正価値の概念がクローズアップしたのは，1980年代後半，デリバティブ（金融派生商品）を中心とする金融商品の取引が活発化してからである。従来の取得原価会計では，それがオフバランス化して，その取引の実態が見えなくなり，投資の不透明性を高めた。米国では，金融投資のストック情報として公正価値が有用であると考えられた。米国財務会計基準書第157号（SFAS, No.157, 2007[2]）は，公正価値を「測定日の市場参加者間における正常な取引における資産の売却価格，あるいは負債の移転者に支払われるであろう価格」と定義する。2011年5月，「公正価値とは，測定日において市場参加者間の秩序ある取引が行われた場合に，資産の売却によって受け取るであろう価格，または負債の移転のために支払うであろう価格」と定義される（会計基準編纂書，ASC 820-10-20, 820-10-35-2）。公正価値は，一般にある資産には確立された市場が存在しない場合の当該資産（あるいは負債）の市場価額（理論的仮想市場価格）としても利用される。企業間取引の公正な評価額という意味で英語では arm's length transaction ともいう。最新の定義は，IASB が 2011年5月の IFRS 第13号「公正価値測定」(Fair value measurement) を公表したものであり，「測定日において市場参加者間で秩序ある取引が行われた場合に，資産の売却によって受け取るであろう価格，または負債の移転のために支払う価格」をいう。これは出口価格であり，入口価格に対立する概念である。それは非金融資産にも適用される。この定義は FASB とほぼ一致した規定となる。IFRS13号は2013年

1月1日から適用された。

　日本の会計基準では，公正価値の定義を時価に置き換えて，「時価とは，公正な評価額をいい，市場において形成されている取引価格，気配又は指標その他の相場（以下「市場価格」という）に基づく価格をいう。市場価格がない場合には合理的に算定された価格を公正な評価価額とする」（企業会計基準第10号「金融商品に関する会計基準」）。日本の会計基準は，原価・実現主義をベースに金融商品に公正価値会計を部分的に受け入れた混合型の会計システムと化している。

　企業価値を知るという投資目的では，資産及び負債の評価は，取得原価より公正価値が目的にかなっているが，公正価値を求める方法としてマーケット・アプローチ，インカム・アプローチ，そしてコスト・アプローチが展開される。マーケット・アプローチは，投資先に対する同一又は比較可能な資産と負債に関連する市場取引からもたらされる価格や比較会社評価倍率など他の情報をもとにして公正価値を決定する技法である。インカム・アプローチは，将来のキャッシュ・フローや収益と費用を単一の現在割引価値（割引キャッシュ・フロー方式，配当割引モデルなど）の情報内容に変換することによって公正価値を算出する方法である。コスト・アプローチは，現時点で資産のサービス能力を同等物に置き換えるために必要な金額（再調達原価）をもとに公正価値を算出する技法である。この投資意思決定有用性を目的とする公正価値会計が，非金融資産を含めたすべての資産に適用されるのかは，これからの課題である。

3　流動資産の会計

　流動資産（liquid assets）は，現金預金，売上債権，短期貸付金，未収金，有価証券等の「当座資産」，商品・製品，仕掛品などの「棚卸資産」「その他流動資産」に分類される。その他流動資産に属する債権は，通常の営業活動上の債権と区別して表示しなければならない。

1 現金預金と営業債権

（1）現金預金

「現金」（cash on hand）は，通貨（外国通貨を含む）や通貨代用証券（他人振出小切手，送金小切手，期限到来後の社債の利札，配当金領収証，郵便為替証書など）をいう。「預金」（cash in banks）は，当座預金，普通預金，決算日の翌日から1年以内に満期日が到来する定期預金等である。1年を超えると長期定期預金として固定資産に分類される。預金は金融機関が用意した金融商品である。小口現金は管理上現金と区分されるが，財務諸表では合算されて現金預金勘定で表示される。

（2）営業債権とそれ以外の債権

売掛金（account receivable），受取手形（notes receivable），貸付金など後に現金を受け取ることができる債権を金銭債権という。そのうち，本来の営業活動から手にした売掛金や受取手形を営業債権という。貸付金や未収金などは営業外債権である。そうした金銭債権の回収には貸倒（bad debt）のリスクが常に発生することから，期末時点の貸借対照表価額は取得原価からリスクに相当する「貸倒引当金」（allowance for uncollectible accounts）を控除した金額とする。営業債権の貸倒引当金繰入は販売費及び一般管理費に組み入れられ，営業外債権に対する貸倒引当金繰入は営業外費用として表示される。また，手形所有者が，所有する手形を裏書譲渡あるいは割り引いた場合，支払人に代わって手形代金を支払う二次的責任を負う。

例えば，Y社は，掛代金500,000円の支払に対して保有する約束手形500,000円を裏書譲渡した。保証債務の時価を3,000円と評価した。

（買掛金）	500,000	（受取手形）	500,000
（保証債務費用）	3,000	（保証債務）	3,000

上記の手形が無事に決済され偶発債務がなくなった。

（保証債務）	3,000	（保証債務取崩益）	3,000

上記の手形が不渡りとなり，Y社は裏書き先から償還請求を受け，期日後の利息5,500円とともに小切手を振り出して支払い，同時に振出先に償還請求をした。

（不渡手形）	505,500	（当座預金）	505,500
（保証債務）	3,000	（保証債務取崩益）	3,000

　Y社は手形振出人から不渡手形の請求金額と期日後の法定利息7,000円を現金で受け取った。

（現金）	512,500	（不渡手形）	505,500
		（受取利息）	7,000

　手形割引も同様の会計処理をする。割引の手数料は手形売却損勘定で処理される。

（3）金銭債権の評価と償却原価法

　金銭債権の貸借対照表価額は，債権金額と取得価額が異なり，その差額が金利調整として認められる場合には償却原価法によって処理される[3]。償却原価法で処理した取得価額に加減する額は受取利息で処理する。その償却原価から貸倒引当金を減額した価額が貸借対照表価額となる。その処理は原則，利息法だが定額法も認められる。

■定額法

　定額法は，発行価額と額面価額との差額を，満期までの期間にわたり同じ金額を利息として計上する方法である。定額法の金利調整は決算日に行われる（月割計算）。

　例えば，Y社は，×1年4月1日，取引先A社に現金9,400円（債権金額10,000円）を期間3年，利息5％で貸し付けた。利払日と決算日は3月31日である。差額は金利調整として認められ償却原価法を適用する。

　　×1年4月1日　　　（貸付金）　　　9,400　　（現金）　　　　　9,400
　　×2年3月31日　受取利息 10,000 × 5％ ＝ 500
　　　　　　　　　　（現金）　　　　　500　　（受取利息）　　　　500
　　　　　　　　　金利調整差額計算 10,000 － 9,400 ×（12／36）＝ 200
　　　　　　　　　　（貸付金）　　　　200　　（受取利息）　　　　200
　　×3年3月31日 10,000 × 5％ ＝ 500
　　　　　　　　　　（現金）　　　　　500　　（受取利息）　　　　500
　　　　　　　　　金利調整差額計算 10,000 － 9,400 ×（12／36）＝ 200

　　　　　　　　　（貸付金）　　　　　200　　　（受取利息）　　　200
×4年3月31日　受取利息計算 10,000 × 5% = 500
　　　　　　　　　（現金）　　　　　　500　　　（受取利息）　　　500
　　　　　　　金利調整差額計算 10,000 －(9,600 + 400) = 0
　　　　　　　　　（現金）　　　　　10,000　　　（貸付金）　　　10,000

■利息法

　利息法の金利調整は利払日に行われる。通常，貸付金の利息は債権金額に約定利子率（契約上の利子率）を乗じて計算されるが，実際の貸付金債権の利息は，債権の帳簿価額に対する市場の実際利子率（実効利子率[4]）を乗じた金額である。利息法では，①実際の計上利息（債権の帳簿価額×実効利子率）と，②名目上計上の利息（債権金額×約定利子率）を「受取利息」として計上し，①と②との差額を債権の帳簿価額に加減する。

　例えば，Y社は，×1年4月1日，A社に現金9,400円（債権金額10,000円）を期間3年，利息5%で貸し付けた。実効利子率は7.3%である。利払日と決算日は3月31日である。差額は金利調整差額として認められ償却原価法を適用する。計算は小数点以下四捨五入。

×1年4月1日　　（貸付金）　　　10,000　　　（現金）　　　　10,000
×2年3月31日　約定利子率による計算 10,000 × 5% = 500
　　　　　　　　　（現金）　　　　　500　　　（受取利息）　　　500
　　　　　　　実効利子率による利息 9,400 × 7.3% = 686
　　　　　　　帳簿価額に加減すべき金額 686 － 500 = 186
　　　　　　　　　（貸付金）　　　　186　　　（受取利息）　　　186
×3年3月31日　約定利子率による計算 10,000 × 5% = 500
　　　　　　　　　（現金）　　　　　500　　　（受取利息）　　　500
　　　　　　　実効利子率による利息 (9,400 + 186) × 7.3% = 700
　　　　　　　帳簿価額に加減金額 700 － 500 = 200
　　　　　　　　　（貸付金）　　　　200　　　（受取利息）　　　200
×4年3月31日　約定利子率による計算 10,000 × 5% = 500
　　　　　　　　　（現金）　　　　　500　　　（受取利息）　　　500
　　　　　　　実効利子率による利息 10,000 －(9,400 + 186 + 200) = 214

	(貸付金)	214	(受取利息)	214
債権の回収時	(現金)	10,000	(貸付金)	10,000

（4）金銭債権のリスク分類

　金銭債権の信用リスク評価は，①一般債権の「貸倒実績率法」（過去の実績率等の合理的な基準），②「貸倒懸念債権」，③「破産更生債権等」に分類される。①の一般債権は，過去の期間の実績貸倒高÷過去の期間の債権金額として計算される。1～2％以内である。②の貸倒懸念債権には，財務内容評価法とキャッシュ・フロー見積法がある。財務内容評価法の貸倒設定額は（債権金額－担保処分見込額）×貸倒設定率で計算される。キャッシュ・フロー見積法は，貸倒額が（債権金額－債権にかかるキャッシュ・フローの割引現在価値）として計算される。③の破産更生債権等は，売掛金から破産更生債権等勘定に振り替える。

（5）貸倒引当金の戻入，償却債権取立益，貸倒損失

　貸倒引当金設定額が期末残高となる場合には，貸倒引当金戻入は営業費用から控除するか，営業外収益として処理される。また，過去に貸倒処理した債権が当期に回収されたときには，償却債権取立益（特別利益）として処理される。設定不足の貸倒損失は販売費及び一般管理費か，営業外費用とする。

（6）電子記録債権

　2008年12月に施行された電子記録債権法により，電子記録債権（資産）が生まれた。この債権は，電子債権記録機関の記録原簿への電子記録をその発生と譲渡等を要件とする。既存の手形債権と異なる金銭債権である。しかし，手形債権の代替として機能することが想定されていて，会計処理は手形債権に準ずる。

2 有価証券の会計

　会計上の有価証券（securities）とは，他社や機関が発行した株式，公債証券，社債券，新株予約権証券，証券投資信託，貸付信託の受益証券，これに準じる国内CD（譲渡性預金）が該当する。他者に対する債権資産であり貨物代表

証券とは区別される。

（1）有価証券の種類

有価証券は，保有目的から売買目的有価証券，満期保有目的の債券，子会社株式及び関連会社株式，その他有価証券に分類される。

①売買目的有価証券

売買目的有価証券とは，時価の変動により利益を得ることを目的として保有する有価証券である。同一銘柄に対して相当程度の反復的な購入と売却をするトレーディング目的がある。現金預金と合わせて手元資金という。

②満期保有目的の債権

満期保有目的の債券（held-to-maturity securities）は，満期まで保有する目的で取得した債券であり，短期所有目的債券の「売買目的有価証券」とは区別される。償還日にあらかじめ決められた額面によって償還される。取得価額が券面額と異なる場合，将来の利息相当分である差額は日割計算に基づいて全体に配分し，毎期の配分額を収益又は費用として認識する償却原価法が適用される。利息は有価証券利息として認識される。有価証券の額が積み上がる「アキュムレーション」（accumulation）と，債券を券面額より高い価格で購入し，毎期末に有価証券運用損を認識する「アモチゼーション」（amortization）が行われる。この勘定（満期保有目的債券）を「投資有価証券」として会計処理している場合，それが翌期に満期到来する場合には「有価証券」（流動資産）に振り替える。

③関係会社株式：子会社株式及び関連会社株式

子会社株式は，他の会社を支配する目的で保有する株式，関連会社株式は，他の会社の意思決定機関に対して重要な影響を与える目的で保有する，子会社株式以外の株式をいう。子会社株式及び関連会社株式の保有目的は，事業投資の一環であり，時価の変動を投資成果とはみなさないことから，取得原価をもって貸借対照表価額とする。ただし，取引所の相場がある株式が著しく時価が下落した場合には例外として取得価額を切り下げる減損会計が要求される。

④その他有価証券

　上記の売買目的有価証券，満期保有目的債券，子会社株式及び関連会社株式以外の長期保有の有価証券を「その他有価証券」という。この特徴は目的を明確にすることのできない有価証券である。例えば，持合株式は決算において時価評価されるが，評価差額をただちに売買し換金しないことから，当期の損益として処理することは適正ではない。損益計算書を経由しないで直接に持合株の評価損益を計上し，株主資本を減少させる手続をとる（資本直入法の洗替法）。

（2）投資信託とその種類

　投資ファンド（fund）とは，投資家から集めたお金を一つの資金としてまとめ，運用専門の投資信託運用会社が株式や債券などに分散投資し運用する金融商品である。その成果は投資家の投資額に応じて分配される。元本が保証されない金融商品であり失敗のリスクを負う。投資信託は販売会社（証券会社，銀行）から販売されるが，その資金は信託銀行が保管する。信託銀行は運用会社の指図を受けて株や債券を売買する。運用会社は委託者，信託銀行は「受託者」と呼ばれる。

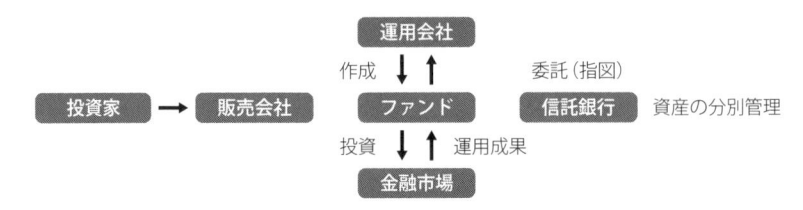

```
                    運用会社
                   作成 ↓ ↑    委託（指図）
投資家 → 販売会社    ファンド    信託銀行    資産の分別管理
                   投資 ↓ ↑ 運用成果
                    金融市場
```

　投資信託は，例えば，Zファンドを1口1円で募集をかけ，Aが2万口，Bが8万口を購入し，受益者が2人だけであれば信託財産は10万円となる。運用会社はこの信託財産を運用し，1年後に15万円となると，1万口あたり基準価額は1万5,000円となる。分配金は保有口数に応じて投資家に分配される。分配金が支払われると純資産総額と基準価額は下がる。日経平均株価や東証株価指数のTOPIXに連動するものをインデックスファンドという。そのうち市場で売買できるものを上場投資信託（Exchange Trade Fund，ETF）という。こうした投資信託は満期に額面金額で償還が予定されないので，満期保有目的債券ではなく，売買目的有価証券又はその他有価証券に区分される。その会計処理

は，金融商品会計基準，金融商品会計実務指針，不動産信託では不動産流動化実務指針に基づいて行われる。

（3）売買目的有価証券の購入と売買
■株式の取得価額

株式の取得価額は，購入代価＋付随費用の額となる。恒常的に発生し個々の金融資産との対応関係が明確でない付随費用は取得原価に含めないことができる。なお，同一銘柄のものを異なる価格で購入した場合の単価は「平均原価法」（移動平均法，総平均法）で計算される。

例えば，Y社は，売買目的のA社株式100株を＠1,000円で購入し，支払手数料3,000を加算し現金で支払った。

　　　　　（売買目的有価証券）103,000　　（現金預金）　　　　　103,000

上記株式を120,000円で売却し，手数料4,000円を差し引き，残額は現金を受け取った。

　　　　　（現金預金）　　　　116,000　　（売買目的有価証券）103,000
　　　　　（支払手数料）　　　　 4,000　　（有価証券売却損益） 17,000

■売買目的の公社債購入と売却

売買目的の公社債の取得も購入代金に付随費用を加算した額が取得原価となる。公社債に係る利息は有価証券利息勘定で処理する。購入者は購入代金とともに前回の利払の翌日から購入日までの経過利息（端数利息という）を前払する（有価証券利息・借方）。売却者は売却日までの端数利息を受け取る（有価証券利息・貸方）。配当金は受取配当金，配当金領収証は現金，期限到来後の公社債利札は現金で処理される。

例えば，Y社は，×1年1月30日，売買目的の社債（額面金額1,000,000円）を＠100円につき95円で購入した。購入金額に加えて端数利息（60日間）を小切手で支払った。社債利息は年3.65％，利払は3月末日である。

　　　　　（売買目的有価証券）950,000　　（当座預金）　　　　　956,000
　　　　　（有価証券利息）　　　 6,000

Y社は，所有する社債（額面金額1,000,000円，帳簿価額950,000円）を＠100円につき94円で売却し，代金は端数利息とともに小切手で受けとった。手数料

1,500円は現金で支払った。

（現金）	946,000	（売買目的有価証券）	950,000
（有価証券売却損）	10,000	（有価証券利息）	6,000
（支払手数料）	1,500	（現金）	1,500

　有価証券の売却が時価を下回る価額でなされた場合，差額は「寄付金勘定」など実態を反映する科目で処理する（実務指針29，243）。

　Y社は，子会社株式76,000円を100,000円で売却し，手数料3,000円を差し引き，残金は当座預金とした。

（当座預金）	97,000	（子会社株式）	76,000
（支払手数料）	3,000	（子会社株式売却益）	24,000

　Y社は，B社の社債10,000円（その他有価証券）を8,000円で売却した。手数料1,000円を支払い，残金は現金で受け取った。

（現金預金）	7,000	（その他有価証券）	10,000
（投資有価証券売却損）	2,000		
（支払手数料）	1,000		

売買にともなう損益計算書の表示

有価証券の種類	売買損益	損益計算書
売買目的有価証券	売却益（売却損と相殺後の純額）	営業外収益，営業外費用
満期保有目的債券	売却益（純額） 売却損（純額） 合理的理由によらない場合	営業外収益 営業外費用 特別損益
子会社株式・関連会社株式	総額計上	特別損益
その他有価証券	臨時的なもの 上記以外のもの	特別損益 営業外収益又は費用

（4）決算時の会計処理

①売買目的有価証券の期末評価

　売買目的有価証券は，決算時の時価をもって貸借対照表価額とし，評価差額は有価証券評価損益（あるいは有価証券運用損益）として当期の損益に計上する。有価証券評価損益は，借方と貸方の双方に生じる場合には相殺後の純額が営業外損益として表示される。これは含み益（あるいは含み損）の未実現評価差額で

あるが，実現要件（第三者に財又は用役を提供し対価として現金又はその同等物を受け取ること）をほぼ満たすことから投資の目的が確定した収益として認識する。

この評価差額の会計処理には，原則法の「洗替法」（wash, temporal method）と「切放法」（separation）がある。洗替法は，前期末に時価評価しても，当期首に帳簿価額を再振替仕訳することにより取得原価に復元する方法である。会社法は売買目的有価証券の評価損益を配当限度額に含めている。これにより評価差額が配当可能利益の算定から除外されることから，洗替処理を採用する。他方，切放法は，前期末に時価評価したならば，当期首においても帳簿価額を取得原価に戻さない方法である。決算後の売却損益は，評価替後の貸借対照表価額に基づく売却原価と売却価額との差額になる。

例えば，Y社は×1年9月30日，売買目的のA社株式12,000円を現金で購入した。決算日，×2年3月31日，評価替えを行い15,000円であった。×2年4月30日にこのA社株式をすべて売却し，代金140,000円を当座預金とした。

■洗替法の処理

取得時	（売買目的有価証券）	12,000	（現金）	12,000
決算時	（売買目的有価証券）	3,000	（有価証券評価損益）	3,000
当期首の再振替				
	（有価証券評価損益）	3,000	（売買目的有価証券）	3,000
売却時	（当座預金）	14,000	（売買目的有価証券）	12,000
			（売買目的有価証券売却益）	2,000

■切放法の処理

取得時	（売買目的有価証券）	12,000	（現金）	12,000
決算時	（売買目的有価証券）	3,000	（有価証券評価損益）	3,000
当期首の再振替	仕訳なし			
売却時	（当座預金）	14,000	（売買目的有価証券）	15,000
	（有価証券売却損）	1,000		

正味の損益はいずれも同じ金額となる。会社は，証券等の評価損益の計上を回避するために損失を覚悟で売買処理していったん保有損失を表に出し，再度，当該有価証券を購入しその投資を継続する財務政策（損切り）をとることがある。

第**4**章 貸借対照表の分析（資産の会計）　95

②満期保有目的の債券の期末評価

　満期保有目的の債券は期末に評価替えはしない。ただし，債券金額（額面）が取得原価と異なり，その差額が金利調整と認められる場合には償却原価法によって処理される。

　例えば，Y社は期首×1年4月1日，満期保有目的債券9,400円を現金で取得した。満期日は3年後の×4年3月31日，額面金額10,000円，実効利子率8.3%（年），クーポン利子率年6%，利払日・決算日は3月末日である。差額は金利調整額として認められる。会計処理には定額法と利息法がある[5]。

■定額法

　取得日　×1年4月1日

　　　　　（満期保有目的債券）　　9,400　　　（現金）　　　　　　　　　9,400

　決算日（利払日）10,000×クーポン利子率6% ＝ 600

　　　　　（現金）　　　　　　　　　600　　　（有価証券利息）　　　　　　600

　クーポン利子率との金利調整差額の償却（10,000 － 9,400）× 12カ月／36カ月＝ 200

　　　　　（満期保有目的債券）　　　200　　　（有価証券利息）　　　　　　200

以後同じ会計処理となる。

■利息法

　利息法による利息は，複利計算を前提にして取得日から償還日までの期間にわたって配分される。債権額にクーポン利子率を乗じた利息が名目利息だが，実際の利息は取得したときの帳簿価額に市場の実際利子率（実効利子率）を乗じた金額である。両者の金利調整差額は，帳簿価額に加減し時の経過に応じて損益認識することが合理的である。

①実際に計上される利息配分（帳簿価額×実効利子率）	②名目利息（債券金額×クーポン利子率）	③利息配分額－クーポン計利息額の差額を金利調整差額
×2年3月31日 帳簿価額 9,400 × 8.3% ＝ 780	クーポン利息額 10,000 × 6% ＝ 600	当期償却額780 －クーポン利息額600 ＝ 180
×3年3月31日 帳簿価額 (9,400 ＋ 180) × 8.3% ＝ 795	クーポン利息額 10,000円× 6% ＝ 600	当期償却額795 －クーポン利息額600 ＝ 195
×4年3月31日 10,000 － 9,775 ＝ 225		10,000 － 9,775 ＝ 225 金利調整差額償却

取得日×1年4月1日
　　　　　　（満期保有目的債券）　9,400　（現金）　　　　　　9,400
×2年3月31日（現金）　　　　　　600　（有価証券利息）　　600
　　　　　　（満期保有目的債券）　 180　（有価証券利息）　　180
×3年3月31日（現金）　　　　　　600　（有価証券利息）　　600
　　　　　　（満期保有目的債券）　 195　（有価証券利息）　　195
×4年3月31日（満期保有目的債券）　225　（有価証券利息）　　225
最終的には，割引分の有価証券利息は合計600円となる。
回収時　　　　　（現金）　　　　　10,000　（満期保有目的債券）10,000
上記の例における実効利子率rの求め方は以下の通りである。

$$\frac{600}{(1+r)} + \frac{600}{(1+r)^2} + \frac{10,600}{(1+r)^3} = 9,400$$

右辺の9,400が債券の現在価値，左辺が各年の取得時の現在価値である。この方程式を導く解が実効利子率rである。割引額とクーポン利子率を合わせた実質的な利子である。このケースでは実効利子率r≒8.3%となる。

③関連会社株式：子会社株式・関連会社株式の期末評価

　これは長期にわたる事業投資であるから，取得原価をもって貸借対照表価額とする。

④その他有価証券の期末評価

　その他有価証券には株式と債券がある。その市場価格があるものは，いずれも時価をもって貸借対照表価額とする。評価差額の期末処理は「洗替法」を適用する。この会計処理には評価差額を純資産の部にすべて計上する「全部純資産直入法」と「部分純資産直入法」がある。市場価格のないその他有価証券は取得原価をもって貸借対照表価額とする。

■全部純資産直入法の仕訳
　　　　　（その他有価証券）　　　××　（その他有価証券評価差額金）××
　翌期首の仕訳
　　　　　（その他有価証券評価差額金）××　（その他有価証券）　　××

■部分純資産直入法の仕訳

　時価が取得原価を上回る銘柄に係る評価差額（未実現評価益）は，その他有価証券評価差額金として純資産の部に計上される。評価差益はその他有価証券評価益として損益計算書の営業外収益として処理される。純資産の部に計上される「その他の有価証券」の評価差額については税効果会計を適用する[6]。例えば，その他有価証券に評価損100,000円が発生した。実効税率を35%と仮定すると，次の仕訳となる。

　　　　（その他有価証券評価差額金）　65,000　　（その他有価証券）　　　100,000
　　　　（繰延税金資産）　　　　　　　35,000

　このうち市場価格があり取得差額が金利調整差額と認められる債券については償却原価法を適用し，償却差額と時価との差額を「評価差額」として処理する。

（5）有価証券の期末評価の減損処理

　売買目的有価証券以外の市場価格のある有価証券は，その時価が著しく下落した場合，回復の見込みがある場合を除き，時価で評価し，減損処理をする必要がある。子会社株式や関連会社株式，時価のある債券も時価で評価する。評価差額は切放法により全額を当期の特別損失として処理する。例えば，その他有価証券が，取得価格に対して期末（四半期決算を含む）時点の時価が50%以下に下落した場合，取得価格との差額を「投資有価証券評価損」として特別損失に計上する。子会社株式の場合には子会社株式評価損，関連会社株式では関連会社株式評価損として表示される。また，時価がない，あるいは時価を把握することが困難な有価証券については，会社の財政状態を把握するために実価法（相当の減額，実質価額に減額）で評価する。評価差額は切放法で当期の損失として処理しなければならない。当該時価及び実質価額を翌期首の取得原価とする。実質価額は発行会社の1株あたりの純資産額に基づいて算定される。

（6）有価証券の表示

　有価証券の貸借対照表の表示は次のようになる。また，配当可能利益に限定する要件で取得した自己株式は，取得原価で純資産の部の控除項目として記

載する。借入金担保や保証金に差し入れた有価証券は差入有価証券（簿価），預かった側は保管有価証券（資産）と預り有価証券（負債）とする。有価証券貸借の契約には占有権の使用貸借と所有権が移転する消費貸借がある。

	表示	場所
①売買目的有価証券	有価証券	流動資産
②満期保有目的債券 　1年以内に満期到来 　1年を超えて満期到来	有価証券 投資有価証券	流動資産 投資その他の資産
③子会社株式と関連会社株式	関係会社株式	投資その他の資産
④その他有価証券 　1年以内に満期到来 　1年を超えて満期到来	有価証券 投資有価証券	流動資産 投資その他の資産

3 棚卸資産

（1）意義と範囲

　棚卸資産（inventories）は，生産，販売，そして管理という一連の経営活動において短期間に費消される資産である。①通常の営業過程において販売するために保有する財貨や用役，②販売を目的として現に製造中の財貨又は用役，③販売目的の財貨又は用役を生産するために短期間に消費されるべき財貨，④販売及び一般管理活動において短期間に消費されるべき財貨を範囲とする。具体的には，商品，製品（finished goods），半製品，仕掛品（work in process）及び半成工事，原材料（raw materials），消耗品，消耗工具，器具及び備品，貯蔵品（未使用の消耗性資産）等が該当する。無形用役（加工費，加工費からなる半成工事）も含まれる。

（2）棚卸資産の原価とその評価方法
①受入価格の決定

　棚卸資産の原価は，❶購入の場合には，仕入原価，引取費用（conversion），その他付随費用からなる。保管費用（storage costs）や破損等の異常なコストはそれが発生した期間における費用として処理される。❷製造の場合には，適

正な原価計算基準に従って算定される。また，棚卸資産の評価方法と評価基準及び開示については企業会計基準第9号「棚卸資産の評価に関する会計基準」が優先して適用される。

②払出高の決定

　期末在高と払出高の決定には「棚卸計算法」(periodic inventory system) と「継続記録法」(perpetual inventory system, 帳簿棚卸法) がある。棚卸計算法は，期中に棚卸資産の受入数量を記録し，払出数量は定期的に実地棚卸によって把握する。帳簿に記録されない減耗，価格変動や需給の状態で受入単価が異なる場合，払出単価を決定する問題がある。継続記録法は，棚卸資産の受払の都度，帳簿に記録し，払出高の合計を求める。払出の原因は把握できないが，期末在高は確実な事実を表す。

③払出高の計算

　同じ商品であっても受入価額（単価）が変化する場合，それは売上原価と総売上利益に影響し，最終的には当期純利益や課税所得にも影響を及ぼす。そこで，払出高は，一定の原価の流れ (cost flow) を仮定して計算される。その方法には下記のものがある。

❶ 受注生産品や金属など個々の実際原価によって期末棚卸品価額を決定する個別原価法
❷ 先入先出法 (First-in first-out method, FIFO, その都度法，月別法，期別法)，後入先出法 (Last-in First-out) など商品別の口別法がある。
❸ 平均法：総平均法，移動平均法，単純平均法
❹ 売価還元法：取扱商品の種類が多い小売業では，期末商品棚卸高の異なる品目を値入率の類似性に従って適当なグループに属する期末商品の売価合計額に「原価率」を適用する方法

$$原価率 = \frac{期首繰越商品（原価）＋当期純仕入（原価）}{\begin{pmatrix}期首商品棚卸高（売価）＋当期純仕入高（売価）＋原始値入額\\＋当期値上額－値上取消額－当期値下げ額＋値下げ取消額\end{pmatrix}}$$

期末商品棚卸高（原価）＝売価による期末商品棚卸高×原価率

❺売価還元低価法：上記の計算式から（値下げ額＋値下げ取消額）を除外して計算
❻基準棚卸法：基準有高法，正常有高法，最低限必要な棚卸資産を基準量とする。
❼最終仕入原価法：期末に最も近い時点の仕入単価をもって数量全部を評価する。種類等ごとに事業年度終了時の最も近い時に取得した棚卸資産の単価により評価する方法で多くの商店（鮮魚店，寿司店）が採用する。

後入先出法は，資産の価格変動を反映しないで，貸借対照表価額と最近の価額が乖離し，実際の原価の流れを忠実に表現しないという欠点が指摘される。IAS第2号は後入先出法を認めないことからも，この方法は2010年4月から廃止された。ただし，原価計算基準においては内部資料（消費価格）で利用する限りは可能である。

④棚卸資産の費用配分

当期棚卸資産の払出価額は，費用配分原則に基づき，売上原価と期末棚卸高として次期に繰越される。在庫担当者（warehouse staff）は原材料，仕掛品，製品に分類し在庫の価額を評価する。

⑤払出数量の計算

棚卸資産は，種類ごとに受払の都度，商品有高帳，材料元帳，製品元帳に継続記録される。これら帳簿は常に在庫数量を明らかにする。商品有高帳から期首商品棚卸高＋当期商品仕入高－期末商品帳簿棚卸高として売上原価が計算される。棚卸減耗損（inventory shortage）は＠原価×（期末帳簿棚卸数量－期末実地棚卸数量）として計算される（本書第6章参照）。

⑥決算における棚卸資産の商品評価損

通常の販売目的で保有する棚卸資産の貸借対照表価額は，取得原価と「正味売却価額」（売価から見積追加製造原価及び見積販売直接費を控除したもの）とのいずれか低いほうとする（企業会計基準第9号，低価法に統一）。この低価法（lower of cost or market method, LCM）は，取得原価の含み損を放置せず，近い将来の売却損を

早期に見越計上し，財務の健全性を図る保守主義の立場から支持される。これにより次期に繰越される原価は将来の収益に合理的に対応することになる。この適用は期末棚卸高が小さくなり売上原価が大きくなる結果，売上総利益が少なくなる。ただし，製造業の仕掛品はその市場が存在しないので適用されない。収益性の低下の有無の判断や簿価の切下げは，原則，個別品目に対する低価法（品目別法，item-by-item method）で行われる。しかし，複数の棚卸資産を一括りにした単位で行うことが適切な場合，継続適用を条件にグループ法（商品のグループ化，category method）と全品目を一つにする一括法が行われる。低価法は棚卸資産の種類ごとに選択適用ができ，また切放低価法と洗替低価法の選択ができる。切放低価法は，評価切下げ後の帳簿価額を取得原価とみなし，評価切下げ後の帳簿価額と正味売却価額とを比較する。一方，洗替低価法は常に評価切下げ前の取得原価と正味売却価額とを比較する。このために帳簿価額を取得原価に振り戻す必要がある。金額は当期末の評価損と相殺して損益計算書には純額で記載される。

　例えば，Y社は，前期に仕入れたA商品（取得価額@100円）10個を在庫として抱えた。前期決算日の時価は@90円であった。また，当期末，当期に仕入れたA商品20個（取得価額@95円）と前期に仕入れたA商品5個（取得価額@100円）を在庫として抱えている。共に時価は@80円である。ただし，棚卸減耗はない。

■切放低価法による会計処理：税務上この方法は廃止（2011年）された。
　　前期決算の仕訳　（繰越商品）　　　　　1,000　（仕入）　　　　　　　　1,000
　　　　　　　　　　（商品評価損）　　　　　100　（繰越商品）　　　　　　　100
　　当期決算の仕訳　（繰越商品）　　　　　2,400　（仕入）　　　　　　　　2,400
　　計算（95 − 80）× 20 +（90 − 80）× 5 = 350
　　　　　　　　　　（商品評価損）　　　　　350　（仕入）　　　　　　　　　350
■洗替低価法の会計処理
　　前期末の仕訳　　（繰越商品）　　　　　1,000　（仕入）　　　　　　　　1,000
　　　　　　　　　　（商品評価損）　　　　　100　（商品低価切下げ額）　　　100
　　当期末の仕訳　　（商品低価切下げ額）　　100　（商品低価切下げ戻入）　　100
　　　　　　　　　　（繰越商品）　　　　　2,400　（仕入）　　　　　　　　2,400

　　　　　　　（商品評価損）　　　　　400　（商品低価切下げ額）　400

　トレーディング目的で保有する棚卸資産については，市場価格に基づく価額をもって貸借対照表価額とし，帳簿価額との差額（評価差額）は，当期の損益として処理する。それは金融商品会計基準の売買目的有価証券と同じ会計処理をする（企業会計基準第9号）。

　例えば，Y社は，トレーディング目的で保有する棚卸資産（金を当期200,000円で取得）が期末には500,000円であった。この仕訳は（繰越商品300,000／売上300,000）となる。この差額（売上）は商品評価益の意味である。

4 その他の流動資産

　その他の流動資産には，貸付金等の金銭債権，未収金，他店商品券（gift coupon, credit deposit ticket），立替金，未収収益（accrued expense），前払費用（prepaid expense），繰延税金資産（deferred tax asset）等がある。1年を超えるものは「投資その他の資産」に表示される。

4 固定資産の会計

　固定資産（long lived assets）は，有形固定資産，無形固定資産及び投資その他の資産に区分される。これら資産への支出額は将来の便益を生み出すために資本化（capitalizing）される。有形固定資産に関係して支出があった場合，その支出のうち取得原価に加える「資本的支出」，固定資産の機能を維持するために支出された費用は当期の収益に対応する「収益的支出」に区分される。

1 有形固定資産

　有形固定資産には次のものがある。建物（店舗，工場，事務所，倉庫，冷暖房，照明，通風，昇降機），構築物（橋，塀，貯水池，煙突，軌道，ドック，土地に定着した建物以外の設備あるいは構築物），機械及び装置（工作機械，作業機械，化学装置，精製装

置，コンベア，クレーン），船舶，汽船，艀(はしけ)の水上運搬具，自動車，鉄道車両，その他陸上運搬具の車両運搬具，工具，器具及び備品（工作用具，計器類，椅子，事務機器など耐用年数1年以上），土地，投資その他の資産，リース資産，建設仮勘定，その他の有形資産で流動資産又は投資たる資産に属しないもの。

（1）有形固定資産の取得原価

　有形固定資産の取得原価には本体の購入価額以外に，手数料，運送料，荷役費，据付費，試運転費等の付随費用が含められる。自家建設の取得は適正な原価計算基準に従った製造原価，現物出資として受け入れた固定資産については出資者に対して交付された株式の発行価額，交換に供された自己資産は適正な簿価をもって取得原価とする。贈与は公正に評価した額をもって取得原価とする。

（2）有形固定資産の減価償却の意義

　減価償却（depreciation）は，適正な期間損益計算を行うために取得原価を将来の一定期間にわたって費用として計画的・規則的に配分して行われる。その発生原因には物質的減価と機能的減価がある。物質的減価は使用又は時の経過による減価である。機能的減価は技術の進歩や新しい発見や発明によって固定資産の機能が陳腐化，経済の発展に伴う生産方式の変化や経営規模の拡大によって利用価値がなくなるものである。これらは不可避な経常的減価である。それに対して事故や天災によって生じる「偶発的減価」は償却されず臨時的損失として処理される。減価償却費は製品原価と期間原価に区分される。製品原価に区分された減価償却費は製品単位ごとに集計され売上原価と期末棚卸資産原価に二分して把握される。売上原価に含まれる減価償却費は当期の収益に対応し，期末棚卸資産原価に含まれる部分は翌期に繰り延べられ，翌期以降の収益と対応する。期中に取得した固定資産について月割計算が行われる。

（3）費用配分基準と減価償却方法

　減価償却の計算要素は，「取得原価」，「耐用年数」(service life)，「残存価額」(residual value) である。耐用年数は過去の統計資料を基礎に将来の趨勢を加味

して合理的に決定される。一般的耐用年数は社会的に平均的な諸条件から決められる。個別耐用年数は企業がその特殊的条件を考慮して決められる。固定資産が同種のものであっても操業度の程度，技術水準，修繕維持が異なる場合に耐用年数も変化する。残存価額は費用配分後に処分する価値で予想される売却価格又は利用価格である。個別償却の場合には個々の資産単位ごと，また総合償却の場合には多数資産の総合単位ないしグループ単位ごとに設定する。期中に取得した資産は，年間償却額を月割計算する。固定資産が除去あるいは減失した場合，当該資産の減価償却累計額は個別償却法又は総合償却法に従って取り崩される[7]。

主な減価償却方法には次のものがある。

①定額法 (straight line method) は，毎期均等額の減価償却費を計上する方法であり，毎期の減価償却額は，（取得原価－残存価額）÷耐用年数として計算される。

②定率法 (decreasing charge method, declining balance method) は，耐用期間中，毎期期首未償却残高に一定率を乗じた減価償却費を計上する加速度的減価償却方法の一つである。最終には残存価額が計算される　減価償却額は（取得原価－減価償却累計額）×償却率（定率）と計算される。

　　償却率＝$1 - \sqrt[n]{S/C}$　S：残存価額，C：取得原価　n：見積耐用年数

　定率法の償却率として，定額法の償却率250％を用いる方法もある（2007年4月より採用）。

③生産高比例法 (activity method) は，生産高に比例して減価償却をする方法である。減価償却費は当該資産による生産高又は用役提供の度合に比例して計上される。固定資産の総利用可能量が物理的に確定でき，減価が主として固定資産の利用に比例して発生し，耐用年数の概念がなく収益と費用の対応が合理的に測定できることが条件である。鉱業用設備，精密機械，航空機エンジンに適用される。

　　減価償却額＝（取得価額－残存価額）×$\dfrac{当期実際生産高（実際運転時間）}{予定総生産高（予定運転時間）}$

④級数法 (Sum-of-the-years'-debits method) は，耐用期間中毎期一定の額を算術級数的に低減した減価償却費を計上する方法である。

$$減価償却額 = (取得価額 - 残存価額) \times \frac{残存耐用年数 + 1}{\{総項数(耐用年数 + 1) \times 耐用年数\} \div 2}$$

⑤償却基金法 (sinking fund method) は，定額の減価相当分と償却累計に対し，複利計算による利息を合計した金額で計上し，耐用年数末までに償却基礎価額に等しい金額を償却する。利子を考慮に入れた「年金式減価償却法」(annuity method of depletion)，資産の耐用年数が終了する時に取得原価に等しい金額に減価償却費累計額が達するよう複利計算に基づいて一定金額を積み立てる「複利償却法」(compound interest method) もある。

⑥減耗償却 (depletion) は，鉱山業の埋没資源，油田，林業の山林の天然資源等の枯渇性資産 (wasting assets) に適用される。枯渇性資産は採取に応じて実体が部分的に製品化される。その手続は生産高比例法と同じである。

$$減耗償却費 = 総原価 \times (当期消費量 \div 見積総消費可能量)$$

（4）取替法

これは本質的に費用の原価配分ではなく収益的支出として処理する方法である。資産価額は最初に取得したものが永久に計上されると仮定する。同種の部品が多数集まって一つの全体を構成し，老朽品の部分的取替を繰り返すことによって全体が維持される軌条（レール），信号機，送電線，需要者用ガス計量器，工具器具等に適用される。税法は，取替法が資産を過大評価する恐れがあるために50％までを減価償却し，その部分を償却基金として積み立てる方法を講じている。

（5）減価償却累計額《個別償却と総合償却》

減価償却累計額は，個別償却の場合には個々の資産単位ごと，また，総合償却の場合には多数資産の総合単位あるいはグループ単位ごとに設定する。グループ単位は，耐用年数の同一資産を一括して償却単位として計算する「組別償却法」と耐用年数の異なる資産を「一括」して計算する方法に区別される。資産が減失した場合には，当該資産の減価償却累計額は個別償却又は総合償却に従って取り崩される。減価償却累計額は，固定資産の取得原価から控除される形式で貸借対照表に示される。

(6) 臨時償却と過年度修正

　臨時償却とは，新技術の発明等の外的事情により資産が機能的に著しく減価した場合，耐用年数を変更あるいは残存価額を修正し，減価償却累計額を修正するための手続である。臨時償却は原価性を有しないので過年度の償却不足に対する前期損益修正項目の特別損失として処理された。この臨時償却制度は「会計上の変更及び誤謬の訂正に関する会計基準」（過年度遡及会計基準）において廃止（2011年4月1日以後に開始する事業年度）された。法人税法施行令でも同年6月に「陳腐化償却制度」の廃止が行われた。

(7) 税法に固有の減価償却

　経済的政策から，法人税には産業合理化機械等の「特別償却」や租税特別措置法に規定された償却で耐用年数の短縮する「割増償却」がある。小額減価償却資産（1年未満，あるいは取得原価が20万円未満），月数按分償却（期の前半の場合，後半の場合には2分の1簡便償却が認められる），少額資産の簡便償却（消耗品と同じ）がある。また，取得原価の圧縮記帳とは国庫補助金（収益）の金額だけ，設備の取得原価を引き下げる会計処理が行われる。

(8) 有形固定資産の処分，滅失，買換等

　有形固定資産は，①途中で売却，②事業から外されてスクラップとして除却され，③そのままゴミとして廃棄される。①途中で売却される資産の処分可能価額と除去時の帳簿価額との差額は固定資産売却益（売却損）として処理される。特別損益あるいは営業外損益となる。②除却（取り除く）とは，売却価額を見積もり，売却されるまで貯蔵品勘定に振り替える。処分可能価額と除却時の帳簿価額との差額は固定資産除却損（除却費用を含む）で処理される。③廃棄とは，帳簿価額が「固定資産廃棄損」（特別損失）で処理される。

　災害，事故などの偶発的事情によって固定資産が滅失した場合，臨時損失であって減価償却とは異なる。「滅失」とは，地震や火災などで資産を失うことである。保険をかけていない場合「火災損失」，かけている場合「火災未決算」，保険会社から連絡を受けて金額が確定した場合に未収金勘定に振り替えられる。保険金額と火災未決算との差額は「保険差益」で処理される。保険金

額が小さい場合には火災損失勘定で処理される。

(9) 土地と不動産

1998年3月,「土地の再評価に関する法律」が時限立法として施行された。金融機関や一定の要件を満たす上場会社は,棚卸資産を除く事業用の土地の全部（建物は対象外）を再評価し,「土地評価益」（又は評価損）を貸借対照表に計上することができた（2002年3月31日まで適用）。土地価額の増加が純資産に「再評価差額金」として計上される。この全体を合計した評価益は当期利益には計上されない。土地再評価を行った金融機関や事業会社は,2005年度から減損会計により事業用土地の切下げを行う場合,再評価後の土地価額を基準として切下げを行った。2010年3月期から「賃貸等不動産の時価開示」が義務づけられて,土地再評価差額金を純資産の部に計上すべきか否かは,土地再評価法ではなく企業結合会計基準に従って判断される。

2 無形固定資産

(1) 無形固定資産の種類

無形固定資産（intangible assets）とは,形がなく長期にわたり使用する資産である。取得原価について信頼性をもって「測定できること」の要件が付されるが,それは購入されたモノ,企業内で開発されたモノ,企業結合で取得したモノである。具体的には,法律上の権利として認められたものと,経済的価値があるものである。法律上の権利としては,独占権をもつ特許権（税法上は耐用年数8年）,特許を受けた発明を営業上独占して使用する権利の実用新案権,一定の商品を登録した商標を独占する権利の商標権（trademark rights）,工業所有権,形状,模様,色彩等の,実用新案法に基づく権利の意匠権,著作権,版権,映画原画権,施設利用権,放送権,鉱石や原油を採掘する権利などがある。経済的価値にはのれんがある。無形資産は同じく物理的な実体がない金融資産とは区別される

(2) 無形固定資産の償却

無形固定資産の減価償却（amortization）方法にも選択肢があるが,残存価額

をゼロとする定額法（直接法）が採用される。鉱業権には生産高比例法が適用される。また，耐用年数が法定されない借地権，地上権，鉱業権，漁業権，電話加入権，ソフトウェア，温暖化ガス排出権等は償却されない。測定不能な資産には顧客名簿，ブランド，評判（reputation）がある。

3 のれんの会計

（1）のれんの概念

　のれん（goodwill）は，ブランドや目に見えない技術力などの無形資産の一つである。のれんを認識するのは買収時点である。ある会社（取得会社という）が，他の会社（被取得会社という）を買収し，他の会社の株主から資産と負債を時価で引き継ぐが，その資産と負債の差額である純資産額を超えて，被取得会社の株主に交付する金額がある場合，その差額をのれんという。こうした会計におけるのれん（暖簾）の本質についてはいくつかの考え方がある。のれんは，多くの利益を獲得することができる特定の企業に資本化された超過収益力（資本還元価値）である（Paton, 1922）。のれんはすべての無形の要因を包含した資源である（識別不能資源説）。のれんは超過収益力を前提にして総合評価した勘定にすぎない（Canning, 1929）。のれんは，超過収益力を構成する要素の相互作用であるシナジー（synergy）であり，取得企業は被取得企業との結合にあたり受け入れる資産と引き受ける負債の純額を超える価値としてシナジーを見出す（SFAS.141），IFRS（2008第3号）。

（2）企業結合会計基準

　こうしてのれんを認識し計上する会計処理をパーチェス法（purchased method）という。取得と判定された場合，取得会社は，①被取得会社から受け入れる資産と負債を時価評価し，②取得の対価（支払対価）として交付する現金や株式等の公正価値を「取得原価」とする。なお，支払対価は，被取得会社の収益還元価値などを基に決定される。それは被取得会社の数年間の平均利益額を，同種企業の平均利益率（平均利益額÷自己資本）で割って求める企業全体の評価額である。その結果，取得原価（公正価値）＞時価ベースの純資産の場合，

その差額を「のれん」として資産計上する。また，取得原価（公正価値）＜時価ベースの純資産の場合，その差額は「負ののれん」（特別利益）として計上される。のれんは営業権ともいわれた。「企業結合に関する会計基準」は，のれんのうち，取引の主体間に有償で譲り受け又は合併によって取得した「買入のれん」のみを貸借対照表に計上することを認める。のれんとは超過収益力として支払った対価であり，買収に要したコストとみなされる。負ののれんは買収時に支払った対価が時価の純資産を下回る場合，割安に取得した差額である。のれんは無形資産の一つであるが，個別に識別可能な無形資産とは区別される。これとは別に，買収後企業が努力して作り上げた「自己創設のれん」は信頼性をもって原価を測定できる資産の要件を満たさないことからオフバランスとして扱われる。

（3）のれんの取得原価の算定と配分

　取得会社は，被取得会社又は事業の取得原価を，取得日（企業結合日）の時価で算定する。支払対価が現金以外の資産を引き渡し，負債の引受又は株式交付の場合には，支払対価となる財の時価と被取得会社又は取得した事業の時価のうち，より高い信頼性をもって測定可能な時価で算定する（企業結合会計基準第23項）。のれんの取得原価の配分方法は，企業結合日時点で識別可能なものの時価を基礎として結合後1年以内に配分する（第28項）。受け入れた資産に法律上の権利などを分離して譲渡可能な無形資産が含まれる場合には，当該無形資産は識別可能なものとして扱う（第29項）。取得後に発生することが予想される特定の事業に対応した費用又は損失であって，その発生の可能性が取得の対価の算定に反映されている場合には，負債として認識する。その超過額はのれんとして会計処理し，その不足額は負ののれんとして会計処理される。

（4）のれんの会計処理と表示

　資産に計上したのれんは，20年以内に定額法その他の合理的な方法により規則的に償却される。ただし，のれんの金額に重要性が乏しい場合には，当該のれんが生じた事業年度の費用として処理することができる（第32項）。のれんは無形固定資産の区分に表示する。のれんの当期償却額は販売費及び一般管

理費の区分に表示する。負ののれんは，貸借対照表に計上しないで原則として連結損益計算書あるいは損益計算書の特別利益に表示される。

4 投資その他の資産

　投資その他の資産（investments and other assets）は，固定資産に属する資産のうち有形固定資産と無形固定資産に属さない資産の総称である。その範囲は①関係会社株式（売買目的有価証券に該当する株式及び親会社株式を除く）その他流動資産に属しない有価証券，②出資金，③長期貸付金，④前各号に掲げるものの他，流動資産，有形固定資産，無形固定資産又は繰延資産に属するもの以外の長期資産である（財務諸表等規則第31条）。

　その区分表示としては，①投資有価証券（長期保有の満期保有目的債券，その他有価証券等，以下の②，③，④を除く），②関係会社株式，③関係会社社債，④その他の関係会社有価証券，⑤出資金，⑥関係会社出資金，⑦長期貸付金，⑧株主，役員，従業員又は関係会社に対する長期貸付金，⑨関係会社長期貸付金，⑩破産更生債権等，⑪長期前払費用，⑫繰延税金資産，⑬その他（例えば，差入保証金，敷金）である。

5 固定資産の減損会計

（1）減損会計の意義と目的

　固定資産への投資は，市場平均価格を超える成果を期待した事業投資である。したがって，資産の使用価値は，将来にわたりキャッシュ・フロー（CFという）を稼得し続け，減価償却費を控除した余剰部分がCF生成能力を備えている必要がある。しかし，製品の価格下落や稼働率の落ち込みで利益を稼ぐ力が大きく減少し，その初期投資が見積耐用年数では回収できない価値損傷（impairment）が起きる場合がある。これに対処する会計処理が減損会計（accounting for impaired asset）である。

　「固定資産の減損とは，資産の収益性の低下により投資額の回収が見込めなくなった状態であり，減損処理とは，そのような場合，一定の条件の下で回収

可能性を反映させるように帳簿価額を減額する会計処理である」（固定資産の減損に係る会計基準）。この基準は2005年4月1日以後の事業年度から強制適用された。「中小企業の会計における指針」でも固定資産の減損が求められている。

（2）減損会計の対象資産

　減損会計の対象は，事業用の建物や土地など有形固定資産，無形固定資産，投資その他の資産が該当する。そのうち他の会計基準に減損処理の定めがある資産については対象資産から除かれる。例えば，金融商品会計基準における金融資産，税効果会計基準における繰延税金資産は対象資産から除かれる。

（3）減損損失の認識と測定

　減損会計のステップは，資産のグルーピング（キャッシュ・フローを生み出す最小の単位），減損の兆候の把握，減損損失の認識の判定そして減損損失の測定を辿る。

①減損の兆候

　ある資産又は資産グループ（最小の単位）に減損が生じている可能性を示す兆候については，企業は，内部管理目的の損益報告や事業の再編等に関する経営計画など，企業内部の情報及び経営環境や資産の市場価格など企業外部の要因に関する情報に基づき確認する。

②減損損失の認識

　金融資産とは異なり，将来CFが不確定な事業用資産の減損は，測定が主観的にならざるをえない。そこで，減損の存在は相当程度に確実な場合に限られる。減損の兆候があると判定した資産グループについて，減損損失を認識するか否かの判定（回収可能性テスト）は，当該資産が生み出す割引前将来CF総額が，資産グループの帳簿価額を下回るか否かをチェックする。例えば，営業活動からの利益やCFが連続してマイナス，外部環境の悪化や市場価格の著しい低下がある場合，割引前将来CFと帳簿価額を比較し，帳簿価額が低いときに減損損失が認識される。

③減損損失の測定

減損損失を認識すべきであると判定された資産グループについては，帳簿価額を回収可能価額まで減額し，当該減少額を減損損失として当期の損失とする。将来の回収可能価額とは，資産をいま売ったらいくらになるのか「正味売却価額」と，使用し続けたら将来に得られるCFの「使用価値」$\{\Sigma$ 各年度のCF $\div(1+割引率)^{年数}\}$ とのいずれか高いほうの金額である。減損処理後の資産は，減損損失を控除した帳簿価額に基づき減価償却が行われる。後に含み益が生じても帳簿価格を引き上げることはしない。

④のれんの減損会計

のれんも減損会計の対象となる。ただし，減損会計は正ののれんのみに適用される。のれんは本社建物，試験研究施設，福利厚生施設，その他と同じく，共用資産に類似し，他の資産グループの将来CF生成に間接的に寄与する資産であるから，他の資産グループに関わらせて減損会計を適用する必要がある。のれんの減損会計は，❶「のれんを含むより大きな単位」でグルーピングを行う方法（原則）と，❷のれんの帳簿価額を，関連する資産グループに配分して配分後の各資産グループについて減損損失を認識する方法がある[8]。

例えば，Y社は，決算日，「のれんを含むより大きな単位」のA事業資産グループの減損損失を認識する。のれんを含まないA事業の固定資産（土地200, 建物200, 設備100）の帳簿価額（直接法），割引前将来CF，回収可能額は以下に示す通りである。A事業資産グループに割り当てられたのれんは100である。まずA事業資産グループの減損損失の認識と測定をする。

A事業に属する各資産の減損損失の認識と測定

	土地	建物	設備	小計	のれん	A事業
帳簿価額	200	200	100	500	100	600
割引前将来CF	250	220	80	550	—	550
減損の認識	しない	しない	する			
回収可能額	220	200	50	470	—	470
減損損失	—	—	▲50	▲50		
減損処理後の簿価	200	200	50	450	100	550

次にのれんを含む大きな単位での減損損失の認識と測定をする。

A事業に属するのれんを含む大きな単位での減損損失の認識と測定

	土地	建物	設備	小計	のれん	A事業
帳簿価額	200	200	100	500	100	600
割引前将来CF						550
減損の認識						する
回収可能額						470
減損損失	―	―	▲50	▲50	▲80	▲130
減損処理後の簿価	200	200	50	450	20	470

　　　　　（減損損失）　　　130　　（のれん）　　　80
　　　　　　　　　　　　　　　　　（設備）　　　　50

　減損処理をした資産の貸借対照表の表示は，原則，減損処理前の取得原価から減損損失を直接に控除した後の金額となる。

5 繰延資産

　繰延資産（differed assets）は，「すでに代価の支払が完了し又は支払義務が確定し，これに対応する役務の提供を受けたにも関わらず，その効果が将来にわたって発現するものと期待される費用」（企業会計原則注解15）をいう。以上の三つの要件を満たしたものが繰延資産である。ASBJは2006年8月，「繰延資産の会計処理に関する当面の取扱い」で，下記を繰延資産と定めた。

勘定科目	意味	償却期間
創立費 organization costs	設立登記までに要した費用報酬，登録費等	5年以内
開業費 business commencement expense	設立登記後から営業開始までの費用	5年以内
株式交付費 share issuing expense	新株発行又は自己株式の処分に要した費用	3年以内
社債発行費 bond expense	社債発行に要した費用	償還期間内
開発費 research and development expenditure	新技術，新経営組織の採用，資源の開発，市場開拓に要した費用等	5年以内

開発費は企業の新たな経営企画や組織運営に係る費用を処理する勘定科目である。創立費償却，開業費償却，株式交付費は営業外費用として処理される。また，開発費償却は，販売費及び一般管理費あるいは売上原価として表示される。繰延資産を期中に取得した場合の償却額は月割計算とする。繰延資産は任意償却が認められていることから，多くの会社は年度に費用処理をしていて貸借対照表に計上する例は少ない。

補節　会計諸基準の説明　その I

1 金融商品に関する会計基準

(1) 金融商品会計の基本

　わが国の金融商品会計は，1999年1月，「金融商品に関する会計基準」の公表で始まり，ASBJが2008年3月「企業会計基準第10号」（本会計基準という）を公表して現在に至る。本会計基準を適用するにあたり，会計制度委員会報告第14号「金融商品会計に関する実務指針」，企業会計基準適用指針第12号，同第17号，同19号を参照する。

　金融商品 (financial instruments) とは，会計用語の金融資産，金融負債，及び「デリバティブ取引に係る契約」(derivative) の総称である。金融資産又は金融負債の組み合わせの複合金融商品も含まれる。金融商品は，一方の企業に金融資産を生じさせる，他の企業に金融負債を生じさせる契約，及び一方の企業に持分の請求権を生じさせ他の企業にこれに対する義務を生じさせる契約である。金融商品取引法は，金融商品をデリバティブ取引において原資産となりえるものと定義する。

(2) 金融商品会計基準

①金融資産及び金融負債の範囲等

　「金融資産」(financial assets) とは，現金預金，受取手形，売掛金及び貸付金等の金銭債権，株式その他の出資証券及び公社債等の有価証券並びに先物取

引，先渡し取引，オプション取引，スワップ取引及びこれらに類似する取引（以下，デリバティブ取引という[9]）により生じる正味の債権等をいう。「金融負債」(financial liabilities) とは，支払手形，買掛金，借入金及び社債等の金銭債務並びにデリバティブ取引，類似する取引により生じる正味の債務等をいう。

　金融商品の契約には「持分の請求権に係る契約」と「その他の金融資産に係る契約」がある。前者は，一方の企業に他の企業の総資産から総負債を差し引いた後の残余財産に対する請求権を生じさせ，当該他の企業にこれに対する義務を生じさせる契約である。後者は，一方の企業に現金又はその他の金融資産を受け取る権利を生じさせ，他の企業に現金又はその他の金融資産を引き渡す義務（金融負債）を生じさせる契約である。

②金融資産及び金融負債の発生の認識

　金融資産又は金融負債は，契約時から，時価の変動リスクや契約の相手方の財政状態等に基づく信用リスクが契約当事者に生じるため，契約締結時においてその発生を認識する約定基準が基本となる。金融商品とは契約であり，契約に定められた権利義務から「正の価値」（金融資産）あるいは「負の価値」（金融負債）が生じる。デリバティブでは，当事者の「評価益」が金融資産であり，他方にとっての「評価損」が金融負債である。それに対して，現物商品等と金融資産の交換売買に係る契約は，金融商品会計基準の対象外である[10]。

③金融資産と金融負債の消滅の認識

　金融資産の消滅は，契約上の権利を行使，喪失，又は権利に対する支配が他に移転したときに認識される。金融資産の消滅に関する会計処理には「リスク・経済価値アプローチ」と「財務構成要素アプローチ」がある。リスク・経済価値アプローチは金融資産のリスクと経済的価値のほとんどすべてが他に移転した場合に金融資産が消滅すると認識する。これに対して，譲渡人が，自己の所有する金融資産を譲渡した後も回収サービス業務を引き受けるなど，金融資産を構成要素に分解して取引することが増え，その取引実態を忠実に反映する財務構成要素アプローチの処理が行われる。これによると，金融資産の支配が移転（消滅）する条件は，❶譲受人の契約上の権利が譲渡人及びその債権者

から法的に保全されている，❷譲受人が譲渡された金融資産の契約上の権利を直接又は間接に通常の方法で享受することができる，❸譲受人が譲渡した金融資産を当該金融資産の満期日前に買い戻す権利及び義務を実質的に有していないことである。金融負債の消滅は，契約上の義務が消滅したとき又は契約上の第一次債務者の地位から免責されたときに認識される。

④金融資産及び金融負債の消滅に関する会計処理

　金融資産あるいは金融負債の消滅の認識要件を満たした場合には，当該金融資産又は金融負債の消滅を認識するとともに，帳簿価額とその対価としての受払額とその「差額」を当期の損益として処理する。金融資産あるいは負債の一部がその消滅を認識する場合には，当該金融資産あるいは負債全体の帳簿価額を「消滅部分と残存部分に按分」して，そのうちの消滅部分について損益を認識する。金融資産あるいは負債の消滅に伴って新たに金融資産あるいは負債が発生する場合，新たに発生する金融資産あるいは負債を「時価」で評価する。

(3) 金融資産及び金融負債の評価基準

　金融資産は一般に時価で評価される。時価とは，取引価格，気配又は指標その他の相場に基づく価額をいう。市場価格がない場合には合理的に算定された価額を公正な評価額とする[11]。時価は，①企業の財務活動の実態を適切に財務諸表に反映し，投資者に対して的確な財務情報を提供し，②その会計処理は企業側においても取引内容の把握とリスク管理の徹底や財務活動の成果の的確な把握に必要であり，③国際的な視点からの同質性や比較可能性が求められている。その開示は，注記によって満足されるというものではない。金融負債には借入金のように市場がなく，社債のように市場があっても自己社債を時価で自由に清算することには制約がある。したがって，金融負債はデリバティブ取引により生じる正味の債務を除き，債務額をもって貸借対照表価額とし時価評価の対象としない。

(4) 金融資産及び金融負債の貸借対照表価額等

　金融資産の貸借対照表価額は，取得価額から貸倒見積額を控除した金額，あ

るいは償却原価法に基づく金額による。有価証券については本章第2節を参照する。金銭信託は，当該信託財産の構成物である金融資産と金融負債について本会計基準により付されるべき評価額を合計した額となる。デリバティブ取引により生じる正味の債権と債務は時価であり，評価差額は原則，当期の損益として処理される。

2 デリバティブ取引とヘッジ会計

(1) デリバティブの意味

　デリバティブとは，預金，借入，株式，債券，金利，外国為替，株価指数等の金融取引から生まれる金融派生商品の総称である。その金融取引を「原資産」(underlying assets，基礎商品ともいう)という。デリバティブは，原資産に対する経済的効果から先渡し (forwards)，先物 (futures)，スワップ (swaps)，そしてオプション (options) に分類される。デリバティブ取引は，原資産の価格を前提にしてキャッシュ・フロー (CF) の受払の現在価値が等価のときに成立する。次の特徴がある。①デリバティブの価値は，基礎商品の変化によって変動する。元本の交換はないが，決済金額を算定するための想定資本の額が決まっている。②契約条項から差金決済が要求でき，純額で決済が容易にできる。③デリバティブ取引はバランスシートには直接に表示されないオフバランス取引である。

(2) デリバティブ取引の目的と損益

　デリバティブ取引は目的に応じて大きく①リスク・ヘッジと②トレーディングに分かれる。

　①ヘッジ (hedge) とは，現存の資産や負債や将来予定された取引が不利な状況に陥るかもしれないマーケット・リスクを回避する手法である。リスクを被る可能性のある金融商品をヘッジ対象，それを相殺する金融商品をヘッジ手段という。ヘッジ取引には個別ヘッジと包括ヘッジ[12]がある。ヘッジ取引は，負債に係る相場変動を相殺するか，対象の資産又は負債に係るキャッシュ・フローを固定して，ヘッジ資産又は負債の価格変動リスクを相殺し，金利変動及

び為替変動といった相場変動等による損失の可能性を減殺する。

②トレーディングとは，対象となる原資産の変動を増幅し，積極的に価格変動リスクをとることを目的とする。過剰にリスクをとることからスペキュレーション（投機）ともいう。他に価格形成のゆがみを利用して利益を獲得する裁定取引がある。鞘(さや)取引ともいう。デリバティブ取引は差金決済取引であり，少額の手元資金で大きな原資産の売買と同じ経済的効果（レバレッジ）を実現できる。

（3）各種デリバティブ取引の会計処理

従来，デリバティブ取引では「決済基準」による会計処理が容認された。この基準を使って決算時点でのデリバティブ損益は財務諸表に反映されず，経営者は，利益操作を可能にした。そこで，金融商品会計基準は「値洗基準」（mark to market basis）を採用し，期末にデリバティブ取引が存在する場合，時価で評価し，その損益を財務諸表に反映する会計処理を規定した。

①先渡し契約と先物取引

■先渡し契約

先渡し契約（forward contract）とは，先物取引の一種であるが，二者間で行われる相対取引（over the counter）であり，証拠金を必要としない。全額の決済が求められ，他者に転売できない点で他のデリバティブとは区別される。

■先物取引

先物取引（future contract）は，原資産を，将来の一定期日に，現時点で取り決めた値段で取引することを約束する取引である。取引は，清算日までに反対売買（清算取引）をすることで決済される。契約内容が標準化されて取引所に上場して行われる。金利先物（東京金融取引所），債券先物や株価指数先物（東京証券取引所），商品先物，通貨先物等がある。例えば，東京証券取引所の「TOPIX先物」は，原資産にTOPIXという株価指数を用いて，先物契約者が，将来のTOPIX指数の値段を予想して，現時点で取り決めた値段で売買することを約束した取引である。TOPIXが現時点1,000ポイントであるとき，買建て（将来の上昇を見込み新規に買い付けること，ロングという）から始め，1,000ポイントで将

来買う約束をする。将来，これが10ポイント値上がりすれば，1ポイント1万円とすると，10万円を受け取ることができる。反対に，売建て（下落することを予想する，ショートという）から始めて，現時点TOPIXが1,000ポイントであるとき，将来1,000ポイントで売る約束する。将来TOPIXが1,010ポイントに上昇していた場合，1,000ポイントで売る約束であるから，10ポイント（10万円）の損となる。逆に，990ポイントに下がれば，10ポイントの利益となる[13]。このように，先物相場が高すぎる場合売建てられる。

　こうした先物取引相場では，最新相場で見直して評価することを「値洗い」という。値洗いは，決済されていない「建玉（たてぎょく）」（ポジションをもつ）について，清算価格で毎日評価換えする計算制度である。清算会社との間で建玉ごとに清算値段を出し，翌日に差金が授受される。値洗いの都度，その値洗差額を損益として認識する。値洗差金は，「先物取引差金」（デリバティブ資産あるいは負債）で処理し，同額を先物損益（デリバティブ評価益あるいは評価損）として認識する。反対売買による決済で証拠金の返還，回収，先物取引差金の決済，手数料が処理される。損が発生した場合，その部分に見合う変動証拠金（validation margin）を積み増す。

■債券先物取引

　債券先物は，売買単位や受渡期日（限月）などの条件が定型化され，一定の証拠金を差し入れるだけで売買ができ，期日前にも決済することができる。期日に反対売買して差金決済する。反対売買とは，買建ての場合には転売し，売建ての場合には買い戻すことをいう。決済については，期日に現物を受け渡すのではなく，標準物と呼ばれる架空の債券が対象となる。標準物は実在しないために最終決済では受渡適格銘柄の授受が行われる。

　例えば，Y社は，×1年2月1日，売買目的で保有する国債に関して，国債先物を，額面総額10,000円（額面100円につき98円）で売建て（ショート）し，先物委託証拠金（資産）として現金300円を証券会社に差し入れた[14]。ただし，原資産の国債については別途会計処理を行っている。

❶契約日（×1年2月1日），国債先物に関する仕分けは行わない。
　（先物取引差入証拠金）　　　　　300　　（現金）　　　　　300
❷決算日（×1年3月31日），国債先物相場が96円であった。

10,000 ×（98 － 96）÷ 100 ＝ 200，この金額は貸借対照表に計上される。
（先物取引差金）　200　　　　（先物損益）　　200
❸翌期首（×1年4月1日）の振り戻し
（先物損益）　　200　　　（先物取引差金）　200
❹決済日（×1年4月20日），反対売買で委託証拠金を回収し，先物取引の契約時から決済までに生まれた損益を先物損益（営業外損益）で処理する。決済時の相場は94円であった。

（現金）　　　　　300　　（先物取引差入証拠金）300
10,000 ×（98 － 94）÷ 100 ＝ 400 なので，仕訳は下記の通りとなる。
（現金）　　　　　400　　（先物損益）　　　　400

②スワップ取引

　スワップ取引は，あらかじめ決められた条件に基づき，当事者間の相対取引で将来の一定期間にわたりキャッシュ・フローを交換する取引である。代表的なものに金利スワップ（interest rate swap, IRS）や通貨スワップ（currency swap）がある。

■金利スワップ

　これは同一通貨において異なる金利を交換する取引である。そのためには，金利を算定する想定元本を決める必要がある。金利スワップは，契約期間において想定元本に基づいて計算された固定金利と変動金利[15]を交換するデリバティブである。金利上昇を予想する企業は，変動金利の資金調達から，固定金利に変更する場合に利用する。決算時，デリバティブの金利スワップは，時価で評価される。その時価は当初はゼロであるが，取引後に，支払の変動金利が1％まで下落し，借入先の銀行から2％の固定金利を受け取ることができれば，プラス，逆に変動金利が3％に上昇すると，固定金利2％からマイナスに転じる。金利スワップは市場価格や期間という条件を考慮した時価で評価される[16]。

　こうした金利スワップに関する会計処理は，原則，時価会計処理が行われる。時価会計処理は，利払日には金利スワップ取引による受払の純額を，支払利息あるいは受取利息として計上し，決算時に金利スワップ取引を時価評価し

て，金利スワップ資産又は金利スワップ負債を計上する。金利スワップの時価は将来キャッシュ・フローを適当な割引率で割り引いた割引現在価値に基づいて計算される。その相手勘定は，金利スワップ差損益（営業外収益あるいは営業外費用）で処理される。

例えば，Y社は，銀行から10,000円のローン（期間5年）を組んだ。借入金利は変動金利（TIBOR＋1%）である。将来の短期金利の上昇に対する支払利息が増加することを回避するために，同時に金利スワップ取引（想定元本10,000円，期間5年，受取の変動金利TIBOR＋1%，支払の固定金利3%）を結ぶ。利払は年1回，決算日は3月31日である。税効果会計は適用しない[17]。

| ローン契約日 | （現金預金） | 10,000 | （借入金） | 10,000 |

金利スワップ取引は契約日になにも会計処理をしない。

利払日，TIBORは1%である。金利スワップの受取と支払の差引金額を受払する。ローン利息10,000×2%＝200，金利スワップの支払利息10,000×（支払の固定金利3%－受取の変動金利2%）＝100，実質支払利息200＋100＝300。決算時の金利スワップ資産の時価は変動金利の上昇により▲200円であった。

ローン利払日	（支払利息）	200	（現金預金）	200
金利スワップの支払	（支払利息）	100	（現金預金）	100
決算日	（金利スワップ評価損）	200	（金利スワップ負債）	200

金利スワップ評価損200は当期の損失（営業外費用）として計上される。翌期首に洗替えして戻し入れる。以降，各利払日と決算日には同じ会計処理をする。ローン利息額とスワップ利息額の合計は変動金利が変化しても，実質支払利息は固定し，短期金利の上昇リスクをヘッジできる。

■通貨スワップ

通貨スワップとは，円と米ドルなど異なる通貨の元本と金利に関わる包括的キャッシュ・フローを交換する取引である。異種の通貨における金利のみを交換するものを「クーポンスワップ」という。

ここでは前者の通貨スワップを扱う。通貨スワップは，外貨建債権・債務の為替リスク・ヘッジを目的に行われ，契約時の為替相場と金利相場に基づき，両者のキャッシュ・フローの現在価値が等価となる契約内容が決定されたもの

である。会計処理は，原則，時価会計が適用される[18]。

例えば，Y社は，A銀行とローン（1,000ドル）を組んだ。条件は，期間3年，変動金利（LIBOR＋1%）の年払いである。将来の為替と金利変動リスクを回避するために，同銀行と通貨スワップを取り組んだ。通貨スワップの元本は1,000ドル／100,000円，当初元本交換はドル支払／円受取（100円／ドル），最終元本交換はドル受取／円支払（100円／ドル）である。期間3年，受取金利は（LIBOR＋1%），支払金利は（固定金利3%）である。

- ローン契約日　　（外貨預金）　　100,000　　（外貨建借入金）100,000
  通貨スワップ　　（現金預金）　　100,000　　（外貨預金）　　100,000
- 利払日と決算日，LIBORは1%，換算為替レート90円／ドルと仮定すると，ローン利息（1,000ドル×（1%＋1%）×90円／ドル＝1,800，スワップ利息の受取は同額，スワップ利息の支払は100,000×3%＝3,000となる。また，スワップ時価▲400円であると仮定する。この場合のローンに為替差損益　1,000ドル×（100－90）＝10,000が発生する。

仕訳：

ローン：	（外貨建借入金）	10,000	（為替差益）	10,000
	（支払利息）	1,800	（外貨預金）	1,800
通貨スワップ：	（外貨預金）	1,800	（受取利息）	1,800
	（支払利息）	3,000	（現金預金）	3,000
時価評価：	（通貨スワップ評価損）400		（通貨スワップ）	400

通貨スワップ評価損は当期の損失となる。翌期，この仕訳は洗い替えされる。以後，同一の会計処理が続けられる。たとえ変動金利が変化しても，実質的な支払利息は円貨の3,000円ですむ。ローン返済時の為替レートが変化して返済金額が変動するが，通貨スワップを取り組むことで，為替変動の影響を受けずに100,000円が固定でき，ドルの短期金利上昇リスクと為替リスクをヘッジできる。

③オプション取引

オプション（option）とは金融商品を売買する権利をいう。オプションに対して付される価値のことをオプション価格（premium）という。買付を行うこと

ができる権利をコール・オプション，売りつけを行うことができる権利をプット・オプションという。契約時にあらかじめ決められた価格，時期等の条件に基づいて，対象物の基礎商品を取引できるオプション権を売買するものである。オプション価格は，権利の対象となる原資産の価格，価格変動のボラティリティ（予想変動率），権利行使価格，権利行使期間などによって変化する。ボラティリティが大きく，行使価格が原資産の市場価格に近いほど価値が高くなる。

   オプション価格＝本質的価値（権利行使価格と原資産価格との差額）
        ＋時間的価値（実際のオプション価格と本質的価値との差額）

　決済には，権利行使，権利放棄，転売又は買戻がある。買手は，その権利行使を自由に行使できるが，売手（writer）は，買手の権利行使に必ず応じなければならない。買手はオプション料（オプション資産等で処理）を支払い，その権利を放棄した場合，買手の損失，売手の利益となる。

　例えば，Y社は，先物為替予約において1,000ドルを100円／ドルで購入できるオプション取引を契約し，取引相手にオプション料1,000円を支払い，オプション権を購入した。契約時の為替レートは100円／ドルとする。

契約時　　　　　（オプション権）　1,000　　（現金預金）　　　　1,000
90円／ドルであったのでオプション権を行使した。
　　　　　　　　（現金預金）　1,000ドル　　（現金預金）　　　90,000
　　　　　　　　（オプション権消滅損）1,000　（オプション権）　　1,000
110円／ドルであったのでオプション権を放棄した。
　　　　　　　　（オプション権放棄損）1,000　（オプション権）　　1,000

■債券先物オプションに関する買手の会計処理

　例えば，Y社（買手）は，国債先物の相場が＠93円の時点（×1年2月1日）で，将来相場が上昇するという判断から，B社（売手）に行使価格＠96円の債券先物のコール・オプションを額面総額100,000円（1,000口）で買建てし，オプション料を現金で支払った。Y社は，決算日後にオプション権を行使して，コール・オプションをB社に反対売買し，代金を現金で受け取った。オプション料は，約定日が100円につき1.5円であった。決算日の債券先物相場が上昇し，オプション価格100円につき1.7円，売却日が100円につき2.0円であった[19]。

❶取得時　1,000 口× 1.5 円＝ 1,500
　　　　　　　（オプション資産）1,500　　（現金預金）　　　　1,500
❷決算日　1,000 口×（1.7 － 1.5）＝ 200
　　　　　　　（オプション資産）　200　　（オプション差損益）200
❸振り戻す　（オプション差損益）200　　（オプション資産）　200
❹決済日　1,000 口× 2.0 ＝ 2,000
　　　　　　　（現金預金）　　　2,000　　（オプション資産）1,500
　　　　　　　　　　　　　　　　　　　　（オプション差損益）500

（4）ヘッジ会計

①ヘッジ会計の目的

　「ヘッジ会計とは，ヘッジ取引のうち一定の要件を充たすものについて，ヘッジ対象に係る損益とヘッジ手段に係る損益を同一の会計期間に認識し，ヘッジの効果を会計に反映させるための特殊な会計処理をいう」（金融商品会計基準Ⅵ–1）。一定の要件には❶事前テスト，❷事後テストがある。事前テストとはヘッジ取引が企業のリスク管理方針に従ったものであること，事後テストでは，ヘッジ取引時以降においてヘッジ対象とヘッジ手段の損益が高い程度で相殺される状態でヘッジ対象のキャッシュ・フローが固定され，その変動が回避される状態が引き続き認められることによって，ヘッジ手段の効果が定期的に確認されることである。

　わが国ではデリバティブをヘッジ取引に限定して利用することが多い。しかし，例えば，ヘッジ対象が変動金利による借入金，ヘッジ手段が「変動金利を受け取り，固定金利を支払う金利スワップ」の場合，原則法の時価会計処理によれば，決算時に金利スワップ資産の時価が上昇し，デリバティブ評価損益（金利スワップ評価益）が損益計算書に反映されると，その変化が企業の期間損益に大きな影響を与え，本業の損益を超える場合もある。こうした事態を回避する方法として，次のヘッジ会計処理が有効となる。

②ヘッジ会計の方法

　ヘッジ会計処理には「繰延ヘッジ会計」（原則）と「時価ヘッジ会計」（特例）

がある。繰延ヘッジ会計は，ヘッジ手段の時価評価による損益又は評価損益を，税効果会計を適用した上でヘッジ対象にかかる損益が認識されるまで，純資産項目として繰り延べる方法である。特例の時価ヘッジ会計は，ヘッジ対象である資産又は負債に係る相場変動等を損益に反映させ，その損益とヘッジ手段に係る損益を同一の会計期間に前倒して認識する方法である。ヘッジ手段に係る損益又は評価差額は，繰延税金資産・負債の金額を控除し，繰延ヘッジ損益として純資産の部に計上される。

■債券先物取引の繰延ヘッジ会計

　例えば，Y社（決算日3月31日）は，×1年2月1日，ヘッジ対象の国債10,000円（@100円につき@97円）を購入し，代金は現金で支払った。同時に，ヘッジ手段として国債先物10,000円（@100円につき@98円）を売建て，委託証拠金300円を現金で支払った。国債はその他有価証券で処理する（全部純資産直入法）。便宜上，税効果会計は適用しない。

　契約日（2月1日）の仕訳

　　　　　（その他有価証券）　　　9,700　　　（現　金）　　　　　　　9,700
　　　　　（先物取引差入証拠金）　　300　　　（現　金）　　　　　　　　300

　決算日，国債時価は@96円，ヘッジ手段の国債先物の時価は@97円であった。国債現物の計算（@97 － @96）／100 × 10,000 ＝ 100　→　この評価損（その他有価証券評価差額金）100は，純資産のマイナスとなる。

　　　　　（その他有価証券評価差額金）100　　（その他有価証券）　　　　100

　国債先物の計算（@98 － @97）／100 × 10,000 ＝ 100円　→　この先物損益はヘッジ対象の損益が認識されるまで繰り延べられ，繰延ヘッジ損益（純資産）として処理される。

　　　　　（先物取引差金）　　　　100　　　（繰延ヘッジ損益）　　　　100

×1年4月1日，再振替仕訳をする。

　　　　　（その他有価証券）　　　　100　　（その他有価証券評価差額金）100
　　　　　（繰延ヘッジ損益）　　　　100　　（先物取引差金）　　　　　　100

×1年6月30日，国債を@95円で売却し現金で受け取った。国債先物は反対売買して差金を現金で受け取った。決済時の国債先物相場は95円で

あった。

（現金）	9,500	（その他有価証券）	9,700
（投資有価証券売却損益）	200		

国債先物の決済（@98 － @95）÷ 100 × 10,000 = 300

（現金）	300	（投資有価証券売却損益）	300
（現金）	300	（先物取引差入証拠金）	300

■金利スワップの繰延ヘッジ会計（金利スワップの時価会計処理と同一処理〔本書122頁参照〕）

例えば，Y社は，銀行から10,000円のローン（期間5年）を組んだ。借入金利は変動金利（TIBOR ＋ 1%）である。同時に，金利スワップ取引（想定元本10,000円，期間5年，受取金利TIBOR ＋ 1%，支払金利固定3%）を契約した。利払は年1回，決算日は3月31日である。

契約日	（現金預金）	10,000	（借入金）	10,000

利払日のTIBORは1%，金利スワップの受取と支払の差引金額を受払する。ローン利息 10,000 × 2% = 200，スワップ利息 10,000 ×（3% － 2%）= 100である。支払利息合計は 200 ＋ 100 = 300，決算時の変動金利上昇による金利スワップ資産の時価は▲200であった。

ローン利払日	（支払利息）	200	（現金預金）	200
金利スワップの支払	（支払利息）	100	（現金預金）	100
決算日	（繰延ヘッジ損益）	200	（金利スワップ負債）	200
翌期首	（金利スワップ負債）	200	（繰延ヘッジ損益）	200

■金利スワップの特例処理

時価ヘッジ会計処理は，ヘッジ対象の損益を前倒しにより認識する特殊な方法である。その典型が金利スワップである。この処理はヘッジ会計の条件を満たし，その想定元本，利息の受払条件（利率，利息の受払日），契約期間がヘッジ対象の資産又は負債とほぼ同じ場合に適用される。金利スワップを時価評価しないで金利スワップの受払利息の純額を借入金の利息に加減する処理を施す。上記の金利スワップの繰延ヘッジ会計の取引例を用いると，次の仕訳処理となる。

契約日	（現金預金）	10,000	（借入金）	10,000
利払日（1回目）	（支払利息）	200	（現金預金）	200
金利スワップの支払	（支払利息）	100	（現金預金）	100

決算日	仕訳なし
翌期首	仕訳なし

③ヘッジ会計の要件が満たされなくなったときの会計処理

　ヘッジ会計の要件が満たされなくなったとき，それまでのヘッジ手段に係る損益又は評価差額は，ヘッジ対象に係る損益が認識されるまで引き続き繰り延べる。ただし，繰り延べられたヘッジ手段に係る損益又評価差額について，ヘッジ対象に係る含み益が減少することにより，ヘッジ会計の終了時点で重要な損失が生じる恐れがあるときは，当該損失部分を見積り，当期の損失として処理しなければならない。ヘッジ対象が消滅したときに終了し，繰り延べられているヘッジ手段に係る損益又は評価差額は，当期の損益として処理しなければならない。ヘッジ対象である予定取引が実行されないことが明らかになったときにおいても同様に処理する。

3 研究開発費とソフトウェアの会計基準

(1) 研究開発費の意義

　企業の研究開発活動（R&A）は，その収益性や企業価値に大きく左右する。従来，研究開発費に類似する概念に試験研究費及び開発費があったが，その範囲が明確ではなく，資産計上が任意であって企業間の比較可能性が問われた。企業会計審議会は，1998年3月，そうした問題に対処するために，企業会計基準第23号「研究開発費に係る会計基準」（研究開発費会計基準という）を制定し，「研究開発費」（research & developments, R&D）に該当するものすべてを費用処理することとした。ソフトウェア制作費のうち研究開発に該当する部分も研究開発費として費用処理される[20]。

(2) 研究及び開発とソフトウェアの定義

　本会計基準によると，「研究」とは新しい知識の発見を目的とした計画的な調査及び探求をいう。「開発」とは，新しい製品・サービス・生産方法（以下，製品等という）についての計画もしくは設計又は既存の製品等を著しく改良する

ための計画もしくは設計として研究の成果その他の知識を具体化することをいう。「ソフトウェア」とは，コンピュータを機能させるように指令を組み合わせたプログラム等をいう。こうしたR&Aは特許権，のれん，ソフトウェア購入等の知的資源の獲得とは区別される。

（3）研究開発費を構成する原価要素

すべての研究開発費は，次の原価要素から構成される。①人件費（R&A活動に従事する要員の給料等退職給付債務に関係する勤務費用を含むすべての労務費），②原材料費（R&A活動に向けて購入した原材料で，当初それを資産として処理した費消部分），③有形固定資産（研究目的で使用する備品，建物，機械装置）の減価償却費部分，④外部調達の無形資産（有形資産と同様の償却費部分），⑤契約サービス（外部から提供を受けた契約サービス），⑥R&A活動に関わる間接経費（水道光熱費，旅費宿泊費，会議費等は合理的な範囲内の部分）である。

（4）研究開発費の会計処理

研究開発費の会計処理には，次の四つの方法がある。

①全額即時費用化（charging all costs to expense）では，R&D支出がもたらす将来的利益は不確実であるから，R&D原価はすべて発生期間に費用化する。研究の成功が明らかな場合でも，知的資産がオフバランスとなる。

　　　　　　　（研究開発費）　××　（現金預金）　　××

②全額資産化法（capitalization method）では，R&D支出はすべて資産に計上し，将来期間に繰り延べ収益に対応して費用化する。

　　　　　　　（研究開発用資産）　××　（現金預金）　　××

③選択的資産化法（selective capitalization method）では，成功と失敗の判断が入る。

　成功　　　　（研究開発用資産）　××　（現金預金）　　××
　失敗　　　　（研究開発費）　　××　（現金預金）　　××

④仮勘定計上法（accumulation in a special category）では，R&D支出が発生したとき将来的効益を仮勘定に収容する。明確になった時点で資産か費用を決定する。仮勘定は純資産の控除項目として処理する。

　　　　　　（研究開発仮勘定）　××　　　（現金預金）　　　　××

　わが国では，③の選択的資産化法の処理から，1988年に①全額即時費用化法に転換された。なお，ソフトウェア制作費のうち，研究開発に該当する部分も研究開発費として処理する。

（5）研究開発費に該当しないソフトウェア制作費の会計処理
①研究開発費に該当しないソフトウェア制作費

❶受注制作のソフトウェアの制作費は，請負工事の会計処理に準じて処理される。

❷市場販売目的のソフトウェアである製品マスター（複写可能な完成品）は，完成までの費用等は研究開発費，その著作権などは無形固定資産として処理される。ただし，製品マスターも機能維持に要した費用は資産として計上しなければならない。

❸自社利用目的のソフトウェア

　ソフトウェアを用いて外部へ業務処理等のサービスを提供する契約等が締結されていて，その提供により将来の収益獲得が確実であると認められる場合，適正な原価を集計した上，当該ソフトウェアの制作費を「無形固定資産」として計上しなければならない。社内利用のソフトウェアについては，完成品の購入のようにその利用により将来の収益獲得又は費用削減が確実であると認められる場合には，当該ソフトウェアの取得に要した費用を資産として計上しなければならない。機械装置等に組み込まれているソフトウェアについては，当該機械装置に含めて処理する。

②ソフトウェア取引の収益の会計処理に関する実務上の取扱い（実務対応報告第17号）
- ソフトウェア取引の収益認識は，当該取引の実在性，一定の機能を有する成果物の提供が完了し，その見返りとして対価が成立している。
- ソフトウェア取引の複合取引とは，サービスの提供や機器（ハードウェア）の販売のような異なる種類の取引を同一の契約書等で締結している場合であり，取引の種類ごとに収益認識時となる場合がある。
- ソフトウェア取引の収益額は，複数の企業を介する情報サービス産業のソ

フトウェア関連取引においては，委託販売のように負担すべきリスク（瑕疵担保，在庫リスク，信用リスク等）を負っていない場合には，収益の総額表示は適切ではない。収益総額を表示するには，さまざまなリスクを負っていることを示すことが必要である。

③ソフトウェアの資産計上と費用化
　ソフトウェアの外部調達は，無形固定資産に計上される。社内で制作する研究開発途上のソフトウェア制作費は即時に費用化される。研究開発が終了した後のソフトウェア制作費は，無形固定資産として資産化することができる。外部販売目的の社内開発ソフトウェアは，研究開発段階終了後に発生した原価だけを「製品マスター制作費」に集計し無形固定資産とする。内部利用目的は自社開発ソフトウェアとして製品マスター制作費に準じて無形固定資産に計上できるが，キャッシュ・フローの獲得が明確である必要がある。

④ソフトウェアの計上区分
　市場販売目的のソフトウェア及び自社利用のソフトウェアを資産として計上する場合には，無形固定資産の区分に計上しなければならない（注4，制作途中のソフトウェアの制作費については，無形固定資産の仮勘定として計上することとする）。

⑤ソフトウェアの減価償却方法
　無形固定資産として計上したソフトウェアの取得原価は，当該ソフトウェアの性格に応じて，見込販売数量に基づく償却方法その他合理的な方法により償却しなければならない。ただし，毎期の償却額は残存有効期間に基づく均等配分額を下回ってはならない（注5）。

⑥財務諸表の注記
　研究開発費は，一般管理費及び当期製造費用に含まれる総額を財務諸表に注記する。一般管理費及び当期製造費用に含まれる研究開発費の総額は，財務諸表に注記しなければならない（注6）。研究開発費の総額に含めて財務諸表に注記する。

⑦適用範囲

　委託・受託契約について，本基準は一定の契約のもとに，他の企業に行わせる研究開発については適用するが，他の企業のために行う研究開発については適用しない。資源の開発について，探査，掘削等の鉱業における資源の開発に特有の活動については適用しない。

4 リース会計基準

（１）リース取引の意義

　リース取引とは，「特定の物件の所有者たる貸手（lesser）が当該物件の借手（lessee）に対し合意された期間にわたりこれを使用収益する権利を与え，借手は合意された使用料を貸手に支払う取引」（リース取引会計基準）である。リース取引は金融商品会計基準の対象外である。それは「ファイナンス・リース取引」と「オペレーティング・リース取引」（ファイナンス・リース以外の取引）に区別される。

（２）リース取引の分類と判定基準

　ファイナンス・リース取引とは次の二つの要件を満たすものである。一つは「解約不能」（no cancelable）である。法律上は解約可能であっても解約時に違約金を支払う条件から，事実上解約不能なものも含みリース期間中に契約を解除することができない。もう一つは「フルペイアウト」（full payout）である。フルペイアウトとは，借手が①リース物件を自己所有するならば得られる，ほとんどすべての経済的利益を実質的に享受し，②貸手がリース物件の取得価額相当額や維持管理など使用に伴って生じるコストを，借手が実質的に負担することを意味する。ファイナンス・リース取引か否かの判定は，①現在価値基準（90％基準）と，簡略法の②経済耐用年数基準（75％基準）が用いられ，いずれかに該当する場合に判定される[21]。

①現在価値基準

　毎月支払が行われるリース料（lease payment）は，貸手のリース会社にしては，

「リース料総額」（リース物件の購入価額－見積残存価額）＋金利＋諸税＋保険料＋その他費用＋利益｝÷リース期間で計算される。借手にとってのリース料総額は，リース料×リース期間で計算される。現在価値基準は，次の計算による。

> 解約不能リース期間中のリース料総額の現在価値÷見積現金購入価額≧90％

現在価値は，Σ（リース料／$(1+割引率r)^n$）で計算される。割引率 r は，借手が貸手の計算利子率を知りうる場合には貸手の計算利子率，知りえない場合には合理的な見積利率（追加借入利子率）である。見積現金購入額とは借手がリース物件を現金で購入したと仮定される場合の金額である。リース料総額の現在価値が，当該物件を借手が現金で購入すると仮定した場合の見積現金購入額の概ね90％以上であることを原則とする。

②経済耐用年数基準

この基準は簡便法として利用される。解約不能のリース期間が当該物件の経済的耐用年数の「概ね75％以上」を判定とする。ただし，①の判定結果が90％を大きく下回ることが明らかな場合を除く。

> 解約不能のリース期間÷経済的耐用年数≧75％

①と②のいずれかに該当するものがファイナンス・リース取引，それ以外のものをオペレーティング・リース取引とする。

ファイナンス・リース取引は，「所有権移転ファイナンス・リース取引」と「所有権移転外ファイナンス・リース取引」と分類される。所有権移転ファイナンス・リース取引は，次の❶～❸の条件のどれかに該当するものである。❶所有権移転条項リース（リース物件の所有権が借手に移転する契約），❷格安購入選択権リース（借手が名目的価値額あるいはその行使時点のリース物件の価額に比して，著しく有利な価額で買い取ることができる権利が与えられその行使が確実に予想される契約），❸特別仕様物件リース（特別仕様で製作又は建設されたもの，第三者に再びリース又は売却することが困難かつ使用可能期間を通じて借手のみに使用されることが明らかなもの）である。これら以外のものが「所有権移転外ファイナンス・リース」となる。

(3) ファイナンス・リースの会計処理

①借手の会計処理

所有権移転ファイナンス・リース取引と所有権移転外ファイナンス・リース取引の会計処理は，共に通常の固定資産の売買取引に係る方法に準ずる。かつて，所有権移転外ファイナンス・リースの会計処理は，売買処理あるいは賃貸借処理を選択できたが，この例外規定の廃止から2008年4月1日から原則売買処理となった。両者の会計処理の違いは決算時のリース物件の減価償却方法にみられる。所有権が移転する場合には自社所有と同じ方法で減価償却する。所有権移転外リースはリース期間を耐用年数とし，残存価額はゼロとして計算する。

■ファイナンス・リース取引の契約

借手は，売買取引に係る方法に準じた会計処理により「リース資産」と「リース債務」を計上する。リース資産の「取得価額の相当額」は，リース契約時に合意された「リース料総額」から「利息相当額」の合理的見積額を控除したものである。

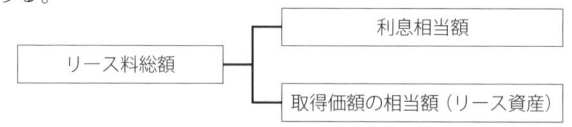

```
                         ┌─ 利息相当額
        リース料総額 ─────┤
                         └─ 取得価額の相当額（リース資産）
```

利息相当額はリース期間にわたり利息法によって配分する。利息法とは「支払利息相当額」を各期リース債務の「未返済元本残高」に一定の利率を乗じて計算する方法である。一定の利率とはリース料総額の現在価値がリース取引開始時におけるリース資産とリース債務の計上価額が等しくなる利率である。

□所有権移転ファイナンス・リース（貸手のリース物件購入価額が明らかなケース）

例えば，Y社は，×1年4月1日，Zリース会社と機械装置のリース契約（3年間）を結んだ。所有権移転リースであり，Zリース会社の工作機械の購入価額は200,000円である。リース料総額は240,000円，リース料は毎年度末に80,000円を支払う。この場合のリース資産の計上価額は，貸手の購入価額となる。

　　　　　　　　　（リース資産）　200,000　（リース債務）　200,000

□所有権移転外ファイナンス・リース（貸手のリース物件購入価額が明らかなケース）

借手のリース資産の計上額は，リース料総額の割引現在価値と貸手の購入額のいずれか低い価額となる。例えば，Y社は，×1年4月1日，Zリース会社

と機械装置のリース契約を結んだ。所有権移転外リースである。貸手Ｚリース会社の機械装置の購入価額は 220,000 円である。リース料総額は 240,000 円、リース料は毎年度末に 80,000 円を支払う。リース期間 3 年、利子率 5% とする。小数点以下は四捨五入。

割引現在価値の計算

1 年目元本，80,000 円÷(1 + 0.05) = 76,190 円	利息，80,000 円− 76,190 円= 3,810 円
2 年目元本，80,000 円÷(1 + 0.05)^2 = 72,562 円	利息，80,000 円− 72,562 円= 7,438 円
3 年目元本，80,000 円÷(1 + 0.05)^3 = 69,107 円	利息，80,000 円− 69,107 円= 10,893 円

　リース料総額の割引現在価値は 217,859 円となる。貸手の購入価額 200,000 円と比較して低い金額がリース資産金額として採用される。

　　　　　　　　　（リース資産）　　217,859　　（リース債務）　　217,859
□貸手の購入価額が不明なケース

　このケースでは、所有権移転があるか否かに関係なく、リース料総額の割引現在価値と貸手の見積現金購入額のいずれか低い価額がリース資産として計上される。

■リース料の支払

　例えば、Y 社は、所有権移転ファイナンス・リースにおいてリース料総額 240,000 円、年度末にリース料 80,000 円を現金で支払う。貸手の購入価額は不明。リース期間 3 年、利子率 5% である。リース料総額の割引現在価値は 217,859 円、借手の見積現金購入価額は 230,000 円である。小数点以下は四捨五入。

　　リース契約時の仕訳（リース資産）　　217,859　　（リース負債）　　217,859
　　第 1 回目のリース料を支払った。支払利息計算 217,859 × 5% = 10,893
　　　　　　　　　（リース債務）　　69,107　　（現金）　　　　80,000
　　　　　　　　　（支払利息）　　10,893
　　　次期のリース債務は 217,859 − 69,107 = 148,752 となる。
　　第 2 回目のリース料を支払った。支払利息の計算 148,752 × 5% = 7,438
　　　　　　　　　（リース債務）　　72,562　　（現金）　　　　80,000
　　　　　　　　　（支払利息）　　7,438
　　第 3 回目のリース料　支払利息の計算（148,752 − 72,562）× 5% = 3,810

(リース債務)	76,190	(現金)	80,000
(支払利息)	3,810		

■借手の決算時の処理──減価償却費の計算

例えば、Y社は、×1年4月1日、B社と機械装置のファイナンス・リース契約を結んだ。リース料総額240,000円、年度末に80,000円を現金で支払う。リース契約時の仕訳はリース資産210,000円、リース負債210,000円であった。リース期間は3年である。Y社は減価償却に定額法（耐用年数5年、残存価額ゼロ）を採用する。

所有権移転ファイナンス・リース…210,000×1年／5年＝42,000

(減価償却費)	42,000	(減価償却累計額)	42,000

所有権移転外ファイナンス・リース…210,000÷リース期間3年＝70,000

(減価償却費)	70,000	(減価償却累計額)	70,000

②貸手の会計処理

貸手は、所有権移転ファイナンス取引を「リース債権」、所有権移転外ファイナンス・リース取引を「リース投資資産」として計上する。「利息相当額の総額」はリース契約締結時に合意された「リース料総額」及び「見積残存価額」の合計から、これに対応するリース資産の取得価額を控除することによって算定する。当該利息相当額については、原則、リース期間にわたり利息法により配分する。

(4) ファイナンス・リースの中途解約

借手は、中途解約においてリース資産の未償却残高を「リース資産除去損」として処理する。貸手に対する損害金を支払う義務が発生した場合には、リース債務未払額と損害金との差額を、「リース債務解約損益」として処理する。貸手は、損害金を受け取った受取額を売上として計上し、リース債務の未収残高を売上原価として計上する。

(5) ファイナンス・リース取引の開示

①借手は、ファイナンス・リース資産を有形固定資産、無形固定資産とは別

に一括してリース資産として表示する。有形固定資産又は無形固定資産に属する各科目に含めることもできる。リース債務については貸借対照表日後1年以内に支払期限が到来するものは流動負債，1年を超えて支払期限が到来するものは固定負債に属するものとする（金融商品取引法）。

②貸手は，所有権移転ファイナンス・リース取引のリース債権，及び所有権移転外ファイナンス・リース取引のリース投資資産については，当該企業の主目的たる営業取引により発生したものである場合に流動資産に表示する。当該企業の主目的以外の取引により発生したものである場合は1年基準により流動資産と固定資産に区分する。

③ファイナンス・リース取引の注記

　借手は，リース資産についてその内容（主な資産の種類等）及び減価償却の方法を注記する。ただし，重要性が乏しい場合には当該注記を要しない。貸手は，リース投資資産について，将来のリース料を収受する権利（以下，「リース料債権」という）部分及び見積残存価額（リース期間終了時に見積もられる残存価額で借手による保証のない額）部分及びその金額（おのおの，利息相当額控除前）並びに受取利息相当額を注記する。ただし，重要性が乏しい場合には当該注記を要しない。リース債権及びリース投資資産に係るリース債権部分について，貸借対照表日後5年以内における1年ごとの回収予定額及び5年超の回収予定額を注記する。ただし，重要性に乏しい場合には当該注記を要しない。

（6）オペレーティング・リース取引の会計処理

オペレーティング・リース取引は，下記のように会計処理される。

	借手	貸手
取引開始日	なし	（固定資産）×× 　　　　　　　（買掛金）××
リース料支払又は受取時	（支払リース料）×× 　　　　　（現金預金）××	（現金預金）×× 　　　　　（受取リース料）××
決算時	（なし）	（減価償却費）×× 　　　　　（減価償却累計額）××

オペレーティング・リース取引の注記――借手と貸手

「オペレーティング・リース取引のうち解約不能のものに係る未経過リース料は，貸借対照表日後1年以内のリース期間にかかるものと，1年超のものとを区分して注記する。ただし重要性が乏しい場合には，当該注記を要しない」（基準第22項）。

（7）リース取引の設例

設例1　所有権移転外ファイナンス・リース取引[22]（一部加筆修正）

> 前提条件・リース契約の内容
> (1)所有権移転条項なし，(2)割安購入選択権なし，(3)リース物件は特別仕様ではない。(4)解約不能のリース期間5年，(5)借手の見積現金購入価額48,000円（貸手のリース物件の購入価額はこれと等しいが借手においては当該価額が明らかではない），(6)リース料月額1,000円，毎月末支払，リース料総額60,000円，(7)リース物件（機械装置）の経済耐用年数8年，(8)借手の減価償却方法は定額法（減価償却は四半期ごとに計上），(9)借手の追加借入利子率8%（借手は貸手の計算利子率を知りえない），(10)貸手の見積残存価額はゼロ，(11)リース取引開始日（×1年4月1日），決算日×2年3月31日。

■借手の会計処理

(1)ファイナンス・リース取引の判定

❶現在価値基準・追加借入利子率（8%）によるリース料総額の現在価値を計算する。

$$\frac{1,000}{(1+0.08\times 1/12)} + \frac{1,000}{(1+0.08\times 1/12)^2} \cdots + \frac{1,000}{(1+0.08\times 1/12)^{60}} = 49,318$$

現在価値（49,318）÷見積現金購入価額（48,000）＝103%＞90%

❷経済耐用年数規準の判定・リース期間5年÷経済耐用年数8年＝62.5%＜75%，

❶と所有権移転条項や割安購入選択権がなく特別仕様ではないことから所有権移転外ファイナンス・リース取引に該当する。

(2)所有権移転外リースの会計処理（貸手の購入価額不明）

リース契約日，

リース料総額の割引現在価値 49,318 円＞借手の見積現金購入額 48,000 円

（リース資産）　　48,000　　（リース債務）　　48,000

利息相当額の算定に必要な利子率の計算は次の計算となる。

$$\frac{1,000}{(1+r\times 1/12)} + \frac{1,000}{(1+r\times 1/12)^2} \cdots + \frac{1,000}{(1+r\times 1/12)^{60}} = 48,000$$

割引率 r ＝ 9.154％が求められる[23]。

リース料総額－支払利息（x）＝リース債務返済額

利息法による返済スケジュール（単位：円）

回数	返済日	前月末元本	返済合計	元本分	利息分	月末元本
1	×1.4.30	48,000	1,000	634	366	47,336
2	×1.5.31	47,366	1,000	639	361	46,727
3	×1.6.30	46,727	1,000	643	357	46,084
⋮	⋮	⋮	⋮	⋮	⋮	⋮
60	×6.3.31	992	1,000	992	8	―
合計	―		60,000	48,000	12,000	

第 1 回支払日（×1 年 4 月 30 日）：利息相当分計算 48,000 × 9.154％ ×（1 月／12 月）＝ 366, 元本分の計算 1,000 － 366 ＝ 634, 月末元本 48,000 － 634 ＝ 47,366

　　　　　　　　（リース債務）　　　634　　（現金預金）　　　1,000
　　　　　　　　（支払利息）　　　　366

第 3 回支払日　×1 年 6 月 30 日，第 1 四半期決算日　減価償却費 48,000 × 3／60 ＝ 2,400

　　　　　　　　（リース債務）　　　643　　（現金預金）　　　1,000
　　　　　　　　（支払利息）　　　　357
　　　　　　　　（減価償却費）　　2,400　　（減価償却累計額）2,400

■貸手の会計処理・利息法

　貸手のリース投資資産の回収スケジュールは借手と同じ。売買処理方法には次の三つがある。

第 1 法：リース取引開始日に売上高と売上原価を計上する方法（総額法）

　リース契約日，リース料総額を売上高として計上し，同額でバランスシート

に「リース債権」あるいは「リース投資資産」を計上し，リース物件の現金購入価額を「売上原価」として計上する。売上高と売上原価との差額は利息相当額として取り扱う。各期末それに対応する利益は，繰り延べてリース債権又はリース投資資産と相殺する。

例えば，設例1を取り上げると，次の会計処理が行われる。

（リース債務）　　634　　（現金預金）　　1,000

❶リース取引開始日

（リース投資資産）60,000　　（売上高）　　60,000
（売上原価）　　48,000　　（買掛金）　　48,000

❷リース料受取時×1年4月30日

（現金預金）　　1,000　　（リース投資資産）1,000

❸第1四半期×1年6月30日

（現金預金）　　1,000　　（リース投資資産）1,000
（繰延リース利益繰入）10,916　　（繰延リース利益）10,916

第2法：リース料受取時に売上高と売上原価を計上する方法

リース契約日，リース物件の現金購入価額によりリース債権又はリース投資資産を計上する。リース期間中の各期に受け取るリース料を売上高に計上し，当該金額から利息相当額を差し引いた額を売上原価として処理する。

❶リース取引開始日（リース投資資産）48,000　　（買掛金）　　48,000
❷リース料受取時　（現金預金）　　1,000　　（売上高）　　1,000
　　　　　　　　　（売上原価）　　634　　（リース投資資産）　634
❸第1四半期　　　（現金預金）　　1,000　　（売上高）　　1,000
　　　　　　　　　（売上原価）　　634　　（リース利投資資産）634

第3法：売上高を計上せず利息相当額を各期へ配分する方法（純額法という）

リース契約日，リース物件の現金購入価額によりリース債権又はリース投資資産を計上する。リース期間中の各期に受け取るリース料を利息相当額とリース債権又はリース投資資産の元本回収とに区分し，前者を損益，後者を元本回収額として処理する。

❶リース取引開始日（リース投資資産）48,000　　（買掛金）　　48,000
❷リース料受取時　（現金預金）　　1,000　　（売上高）　　1,000

　　　　　　　（売上原価）　　　　　634　　（リース投資資産）　634
❸第1四半期　×1年6月30日
　　　　　　　（現金預金）　　　　 1,000　　（リース利投資資産）634
　　　　　　　　　　　　　　　　　　　　　（受取利息）　　　　366

■リース取引に関する会計基準の適用指針（第16号）の設例[24]
設例2　所有権移転ファイナンス・リース取引（一部加筆修正）

> 前提条件
> (1) リース期間終了後に借手がリース物件を割安価額1,000円で購入できる選択権が付与されている。借手はこの有利な購入選択権の行使を予定。
> (2) 解約不能のリース期間5年，(3) 借手の見積現金購入価額48,000円（貸手のリース物件の購入価額はこれと等しいが，借手においては当該価額が明らかではない）。(4) リース料月額1,000円，毎月末，リース料総額60,000円，(5) リース物件の耐用年数8年，(6) 借手の減価償却方法　定額法，残存価額10%，減価償却は四半期ごとに計上，(7) 借手の追加借入利子率8%（借手は貸手の計算利子率を知りえない），(8) リース取引開始日×1年4月1日，決算日×2年3月31日。

借手の会計処理
(1) ファイナンス・リース取引の判定
❶現在価値基準・リース料総額61,000円を借手の追加借入利子率で現在価値を計算する。

$$\frac{1,000}{(1+0.08 \times 1/12)} + \frac{1,000}{(1+0.08 \times 1/12)^2} \cdots + \frac{(1,000+1,000)}{(1+0.08 \times 1/12)^5} = 49,990$$

現在価値49,990 ÷ 見積現金購入価額48,000 = 104% > 90%
❷経済耐用年数規準・リース期間5年 ÷ 経済耐用年数8年 = 62.5% < 75%，
❶と❸割安購入選択権のリース取引から所有権移転ファイナンス・リース取引に該当する。リース料総額61,000円の現在価値（49,990円）より見積現金購入額の方が低額の48,000円となる。この場合に利息相当額の算定に必要な利子率の計算は次のようになる。r = 9.710%

$$\frac{1,000}{(1+r\times 1/12)} + \frac{1,000}{(1+r\times 1/12)^2} \cdots + \frac{1,000}{(1+r\times 1/12)^{60}} = 48,000 千円$$

返済スケジュール 1-2

回数	返済日	前月末元本	返済合計	元本分	利息分	月末元本
1	×1.4.30	48,000	1,000	634	388	47,338
2	×1.5.31	47,388	1,000	639	384	46,772
3	×1.6.30	46,772	1,000	643	378	46,150
⋮	⋮	⋮	⋮	⋮	⋮	⋮
60	×6.3.31	992	1,000	992	8	—
合計	—	—	61,000	48,000	13,000	—

リース取引契約日の仕訳（リース資産）　　48,000　　（リース債務）　　48,000
第1回支払日　　　（リース債務）　　　612　　（現金預金）　　　1,000
　　　　　　　　　（支払利息）　　　　388

第3回支払日・第1四半期決算日
　　減価償却費（48,000 － 4,800）× 1／8 × 3月／12月 = 1,350
　　　　　　　　　（リース債務）　　　622　　（現金預金）　　　1,000
　　　　　　　　　（支払利息）　　　　378
　　　　　　　　　（減価償却費）　　1,350　　（減価償却累計額）　1,350

■貸手の会計処理・リース料受取時に売上高と売上原価を計上する方法（第2法）
　リース取引開始日にリース物件の現金購入価額によりリース債権又はリース投資資産を計上する。リース期間中の各期に受け取るリース料を売上高に計上し，当該金額から利息相当額を差し引いた額を売上原価として処理する。

リース取引開始日　（リース債権）　　48,000　　（買掛金）　　　48,000
第1四半期　　　　（現金預金）　　　1,000　　（売上高）　　　　1,000
　　　　　　　　　（売上原価）　　　　622　　（リース債権）　　　622

（8）その他のリース取引
　転(てん)リースとは，ユーザーが，所有権移転外ファイナンス・リース取引により賃借した資産を他の事業者に所有権移転外ファイナンス・リースとして賃貸する取引である。ユーザーは，同一物件を概ね同一の条件で第三者にリースす

る。借手及び貸手の双方がファイナンス・リースに該当する場合，貸借対照表上のリース債権又はリース投資資産とリース債務の双方を計上する。

セール・アンド・リースバック（sale and lease back）とは，借手が以前から所有する物件を貸手に売却し，貸手から同物件をリースする，売却と一体化した取引である。リースバック取引がファイナンス・リース取引に該当するか否かの判断が行われる。ファイナンス・リースに該当する場合には通常のファイナンス・リースによる会計処理を行う。借手は物件の売却から発生する損益を「長期前払費用」又は「長期前受収益等」，貸手は「長期前受収益」として繰延処理し，その後リース資産の減価償却の割合に応じて減価償却費を加減して損益に計上する。減価償却計算は当初の取得原価に基づいた残存価額が用いられる。

資産売却日	（減価償却累計額）	××	（有形固定資産）	××
	（現金預金）	××	（長期前受収益）	××
取引開始日	（リース資産）	××	（リース債務）	××
リース料支払日	（リース債務）	××	（現金預金）	××
	（支払利息）	××		
決算日	（減価償却費）	××	（減価償却累計額）	××
	（長期前受収益）	××	（減価償却費）	××

レバレッジド・リース（leveraged lease）とは，リース会社が単独で全額出資して物件を取得することはリスクが高い場合，投資家を募り，金融機関から借入金を加えて物件を調達する仕組みである。船舶や航空機などの物件で利用される。リース会社は，匿名組合形式で他のリース会社や投資家から出資者を募り，残りの資金を銀行，保険会社，年金基金などから借り入れる。債権者にはリース収入から利子を支払い借入金の返済にあてる。残りのリース料は出資者に帰属する。設備投資税額控除などの税制からリース料の割引にも繋がる。リース会社は一部の資金を出資するだけで大きなリース取引を可能にすることからレバレッジド・リースと呼ばれる。

▶▶▶ 注 ◀◀◀

1) 五十嵐邦正，2013年，『基礎財務会計　第15版』，森山書店，49–51頁参考。
2) FASB, (2007) *Statement of Financial Accounting Standards*, No.157, Fair Value Measurement, Norwich, CF: para.5.
3) 満期保有目的債券（額面100円）を95円で割引購入し5年後に満期となる場合，会計処理をしなければ5年後に一挙に有価証券利息5円が発生する。5円は5年間毎期発生した結果であるから，これを毎期に計上する手続を金利調整という。
4) 実効利子率（effective interest rate）とは，クーポン利息と金利調整額の償却額を合わせた実質的利息に対する利子率である。実効利子率rは各年度の将来CFをrで割引計算した現在価値の合計が取得価額とイコールになる方程式から導かれる。
5) TAC簿記講座，2008年，『合格テキスト日商簿記1級　商業簿記会計学II』，TAC株式会社，61–70頁参考。
6) 2011年度から有価証券評価差額金は連結損益及び包括利益計算書又は連結包括利益計算書にその他の包括利益として計上し，連結貸借対照表ではその他の包括利益累計額（税効果の控除額後の金額）で表示する。
7) 法人税法改正により2007年4月1日以降に取得した有形固定資産の残存価額はゼロとして計算。定率法の償却率は定額法の償却率（1／耐用年数）の2.5倍とした数。1円（備忘価額）まで償却できる。
8) 福島三千代，2013年，『サクッとうかる日商1級，商業簿記・会計学1』，ネットスクール出版，246–247頁，新日本有限責任監査法人編，2013年，『減損会計のしくみ』中央経済社，参考。
9) デリバティブには，有価証券の消費貸借契約と消費寄託契約，建設協力金の差入預託保証金，商品ファンド，ゴルフ会員権，債務保証契約，不動産の証券などが該当する。保険契約やリース取引は対象外である。退職給付債務は退職給付会計基準に従って処理される。
10) 商品売買は売手と買手の双務契約で金銭の権利と義務は等価，当該商品等の受渡又は役務提供の完了時に金銭債権債務を認識する（民法555条）。
11) 市場価格がない場合「ブラック／ショールズ・モデル」（Black and Scholes model）が適用される。このモデルはデリバティブのボラティリティに関する情報をどのように抽出するかを説明する。
12) 包括ヘッジは共通の相場変動による損失の可能性に晒され，当該相場変動に対して同様に反応する複数の資産あるいは負債をヘッジ対象とする。国債ポートフォリオが該当する。
13) 東京証券取引所，http://www.tse.or.jp/learning/futures/，2014/03/04，参考。
14) 福島三千代，2013年，『サクッとうかる日商1級，商業簿記・会計学3』，ネットスクール出版，389–392頁参考。
15) 固定金利はあらかじめ確定した金利をいう。変動金利にはLIBOR (London Inter-bank Offered Rate) やTIBOR (Tokyo Inter-bank Offered Rate) が利用される。これを一般に短期プライムレートという。実際の変動金利は，この変動金利に差額のスプレッドが加え

られる。スプレッドは信用力や借入期間で決まる。LIBOR（ライボー）とはロンドン銀行間市場で資金を供給する側が提示する貸出金利，TIBOR（タイボー）とは東京銀行間の変動貸出金利である。
16) 三菱東京UFJ銀行，2014年，『デリバティブ取引のすべて』，きんざい，352–354頁参考。
17) 同上書，355–358頁参考。
18) 同上書，361–364頁参考。
19) TAC簿記講座，前掲書，267–268頁参考。
20) 研究開発費は2016年からGDPに加算する。国連が定める国民経済計算（SNA）では，日本の名目GDPは3％前後，金額では約15兆円を押し上げる。「日本経済新聞」，2013年5月20日。
21) 新日本有限責任監査法人編，2009年，『リースの会計と税務Q&A』，中央経済社を参考。
22) 中央経済社編，2011年，『企業会計小六法　2011年版』，612–616頁参考。
23) 年金現価係数が与えられている場合はリース債務の返済額を先に計算し，年間リース料とリース債務の返済額の差額を支払利息として処理する。
24) 中央経済社編，前掲書，623–625頁参考，一部加筆修正。

▶▶▶ 上記以外の参考文献 ◀◀◀

1　渡邉泉編著，2013年，『歴史から見る公正価値――会計の根源的な役割を問う』，森山書店。
2　監査法人トーマツ編，2012年，『デリバティブ取引の経理入門』，中央経済社。
3　新日本有限責任監査法人編，2013年，『為替換算調整勘定の会計実務』，中央経済社。
4　新日本有限責任監査法人編，2013年，『金融商品会計のしくみ』，中央経済社。

第5章 貸借対照表の分析（持分の会計）

学習目標

　会計上の負債とは何か，資本とは何か。この持分を一義的に解釈することは困難であるが，負債，次に純資産の概念，そして株主資本等変動計算書の情報内容を理解する。また重要な会計諸基準として，①退職給付会計基準，②ストック・オプションの会計，③資産除去債務会計を説明する。

1 負債の会計

1 負債の定義と分類

（1）定義

　負債（liabilities）は，他の会社や個人に対して現金を払う義務，あるいは財貨と用役を提供する義務である。会計上の負債には，従業員への支払義務である給与や賃金，仕入先への支払義務，政府に対する未払税金，借入金と未払利息，訴訟債務，社債，買掛金，支払手形，未払金などの第三者に対して負う債務だけなく期間損益を合理的に計算するための各種引当金が含まれる。負債は資産との関係から，「過去の取引または事象の結果として，報告主体が支配している経済的資源を放棄もしくは引き渡す義務，またはその同等物」（構成要素第5項）と定義される。

(2) 表示区分による負債の分類

負債は，流動負債（current liabilities）と固定負債（long term liabilities）に分類して記載しなければならない。

流動負債には，支払手形（notes payable），電子記録債権に係る債務，買掛金（accounts payable），未払金，前受金，短期借入金（手形借入，借用証書，当座借入），未払費用，前受収益，未払法人税等，前受金，預り金，プリペイドカードや商品券，コマーシャルペーパー[1]，デリバティブ取引による正味の債務，複合金融商品，繰延税金負債，前受収益，引当金（賞与引当金，工事補償引当金，修繕引当金等）の通常1年以内に使用される見込みのものが属する。

固定負債には，社債，長期借入金（金融手形を含む。ただし，株主，役員，従業員又は関係会社からの長期借入金を除く），関係会社長期借入金，リース債務，繰延税金負債，資産除去債務などが属する。

2 社債の会計

社債（corporate bonds）とは，「会社が行う割当てにより発生する当該会社を債務者とする金銭債権であって，募集事項についての定めに従い償還されるもの」（会社法）と定義される。起債会社は，一定期間が過ぎたら社債の保有者に返済する義務がある。担保の有無で「不動産担保付社債」（mortgage bonds），「有価証券担保付社債」（collectable trust bonds），「無担保社債」（unsecured bonds, debenture）がある。普通社債に対して，新株予約権が付された転換社債（convertible bond）や新株予約権付社債がある。その発行形態には平価発行（額面金額＝発行価額），割引発行（額面金額＞発行価額），打歩発行（額面金額＜発行価額）がある。会社が自ら起債した社債を一時的に所有する場合，「自己社債」となる。社債の発行費用は，社債発行費として処理されるが，繰延資産として処理することも認められる。

払込金額と額面金額とが異なる場合の金利調整額は，償却原価法（原則として利息法で処理）で加減される（本書第4章貸付金の会計処理参照）。

例えば，Y社は，×1年4月1日，社債（10,000円），償還日は×3年3月31日，クーポン（年利率4％），実効利子率5％，利払日年1回3月31日を条件に

9,600円で発行した。社債の評価は償却原価法（利息法）による。社債発行費は度外視する。

×1年4月1日　（現金預金）　　　9,600　　（社債）　　　9,600
×2年3月31日（利払日，決算日）
　　　　　　　（社債利息）　　　　480　　（現金預金）　　400
　　　　　　　　　　　　　　　　　　　　（社債）　　　　　80

社債利息は帳簿価額9,600×5％＝480として計算されるが，クーポンによる契約利子率との差額80は，社債の償却原価に加算される。×2年3月31日現在の償却原価は，9,600＋80＝9,680となる。次年度の社債利息は9,680×5％として計算される。また，償還には，一般の営業資金と区別して，特定の資産である減債基金を準備したり，毎期の利益処分において減債積立金の形で内部留保される。

償還方法には満期償還と途中償還の抽選償還と買入償還（買入消去という）がある。期中の買入償還に関して月割計算で増加した部分は帳簿価額を修正する必要がある。買入償還では社債償還益が発生することもある。

3 引当金の会計

（1）定義

引当金（allowance）は，期間損益計算を適正に行い，企業が所有する資産価額と負債を正しく評価するために，次の要件を満たした場合，将来に予想される損失リスクに備えた慎重な判断による保守主義に基づいて設定される。その設定は，①将来の特定の費用又は支出であって，②その発生が当期以前の事象に起因し，③発生の可能性が高く，④その金額を合理的に見積もることができる，という4要件をすべて満たす必要がある（企業会計原則注解18）。ただし，発生の可能性が低い事象（災害）は要件を満たさないので「偶発債務」として処理される。

（2）引当金の種類

引当金は，資産の部に計上される「評価性引当金」と，負債の部に記載され

る「負債性引当金」に分類される。

　評価性引当金（貸倒引当金）は，設定のときに特定の資産の減少として認識される。資産が減少する要因は発生しているが，その金額と相手先が不明であるために，売掛金などの資産から直接に減額する。評価性引当金は特定の資産科目に対する評価勘定である。

　負債性引当金は，将来に支出を必要とする原因が発生しているにも関わらず，その金額と支出の時期が不確定であるため，負債の部に計上される。それは将来の支出によって解消される。

　負債性引当金は次の三つに分類される。

(A) 収益性控除引当金
- 売上割戻引当金（販売の一定量を超えると単価をひきさげるリベートを意味する）
- 返品調整引当金（返品特約条項がある場合の返品）
- 事後調整引当金（ガソリン取引など販売単価の遡及修正で利用される）

(B) 費用性引当金
- 製品・商品保証引当金（修理に要する費用を借方に計上し，保証期限が経過したら引当金の残額は取り崩して商品引当金戻入勘定に振り替える）
- 修繕引当金（大きな設備投資を要する重化学工業や装置型産業の設備集約型企業のためにある。修繕費の支出が1年以内のものは流動負債となる。それをこえるものは固定負債に区分されるが，表示の名称は修繕引当金である[2]）
- 特別修繕引当金（大型の修繕が定期的に行われる修繕は特別修繕引当金として通常の修繕引当金と区別される固定負債として処理される。マンション管理における修繕積立金は維持管理するための管理費である）
- 退職給付引当金（当期に発生した退職給付の増加退職給付費用として計上し，将来の支出に備えて引き当てる。連結会計では退職給付に係る債務という）
- 賞与引当金（当期末に過去の実績や業績を考慮に入れて見積計上されるもの）

(C) 特別損失に対する引当金
- 債務保証損失引当金（債務保証損失を判断して対応するもの）
- 損害補償損失引当金（公害，薬害，不良製品など損害賠償が要求される恐れがある）

この他に役員退職慰労引当金，リストラクチュアリング引当金，ポイント引当金がある。

（3）引当金会計の問題

　法人税は債務確定主義を採用していることから，引当金も事業年度に損金に算入すべき金額が確定した費用に限られ，予想の費用又は損失の見越は損金に算入されない。

　また，ポイント（マイレージ，エコポイントなど）は，商品やサービス等との交換として利用され，企業間提携で他社のポイントや電子マネーと交換もできる顧客特権プログラム（customer loyalty programs）である。顧客は商品を購入するとポイントや他のクレジットの蓄積として将来に代金なしに，あるいは割引で商品を受け取ることができる特典をもつ。このポイント引当金には統一された会計基準はなく，IFRSは売上高からポイント相当分を差し引き，「繰延収益」（deferred revenue）として負債に計上し，顧客が利用した際に売上として認識する[3]。

（4）引当金の表示

　引当金の表示は，科目ごとに控除する個別控除形式を原則とするが，二つ以上の科目については一括して控除する一括控除形式や注記による形式がある。

損益計算書の区分と貸借対照表への表示

		損益計算書の区分	貸借対照表表示
A 収益性控除引当金	売上割戻引当金 返品調整引当金	売上高直接控除 売上総利益控除	流動負債 流動負債
B 費用性引当金	製品保証引当金 工事補償引当金 賞与引当金 退職給付引当金 修繕引当金 特別修繕引当金 役員賞与引当金	販売費・一般管理費 販売費・一般管理費 販売費・一般管理費 販売費・一般管理費 販売費・一般管理費 販売費・一般管理費 販売費・一般管理費	流動・固定負債 流動・固定負債 流動負債 固定負債 流動負債 固定負債 流動負債
C 損失性引当金	債務保証損失引当金 損害補償損失引当金	特別損失 特別損失	固定負債

（5）債務超過と支払不能

　無借金経営とは借入金，社債，長期借入金などの有利子負債に対して現金預金の流動資産（手元流動性）が潤沢にある状態をいう。必ずしも借入金等の負債

がゼロという意味ではない。それに対して、借入金や営業上の債務が膨らんで資産を上回る状態を債務超過（loan over assets）という。債務超過とは、会計上、負債が資産を上回った状態であり、累積した損失（欠損金）が純資産（株主資本）を超えている状態である。例えば、下記のY社貸借対照表は、資産1,000万円－負債600万円＝純資産400円に対して累積した損失が500万円であること示す。累積損失500万円が法定準備金を含めた純資産を超えて、債務超過100万円は資産をすべて売却しても負債を弁済することができない状態をいう。だが、債務超過がただちに破産（bankruptcy）ではない。例えば、IT会社は純資産がマイナスになっても、会計では認識されない無形資産をもち、研究開発活動から生じる将来の経済的価値が支払義務に見合う能力を有する場合が多く、債務超過は財政上健全とはいえないが、必ずしもそれが倒産や支払不能を意味するのもではない。

Y社　貸借対照表			(単位：万円)
資産	1,000	有利子負債	600
		純資産　資本金	200
		資本準備金	200
		繰越損失	▲500

　支払不能（insolvency）とは、本業が不振で売上高が大幅に下落し、資金繰りが困難な状態に陥り、経営的には債務不履行（bond default）な状態である。それは振り出した手形が不渡りとか、期日までに借入金を返済する能力がない財政困難（financial distress）な事態（倒産）である。現金がゼロになるということではない。支払不能概念は曖昧である[4]。

2 純資産の会計

1 純資産の定義

　純資産の会計処理では「企業会計基準第5号」が他の基準の取扱に優先する。個別貸借対照表の純資産の部は、下記のように株主資本、評価・換算差額

等及び新株予約権に分類される（財務諸表等規則）。

純資産の部

I　株主資本	株主からの出資払込金（法定資本）又は増加額
1　資本金	株主出資金
2　新株式申込証拠金	新株式の発行の際払い込まれた額を一時的に処理
3　資本剰余金	
(1)　資本準備金	株式払込剰余金，株式交換剰余金，株式移転剰余金，株式分割剰余金など
(2)　その他資本剰余金	資本準備金以外の資本剰余金
資本剰余金合計	
4　利益剰余金	利益を源泉とする剰余金
(1)　利益準備金	配当の際に積立が強制される法定積立金
(2)　その他利益剰余金	稼得資本（留保利益）
任意積立金	新築積立金，減債積立金，別途積立金など
繰越利益剰余金	利益準備金及び任意積立金以外の利益剰余金，残高試算表の金額＋当期純利益
利益剰余金合計	
5　自己株式	株主資本に対する控除項目
6　自己株式申込証拠金	株式を処分する際申込者からの払込額を一時的に処理
株主資本合計	
II　評価・換算差額	
1　その他有価証券評価差額金	純資産の部に計上されるその他有価証券の評価差額
2　繰延ヘッジ損益	ヘッジ対象に係る損益が認識されるまで繰り延べられる損益
3　土地再評価差額金	土地再評価法第7条第2項に規定する再評価差額金
評価・換算差額等合計	
III　新株予約権	新株予約権に対する払込額（評価額）
純資産合計	

2 株主資本と増資

（1）株主資本

　株主資本（stockholder equity）には，資本金，資本剰余金及び利益剰余金に分類して記載され，控除科目の自己株式，新株式申込証拠金が含められる。資本

剰余金は，株式払込剰余金等の資本準備金と資本剰余金のうち資本準備金以外の部分をいう。利益剰余金は，利益準備金とその他利益剰余金からなる。その他利益剰余金は，新築積立金のような任意積立金とその他利益剰余金のうち任意積立金以外の部分をいう。資本準備金と利益準備金は単に「準備金」といわれる。準備金は，将来の会社経営が悪化した場合にこれを填補することを目的として会社法上の規定から計上される。資本金やその他資本剰余金を減少させると，資本準備金は増加し，逆に，資本準備金を減少して，資本金やその他資本剰余金を増加させることができる。

(2) 増資と株主資本の増加

増資は主に設備投資等における資金調達を目的として行われるが，債務返済などの財務構造の改善を目的としても行われる。増資に際し引受人からの株式申込証拠金は別段預金（資産）として処理される。会社が払込期日までに株主を決め割当を決めると，別段預金から当座預金に振り替えられる。株主が確定すると，株式申込証拠金は資本金に振り替えられる。その株式交付費は営業外費用として処理されるが，繰延資産として処理（支出後3年以内に月割り償却）することも認められる。

また，形式的増資には資本準備金その他資本剰余金，利益準備金，その他利益剰余金の資本金への振替による方法がある。資本金を減少して資本準備金やその他資本剰余金を増加する，あるいは欠損を補填するなど資本金を減少することもできる。

(3) それ以外の項目

Ⅱ「評価・換算差額」には，その他有価証券評価差額金，繰延ヘッジ損益，土地再評価差額金，為替換算調整勘定の評価差額金等が含まれる。株主資本にこれらを加えたのが「自己資本」である。Ⅲの「新株予約権」と「少数株主持分」（非支配株主持分）を総合して純資産という。純資産の部に直接計上される評価・換算差額等に係る繰延税金資産又は繰延税金負債の額は控除して計上する。

❸ 会社法における剰余金の配当と処分

(1) 剰余金の確定と株主への分配可能額

　決算時における損益勘定残高は繰越利益剰余金勘定に振り替えられる。繰越利益剰余金勘定残高は，稼いだ利益のうちまだ使い道が決まっていない金額であり，決算日の翌日から3カ月以内に開かれる株主総会で配当とその他に処分される。配当の財源となる剰余金はこの繰越利益剰余金を含むその他利益剰余金と，その他資本剰余金からなり「分配可能額[5]」の基礎となる。その算定は会社法と会社計算規則によって次のように定められている。

> 剰余金の額＝貸借対照表の純資産額の部などの数値を一定の方法で算定
> 分配可能額＝剰余金の額±一定の事項

　会社法の剰余金は下記の❶の部分である（会社法第446条）。

貸借対照表

(イ) 諸資産 ＋ (ロ) 自己株式の帳簿価額の合計額　　純資産	(ハ) 負債の部		
	資本金／資本準備金／利益準備金	(ニ) 法定資本	
	評価換算差額等／新株予約権	(ホ) 株主資本以外のその他の純資産	
	❶会社法の剰余金：その他資本剰余金 ＋ その他利益剰余金（繰越利益剰余金を含む）	＊調整項目・自己株式の帳簿価額・のれん等調整額の超過額・その他有価証券評価差額金（借方）・土地再評価差額金（借方）・純資産の不足額	
		❷ 分配可能額	❹ 利益準備金積立額 ❸ 剰余金配当の限度額

① 会社法の剰余金の計算

　資産の額（イ）と自己株式の帳簿価額（ロ）の合計
　－負債の額（ハ）

－法定資本（資本金，資本準備金，利益準備金）（ニ）
－株主資本以外のその他の純資産の項目（ホ）
会社法の剰余金の配当に自己株式の有償取得をあわせた財源規制がある。

② 分配可能額

　これは「剰余金」から必要な調整項目を加減して計算される（積上方式）。一定の調整項目とは「自己株式の帳簿価額，のれん等調整額の超過額[6]，その他有価証券評価差額金（借方残高），土地再評価差額金（借方残高），そして純資産の不足額[7]」を控除した金額となる。

③ 剰余金の配当と処分

　繰越利益剰余金は，株主総会の承認を経て決算配当と中間配当として支出される。配当に際しては，会社法の規定から配当金の10分の1以上を利益準備金として積み立てる必要がある。その上限額は利益準備金と資本準備金の合計が資本金の4分の1に達するまで積みたてるが，資本準備金と利益準備金の合計額を超えてはならない。利益剰余金は特定目的のある任意積立金（中間配当積立金，新築積立金，減債積立金）と目的のない別途積立金として処分される。任意積立金はその目的が達成されたとき取締役会の決議で取崩し「繰越利益剰余金」に振り替えられる。

　例えば，Y社は，決算日（×1年3月31日），下記の貸借対照表に基づき利益剰余金の配当，任意積立金の積立，配当の支払を行った。純資産額の増減取引はなかった。

貸借対照表　　　　　　　　　　（単位：万円）

資産	5,000	諸負債	1,000
		資本金	3,000
		資本準備金	200
		その他資本剰余金	100
		利益準備金	100
		繰越利益剰余金	600
	5,000		5,000

❶定時株主総会（×1年6月28日）で繰越利益剰余金の一部を配当金200万円と中間配当積立金200万円として処分することを決議した。

（繰越利益剰余金）　420　　（利益準備金）　　20
　　　　　　　　　　　　　　（未払配当金）　　200
　　　　　　　　　　　　　　（中間配当積立金）200

$\begin{cases} 配当金200 \times 1/10 = 20 ……選択 \\ 資本金2,000 \times 1/4 - 資本準備金200 + 利益準備金100 = 200 \end{cases}$

❷配当金支払（×1年7月15日）

（未払配当金）　　200　　（当座預金）　　　200

❸×1年10月1日，中間配当200万円支払と同額の中間配当積立金の取崩を決議した。

（繰越利益剰余金）220　　（未払中間配当金）200
　　　　　　　　　　　　　（利益準備金）　　20
（中間配当積立金）　200　　（繰越利益剰余金）200

$\begin{cases} 中間配当の利益準備金計算・中間配当金　200 \times 1/10 = 20 ……選択 \\ 資本金2,000 \times 1/4 - (資本準備金200 + 利益準備金100 + 20) = 180 \end{cases}$

❹×1年12月15日中間配当支払　（未払中間配当金）200　（当座預金）200

❺×2年3月31日　当期純利益250万円

（損益）　　　　　　250　　（繰越利益剰余金）250

4 会社法における損失の処理と減資

　当期純損失の額は繰越利益剰余金勘定借方に振り替えられる。残高処理に任意積立金の留保利益が十分にあればこれを取崩して填補される。任意積立金でも填補しきれない損失額は次期以降に業績が好転すると予想できれば，その将来の利益で填補する。このことが見込まれない状況であれば，累積損失が生まれる。こうした事態に対処する再建手続として減資が講じられる。減資には無償減資と有償減資（実質）とがある。無償減資は純資産の変動を伴わず，資本金を減額し，資本準備金，その他資本剰余金に振り替える。

（資本金）　　　　××　　（繰越利益剰余金）　××

(その他資本剰余金)××

事業規模の縮小を目的とする有償減資とは，純資産額の資本金を減額し，その他資本剰余金に振り替え，取得した自己株式を消却する。

   (資本金)   ×× (その他資本剰余金)××
   (自己株式) ×× (現金預金)   ××
   (その他資本剰余金)×× (自己株式)   ××

5 自己株式の会計処理

　会社が自社株を再取得したものを「自己株式」(treasury stock)という。自己株式の取得は2001年の商法改正で株式の持合いを解消する受け皿として認められた。これは過剰な発行済株式総数の適正化，配当政策，自己資本利益率の改善，株価のテコ入れ，M&A対抗手段，ストック・オプション制度に活用する目的がある。自己株式は株主資本のマイナス項目である。株主総会の決議をもって「資本金及び法定準備金」の金額の範囲内で自社株を取得でき，取得後それを消却できる。自己株式には議決権，配当請求権，残余財産分配請求権，資産性がなく，有価証券とは区別される。

　企業会計基準第1号によると，自己株式の保有は株主資本の末に控除形式で表示される。自己株式は新株発行の手続を準用して処分されるが，その際に発生する損益（帳簿価額と処分の対価との差額）は「自己株式処分損益」として処理される。

   (現金預金)   ×× (自己株式)   ××
             (自己株式処分差益)××

　自己株式処分差益は「その他資本剰余金」に加算し，自己株式処分差損は「その他資本剰余金」から減額する。その他資本剰余金の残高が負の値になった場合，期末日には「その他資本剰余金」の残高をゼロにし，残りはその他剰余金の「繰越利益剰余金」から減額する。「その他資本剰余金」から減額する自社株買いは一株当たりの利益や資産価値を向上させる。この情報は株価が割安であるシグナルを市場に伝え，敵対的買収への対抗策やストック・オプション付与のために利用される。

6 新株予約権

　新株予約権（stock warrants）とは，あらかじめ定められた特定の価格で，新株式や自己株式の交付を受けることができる権利である。特に，会社の取締役や従業員などに対して付与するものをストック・オプション（stock option）という。新株予約権は，従来，新株引受権と呼ばれていた。新株引受権は「新株の発行に対する優先的な引受権利」と「有償で新株又は自己株式の交付を受けられる権利」を併せ持ったものであった。前者は会社法の制定から株主に制限され用語も廃止された。現在，後者の権利が新株予約権となり単独で売買されることになった。新株予約権における権利者は，株式会社に対して権利を行使することにより株式交付を受けることができる。その効力は割当日に生じるが，将来失効もすることもあることから，これは返済義務のある負債ではなく株主以外の項目として純資産の部に記載される（企業会計基準第5号22項）。

　例えば，Y社とZ社との間で下記の新株予約権の取引が行われた[8]。

```
                 ← ❶ 新株取得権の対価受入    新株予約権の取得 →
  Y 発行会社      ← ❷ 権利行使（6個）       Y社は新株を交付 →    Z 取得会社
                 ← ❸ 権利行使（3個）           自己株式交付
```

❶Y社は，新株予約権を発行し，Z社から対価（当座預金）を受け取る。Z社は新株予約権を手に入れる（その他有価証券で処理）。その条件は発行数10個（1個につき100株）払込金額1個50,000円（1株500円），総額500,000円である。

　Y社　　　　　　（当座預金）　　　500,000　　（新株予約権）　500,000
　Z社　　　　　　（その他有価証券）500,000　　（当座預金）　　500,000

❷Z社の権利行使価額は一株につき1,000円である。Z社は10個のうち6個の権利を行使し代金（6個×100株×1,000＝600,000）を払い込んだ。株式の資本組入額は会社法が容認する最低額，決済はすべて当座預金で処理した。Y社はこれを受け取りZ社に新株（500,000×6／10＝300,000）を発行した。Z社はその他有価証券500,000円のうち6／10＝300,000円を減らした。その他有価証券の取得原価は，当座預金600,000円と新株予約権部分にあたるその他有価証券300,000円の合計となる。

《新株発行の仕訳》

Y社	（当座預金）	600,000	（資本金）	450,000	
	（新株予約権）	300,000	（資本準備金）	450,000	
Z社	（その他有価証券）	900,000	（当座預金）	600,000	
			（その他有価証券）	300,000	

❸Z社は新株予約権のうち3個を権利行使し，代金300,000円を払い込んだ。Y社は新株予約権（300株× 500 = 150,000）を減らし，自己株式（帳簿価額@ 1,200 × 300株= 360,000）を移転した。自己株式処分対価に対して（300,000 + 150,000 − 360,000 = 90,000）の自己株式処分差益が発生し，その他資本剰余金で処理する。

《自己株式移転の仕訳》

Y社	（当座預金）	300,000	（自己株式）	360,000	
	（新株予約権）	150,000	（その他資本剰余金）	90,000	
			―自己株式処分差益―		
Z社	（その他有価証券）	500,000	（当座預金）	300,000	
			（その他有価証券）	200,000	

❹新株予約権の行使期限が終了した。未行使の新株予約権が1個ある。Y社は未行使の新株予約権の払込額を「新株予約権戻入益」（特別利益）とする。

Y社	（新株予約権）	50,000	（新株予約権戻入益）	50,000
Z社	（新株予約権未行使損）	50,000	（その他有価証券）	50,000

Y社　新株予約権

❷ 諸口	300,000	❶ 当座預金	500,000
❸ 諸口	150,000		
❹ 新株予約権戻入益	50,000		

Z社　その他有価証券

❶ 当座預金	500,000	❷ その他有価証券	300,000
❷ 諸口	900,000	❸ その他有価証券	200,000
❸ 諸口	500,000	❹ 新株予約権未行使損	50,000

■新株予約権付社債と会計処理

「新株予約権を付した社債」とは，負債と条件付持分の両方を併せ持った複合金融商品で，株式を買い取る権利のオプション料が含まれる。その権利が

放棄されると,発行会社はその部分を収益として戻し入れ,特別利益に計上する。それは純資産の部に計上する（金融商品会計基準,Ⅶ 複合金融商品,1–114）。これには転換社債型新株予約権付社債とその他の新株予約権付社債がある。発行会社は,新株予約権付の対価を受け取り,新株予約権付社債を発行する。現金預金などの払込があった場合,その新株予約権と払込金額とを引き換えに新株あるいは自己株式を発行する。「金銭払込」と「社債による代用払込」がある。

会計処理方法には「一括法」と「区分法」がある[9]。

一括法は,社債と新株予約権との代価部分を「新株予約権付社債」勘定で一括処理する方法である。区分法は,新株予約権付社債の発行に伴う払込金額又は取得原価を,社債の対価部分と新株予約権の対価部分を区分する方法である。

区分法による取引の会計処理例を以下に示す。

① 発行側Y社は×1年4月1日,新株予約権付社債を購入側Z社に対して発行し,全額の払込を受けて当座預金とした。発行条件は発行総額1,000,000円（10口）,発行価額は平価発行,新株予約権の払込金額は1個10,000円,付与割合は社債券1口100,000円につき1個の新株予約権証券を付す。行使価額は1株につき100円,株式の資本金組入額は会社法規定の最低限度,社債払込金額は,100,000 × 10口 × 100 ／ 100 = 1,000,000,新株予約権の払込金額は10,000 × 10個 = 100,000である。

Y社	（当座預金）	1,000,000	（社債）	1,000,000
	（当座預金）	100,000	（新株予約権）	100,000
Z社	（その他有価証券）	1,000,000	（当座預金）	1,000,000
	（その他有価証券）	100,000	（当座預金）	100,000

② Z社は×1年9月1日,新株予約権のうち5個の権利を行使して代金を払い込み,Y社は新株を発行した。新株発行の払込額は当座預金にした。払込額は,@100,000円 × 5個 = 500,000,新株予約権10,000円 × 5個 = 50,000である。

Y社	（当座預金）	500,000	（資本金）	275,000
	（新株予約権）	50,000	（資本準備金）	275,000
Z社	（その他有価証券）	550,000	（当座預金）	500,000
			（その他有価証券）	50,000

3 株主資本等変動計算書

1 株主資本等変動計算書の役割

　損益計算書に計上された当期純利益は，過年度から繰り越された利益と合算され，一部が配当として株主に分配されるが，残りは利益剰余金として内部留保され，次期以降の再投資に使われる。こうした株主資本額の変動状況を報告し，配当や自社株買いなど株主の利益配分を把握できるための財務諸表として，株主資本等変動計算書と「注記表」の作成が，2006年の会社法を施行する契機として規定された（企業会計基準第6号）。対象は株式会社，合同会社，社員資本等変動計算書を作成する合名会社と合資会社である。それはかつての利益処分計算書と連結剰余金計算書である。株式会社がいつでも配当することができ，株主持分が変動しやすいこと，さらに，その他有価証券評価差額のように貸借対照表の純資産に直入される項目が増加したこと等が規定作成の理由である。

　株主資本等変動計算書は，一会計期間における変動額のうち純資産の部の株主に帰属する株主資本の変動事由を報告し，各項目に「前期末残高」，「当期変動額」及び「当期末残高」を記載する。

　①前期末残高は前期末の貸借対照表の純資産の残高と，当期末残高は当期末の貸借対照表の純資産と一致する。②株主資本の各項目に対する当期変動額はその変動事由ごとに記載される。株主資本以外の各項目に対する当期変動額は原則，純額で記載される。この様式には純資産の項目を「横に並べる様式」と「縦に並べる様式」の二種類がある。「株主資本等変動計算書に関する会計基準」では横に並べる様式が原則である。一表に表示することが困難な場合，上下に二段に並べる方式が採用される。国際会計基準ではこれを「株主持分変動計算書」という。XBRL（eXtensible Business Reporting Language，2008年4月以降国際的に標準化されたコンピュータ言語）の導入に対応して，株主資本等変動計算書は縦に並べる様式に変更された（本章末参照）。

二段式

○▲商事株式会社　×1年4月1日から　×2年3月31日まで　　　（単位：百万円）

	株主資本									
		資本剰余金			利益剰余金				自己株式	株主資本合計
	資本金	資本準備金	その他資本剰余金	資本剰余金合計	利益準備金	その他利益剰余金		利益剰余金合計		
						別途積立金	繰越利益剰余金			
❶ 前期末残高	1,000	100	10	110	50	50	450	550	△10	1,650
❷ 当期変動額										
新株発行	100	100		100						200
剰余金の配当					10		△110			△100
別途積立金の積立						10	△10	—		—
別途積立金の取り崩し						△20	20	—		—
当期純利益							200	200		200
自己株式の取得									△40	△40
自己株式の処分			△5	△5					30	25
当期変動額合計	100	100	△5	95	10	△10	100		△10	285
❸ 期末残高	1,100	200	5	205	60	40	550	650	△20	1,935

	評価・換算差額等				純資産合計
	その他有価証券評価差額金	繰延ヘッジ損益	評価・換算差額等合計	新株予約権	
❶ 前期末残高	100	18	118	200	1,968
❷ 当期変動額					
新株発行					200
剰余金の配当					△100
別途積立金の積立					—
別途積立金の取り崩し					—
当期純利益					200
自己株式の取得					△40
自己株式の処分					25
株主資本以外の項目	20	6	26	10	25
当期変動額合計	20	6	26	10	321
❸ 当期末残高	120	24	144	210	2,289

2 注記表の作成

　財務諸表には，多くの注記（notes）が付されている。注記は，本体の財務諸表に追加される情報であり，本体の文書を説明する情報を提供する。注記事項は，金融商品取引法や会社法の規制から財務諸表を作成する場合には，それぞれ財務諸表等規則と会社計算規則において規定されている。その記載方法には，財務諸表別記載と一括記載があるが，一般には後者の方法が用いられている。財務諸表等規則は，第9条（注記の方法），会社計算規則は第98条に一括記載を規定する。

　会社計算規則によれば，継続企業の前提に関する注記をはじめ，重要な会計方針，会計方針の変更，表示方法の変更，会計上の見積りの変更，誤謬の訂正，貸借対照表等，損益計算書，株主資本等変動計算書（連結注記表では連結株主資本等変動計算書），税効果会計，リースにより使用する固定資産，金融商品，賃貸等不動産，持分法損益等，関連当事者との取引，1株当たり情報，重要な後発事象，連結配当規制適用会社，その他が規定されている。

補節　会計諸基準の説明　そのⅡ

1 退職給付会計基準

（1）退職給付制度と退職給付会計の意義

①退職給付制度

　わが国の年金制度は1961年4月から国民年金法が適用されて始まり，1985年の年金制度改正により基礎年金制度が導入されて現在に至る。日本の年金制度は下記に示すように3階建てとなっている。1階には20歳以上60歳未満の国民が加入する公的年金の国民年金（受給段階で老齢基礎年金という）がある。サラリーマンや公務員等は，老齢基礎年金に加えて2階の公的年金である老齢厚生年金や退職共済年金を受け取る。さらに3階に私的年金である企業年金の厚生年金基金，確定給付年金等，確定拠出年金（企業型と個人型），国民年金基金が

ある。サラリーマンの老後を保障する退職給付会計の対象は3階部分にあたる。

退職一時金	確定給付企業年金 確定拠出年金基金（企業型） 厚生年金基金			
			国民年金基金・個人型確定拠出金	
	厚生年金保険（受給時老齢厚生年金）	国家公務員共済	地方公務員共済	私立学校共済
国民年金（基礎年金，受給時には老齢基礎年金）				

　退職給付制度は「運用」という観点から基本的に確定拠出型年金（defined contribution, DC[10]）と確定給付型年金（defined benefit pension plan, DB）とに分類される。確定拠出型とは，毎年一定の掛金を外部に積み立て，事業主が退職給付に係る追加的な拠出義務を負わない退職給付制度をいう。従業員に掛金を約束するが，将来の給付額は従業員自身の運用成績で変化する。転職しても持ち運べるポータビリティに特徴がある。個人が運用する企業型Aと自営業の「個人型」がある。確定拠出年金（確定拠出年金法）と中小企業退職金共済（中小企業退職金共済法）が該当する。これに対して，確定給付型年金とは，確定拠出制度以外の退職給付制度をいう。2002年4月施行の「確定給付企業年金法」に基づき，企業が従業員に対して将来の給付を保証し，約束した保証利回りで年金資産を運用する制度である。企業は確定した給付額を従業員に支払うことを約束し，年金資産の運用を負担する。厚生年金基金（厚生年金基金法），確定給付企業年金（確定給付企業年金法），そして退職一時金制度（労働基準法）が該当する。

②退職給付会計の意義

　わが国の退職給付会計（accounting for retirement benefit）は，1998年6月，企業会計審議会が「退職給付会計に係る会計基準」（「同注解」）を公表し，2000年4月から実施された。2012年5月，新たに企業会計基準第26号（平成24年会計基準という）が公表された。退職給付会計は「退職一時金」と「企業年金」（pension plan）を対象にする。

　退職給付に関する包括的な会計基準がなかった時代，企業は外部に積み立てた年金拠出掛金を費用として計上し，企業内部に積み立てた退職一時金を従業員が全員退職した場合に必要な退職金総支給額の40％から100％を「退職給与引当金」として繰入計上してきた。こうした退職一時金や年金給付費用を

退職時に一括して費用処理することは適切ではなかった。現行の退職給付会計基準が導入されて，当期に発生した「退職給付債務」(projected benefit obligation, PBO という) が見積もられ，「退職給付費用」と「退職給付引当金」が計上されることになった。退職給付債務はまだ確定していなくとも将来支払う可能性が高く，その原因が当期以前に発生している負債である[11]。

さらに，IFRS が改定 IAS19 号「従業員給付」(2011 年 6 月) を公表して以来，わが国の退職給付会計に未認識債務の即時認識が 2014 年 3 月期から適用される。未認識債務とは年金の積立不足（退職給付債務−年金資産）から退職給付引当金を除外した部分であり，これまでオフバランスであった。2009 年 11 月時点で，退職給付債務 (76 兆 3,467 億円) −年金資産 (44 兆 8,227 億円) ＝退職給付引当金（財務諸表に反映済みが 18 兆 3,456 億円) ＋未認識債務 (13 兆 1,219 億円) と，退職給付積立不足は 31 兆円を超えた[12]。

③退職給付会計の考え方

退職給付会計の目的は，決算時点で貸借対照表において将来支払う「退職給付債務」を明らかにし，年金資産を評価し，その差額である退職給付引当金（個別会計）を表示し，同時に損益計算書において当期に発生した退職給付債務の増加した部分の退職給付費用（勤務費用と利息費用）と期待運用収益を計算することにある。退職給付引当金は下記に示すように，次の各種構成要素を合算した残高から算出される。

退職給付引当金

年金資産（期待運用収益）	
未認識差異・数理計算上の差異と過去勤務債務 （数理計算上の差異の費用処理） （過去勤務債務の費用処理）	退職給付債務 （勤務費用と利息費用）
退職給付引当金	未認識差異　数理計算上の差異　過去勤務債務

退職給付費用

勤務費用	期待運用収益
利息費用	数理計算上の差異の費用処理額（＋）
数理計算上の差異の費用処理額（−）	過去勤務債務の費用処理額（＋）
過去勤務債務の費用処理額（−）	退職給付費用

(2) 平成 24 年会計基準と基本用語

①平成 24 年会計基準

　平成 24 年会計基準・適用指針に基づき，第 34 項関係（未認識数理計算上の差異及び未認識過去勤務費用の処理方法と表示方法）が 2013 年 4 月 1 日以降開始する事業年度の年度末から適用された。第 35 項関係（第 34 項関係以外の事柄）は，2014 年 4 月 1 日以後に開始する事業年度の期首から適用される。

　平成 24 年会計基準の改正点 1 は名称変更である。個別会計の退職給付引当金を連結財務諸表では「退職給付に係る負債」という。前払年金費用を「退職給付に係る資産」，過去勤務債務を「過去勤務費用」，期待運用収益率を「長期期待運用収益率」と変更した。

　改正点 2 は，2014 年 3 月期以前に発生した「未認識項目」を，従来までの「退職給付引当金」に合算して，負債の部に「退職給付に係る負債」として計上する。新たに計上した未認識項目は税効果を調整した上で純資産の部の「その他包括利益累計額」の項目で「退職給付に係る調整額」として認識する。未認識項目がプラスであれば退職給付に係る調整累計額はマイナスとなり，純資産の減少の要因となる。この措置は当面連結財務諸表に限定される。

　改正点 3 は，❶退職給付見込額の期間帰属方法として期間定額基準と給付算定式方法の選択適用を認める。❷割引率は退職給付の見込支払日までの期間ごとに設定された「複数」のものを使用することを原則とし，給付が発生する期間ごとに将来のイールドカーブ（利回り曲線）を用いて割り引く。❸予想昇給率の設定方法を見直す。

　改正点 4 は長期期待運用収益率を明確化し，改正点 5 は開示の拡充，改正点 6 は複数事業主制度の取扱である。

②退職給付会計における基本用語

　退職給付債務とは，退職給付のうち認識時点に発生していると認められる部分を割り引いたものをいい，労働協約等に基づいて労働対価として支払われる賃金後払いである。

　年金資産とは，特定の退職給付制度において企業が従業員との契約等に基づき積み立てられる特定の資産をいう。年金資産は❶退職給付以外に使用がで

きない。❷事業主及び事業主の債権者から法的に分離されている。❸積立超過分を除き事業主への返還，事業主からの解約，目的外の払い出し等が禁止されている。❹事業主の資産と交換できない。

　勤務費用とは，1期間の労働対価として発生したと認められる退職給付をいう。

　利息費用とは，割引計算により算定された期首時点の退職給付債務について，期末までの時の経過により発生する計算上の利息をいう。

　期待運用収益とは，年金資産の運用により生じると合理的に期待される計算上の収益をいう。

　数理計算上の差異とは，年金資産の期待運用収益と実際の運用成果との差異，退職給付債務の数理計算に用いた見積数値と実績との差異，そして見積数値の変更等により発生した差異をいう。このうち当期純利益を構成する項目として費用処理されていないものを「未認識数理計算上の差異」という。

　過去勤務債務（過去勤務費用）とは，退職給付水準の改定等に起因して発生した退職給付債務の増加又は減少部分をいう。なお，このうち当期純利益を構成する項目として費用処理されていないものを「未認識過去勤務費用」という。

　退職給付費用とは，退職給付に係る損益項目で勤務費用，利息費用，期待運用収益，未認識の過去勤務債務の費用処理額，未認識の数理計算上の差異の費用処理額である。会計処理ではすべて退職給付費用という勘定科目を使う。

③退職給付会計の計算
■退職給付債務の計算

　退職給付債務は，退職により見込まれる退職給付の総額のうち期末までに発生していると認められる見込額を割り引いて計算する（16項）。原則として個々の従業員ごとに計算をする。ただし，勤続年数，残存勤務期間，退職給付見込額について標準的な数値を用いて加重平均等により合理的な計算ができると認められる場合には当該合理的な計算方法を用いることができる（平成24年会計基準，注3）。

■勤務費用の計算

　勤務費用は，退職給付見込額のうち当期に発生したと認められる額を割り引

いて計算する（17項）。従業員からの拠出がある企業年金制度を採用している場合には，勤務費用の計算にあたり，従業員からの拠出額を勤務費用から差し引く（注4）。

■退職給付見込額の見積

退職給付見込額は，合理的に見込まれる退職給付の変動要因を考慮して見積もる。退職給付見込額の見積において合理的に見込まれる退職給付の変動要因には，予想される昇級等に含まれる（注5）。

■退職給付見込額の期間帰属

退職給付見込額のうち期末までに発生したと認められる額は「期間定額基準」と「給付算定式基準」の選択適用となる。いったん採用した方法は，原則として，継続して適用しなければならない（19項）。前者は各期の発生額が定額であると仮定する。後者は，給与などに応じて各勤務期間に帰属させた給付に基づいて見積もった額を退職給付見込額の各期の見込額とする。この方法では勤務期間の後期における給付算定式に従った給付が初期よりも著しく高い水準となるときには，当該期間の給付が均等に生じるとみなして補正した給付算定式に従わなければならない。

■退職給付債務の計算における割引率

割引率は，安全性の高い債権の利回りを基礎として決定する（20項）。割引率の基礎とする安全性の高い債券の利回りとは，期末における国債，政府機関債及び優良社債の利回りをいう（注6）。

■利息費用

これは期首の退職給付債務に割引率を乗じて計算する（21項）。

■年金資産の額

これは期末における評価（公正な評価額）により計算する（22項）。

■期待運用収益

これは期首の年金資産の額に合理的に期待される長期期待運用収益率を乗じて計算する（23項）。

■数理計算上の差異

この差異は，原則として各期の発生額について，予想される退職時から現在までの平均的な期間（以下「平均残存勤務期間」という）以内の一定の年数で按分

した額を毎期費用処理する（24項）。また，当期に発生した未認識数理計算上の差異は，税効果を調整の上，その他の包括利益を通じて純資産の部に計上する。数理計算上の差異については，未認識数理計算上の差異の残高の一定割合を費用処理する方法によることができる。数理計算上の差異については，当期の発生額を翌期から費用処理する方法を用いることができる（注7）。割引等の計算基礎に重要な変動が生じていない場合にはこれを直さないこともできる（注8）。

■過去勤務費用

過去勤務費用とは，原則として各期の発生額について平均残存勤務期間以内の一定の年数で按分した額を毎期費用処理する。また，当期に発生した未認識過去勤務費用は税効果を調整の上，その他の包括利益を通じて純資産の部に計上する（25項）。過去勤務費用は未認識過去勤務費用の残高の一定割合を費用処理する方法によることができる。この場合の一定割合は，過去勤務費用発生額が平均残存勤務期間内に概ね費用処理される割合としなければならない（注9）。退職従業員に係る過去勤務費用は他の過去勤務費用と区分して発生時に全額を費用処理することができる（注10）。

④確定給付制度における開示

積立状況を示す額が負債となる場合は「退職給付に係る負債」等の適当な科目をもって固定負債に計上し，資産となる場合は，退職給付に係る資産等の適当な科目をもって固定資産に計上する。未認識数理計算上の差異及び未認識過去勤務費用については，税効果を調整の上，純資産の部におけるその他の包括利益累計額に「退職給付に係る調整累計額」等の科目をもって計上する（27項）。

退職給付費用については，原則として売上原価又は販売費及び一般管理費に計上する。ただし，新たに退職給付制度を採用したとき又は給付水準の重要な改定を行ったときに発生する過去勤務費用を発生時に全額費用処理する場合などにおいて，その金額が重要であると認められるときには，当該金額を特別損益として計上することができる（28項）。

当期に発生した未認識数理計算上の差異及び未認識過去勤務費用並びに当期

に費用処理された組み換え調整額については，その他の包括利益に「退職給付に係る調整額」等の適当な科目をもって，一括して計上する（29項）。

注記事項

　確定給付制度に係る連結財務諸表及び個別財務諸表において注記する。連結財務諸表において注記している場合には個別財務諸表において記載することを要しない（30項）。

（3）退職給付会計の計算例

①退職一時金（非積立型制度）の退職給付債務計算

　例えば，従業員Aが入社し4年間だけ働いて退職する。Aが4年後に受け取る退職一時金（退職給付見込額）を1,000（単位：万円）と見積もると，入社して1年後，期間定額基準による退職給付見込額は$1,000 \times (1 / 4) = 250$と計算される。この退職給付債務は，入社後の1年間の労働を提供した結果であるが，1年後の期末（次期の期首）で支給する退職金要支給額は，割引率を10％と仮定すると，割引現在価値$250 \div (1 + 10\%)^3 = 188$が計算される。企業は入社1年後の見込額に188を用意する必要がある。

$$退職給付債務 = 退職見込額のうち当期の発生額 \times \frac{1}{(1+割引率)^{残存勤務時間}}$$

　実際に退職給付見込額には退職率，昇給率，死亡率，一時金選択率の基礎数値が考慮される。割引率は期末時点のものを使用する[13]。例えば，従業員Aの退職給付見込額は下記を条件とすると，合計は660となる[14]。

（単位：万円）

勤務年数	1年目	2年目	3年目	4年目
給与	40	60	80	100
支給倍率	1	2	5	10
退職一時金	40	120	400	1,000
退職率	20％	10％	10％	60％
退職給付見込額	8	12	40	600

　さて，簡略化のために退職率が4年後に100％の確率で発生すると仮定する

と，期間定額基準と給付算定式基準による退職給付見込額と退職給付債務の計算は下記となる。

■期間定額基準の退職給付見込額

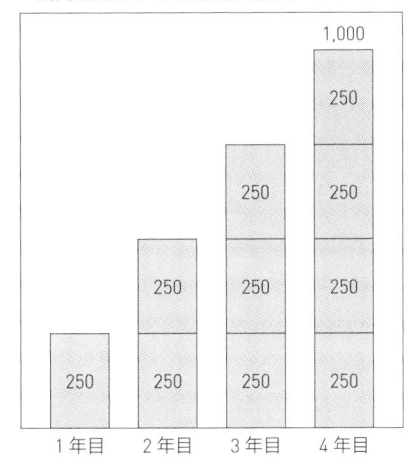

	1年目	2年目	3年目	4年目
	250	250	250	250
		250	250	250
			250	250
				250
計	250	500	750	1,000

■給付算定式基準の退職給付見込額　支給倍率（1, 2, 5, 10）

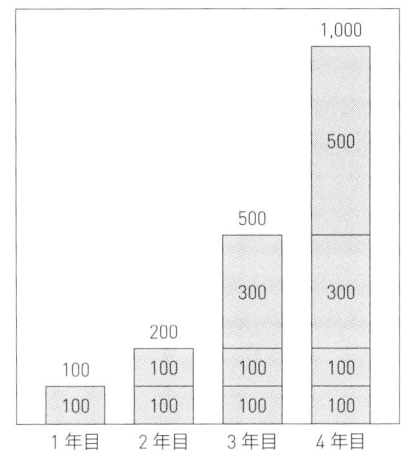

	1年目	2年目	3年目	4年目
	100	100	100	100
		100	100	100
			300	300
				500
計	100	200	500	1,000

■期間定額基準の退職給付債務

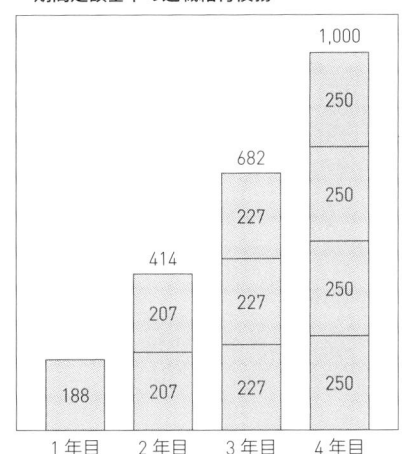

	1年目	2年目	3年目	4年目
	188	207	227	250
		207	227	250
			227	250
				250
計	188	414	682	1,000

1年目　$250 \times (1/1+0.1)^3 = 188$
2年目　$500 \div (1+0.1)^2 = 414$
3年目　$750 \div (1+0.1) = 682$

■給付算定式基準の退職給付債務

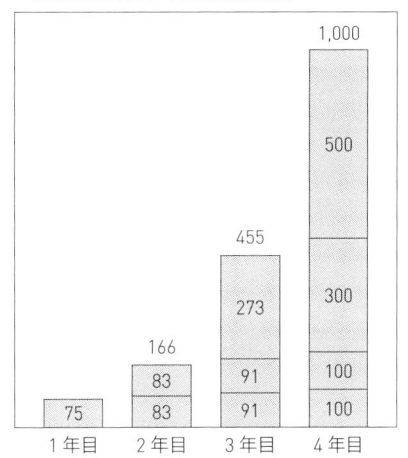

	1年目	2年目	3年目	4年目
	75	83	91	100
		83	91	100
			273	300
				500
計	75	166	455	1,000

1年目　$100 \times (1/1+0.1)^3 = 75$
2年目　$100 \div (1+0.1)^2 = 83$
　　　$100 \div (1+0.1)^2 = 83$
3年目　$100 \div (1+0.1) = 91$
　　　$100 \div (1+0.1) = 91$
　　　$300 \div (1+0.1) = 273$

■退職給付費用の計算

例えば、従業員Aは4年間勤務し下記のように退職一時金(非積立型制度)を受け取る[15]。期間定額基準による退職給付見込額は各年250万円、これらの金額から退職給付債務と退職給付費用(勤務費用と利息費用)を計算する。割引率2%と仮定する。

(単位:万円)

	勤務費用	利息費用	退職給付債務
1年目	236	0	$250 \times 1 / (1+0.02)^3 = 236$
2年目	239.28	4.72	$500 \times 1 / (1+0.02)^2 = 480$
3年目	245.4	9.6	$750 \times 1 / 0.02 = 735$
4年目	250.3	14.7	1,000
合計	970.98	29.02	―

1年目の退職給付債務は $250 \times 1 / (1+0.02)^3 = 236$、期首時点の退職給付債務はゼロであるから利息費用は発生しない。勤務費用は退職給付債務236 −利息費用0 = 236。2年目の退職給付債務は480、退職給付費用は (480 − 236 = 244)、利息費用 (236 × 0.02 = 4.72)、勤務費用は (244 − 4.72 = 239.28) である。3年目の退職給付債務は735、増加額の退職給付費用 (735 − 480 = 255)、利息費用 = 480 × 0.02 = 9.6、勤務費用 (255 − 9.6 = 245.4)。4年目退職給付債務1,000、増加額 (1,000 − 735 = 265)、利息費用 = 735 × 0.02 = 14.7、勤務費用 (265 − 14.7 = 250.03) である。勤務費用合計970.98と利息費用29.02の合計は退職給付見込額1,000と一致する。

■給付算定式基準

退職給付見込額は1年目100、2年目200、3年目500、4年目1,000、割引率を2%と仮定すると、退職給付債務と退職給付費用(勤務費用と利息費用)は次の計算となる。

(単位:万円)

	勤務費用	利息費用	退職給付債務
1年目	94	0	$100 \times 1 / (1+0.02)^3 = 94$
2年目	192.12	1.88	$300 \times 1 / (1+0.02)^2 = 288$
3年目	294.24	5.76	$600 \times 1 / 0.02 = 588$
4年目	400.4	11.6	1,000
合計	980.76	19.24	―

②積立型制度の計算──年金資産を考慮に入れる

　確定給付制度（積立型）においては，年金資産は，毎期末に公正な評価額によって測定される。会社は年金の積み立てとして，外部の信託銀行等に現金を支払う。信託銀行等はそれを国債や株式等に運用し，時期をみて退職した従業員等に退職一時金や年金として支払う。年金資産の運用から得られる期待運用収益は期待運用収益率を乗じて計算されるが，この計算から年金の掛金が決まる。

■掛金の計算

　例えば，Y社は4年後に給付される企業年金に備えて年金資産1,000万円を準備する。この場合の期待運用収益率を5％と仮定すると，毎期掛金は，確定給付額1,000と運用収益との差額を計算し，毎期の割当額を平準化する。第1年目の掛金計算は総額 $1,000 \div 4$ 年 $= 250$（毎期）の割引現在価値 $250 \div (1 + 0.05)^3 = 216$，2年目 $250 \times (1 + 0.05)^2 = 226$，3年目 $250 \div (1 + 0.05) = 238$，4年目250，掛金合計額は930となる。この金額を4年間に均等配分（$930 \div 4 = 232.5$）すると，4年後の年金資産は1,000となる。

年金資産の運用　　　　　　　　　　　　（単位：万円）

	1年目の拠出額	2年目	3年目	4年目	合計
1年目	232				232
2年目	244（232×0.05）	232			476
3年目	256（232×$(1+0.05)^2$）	244	232		732
4年目	268（232×$(1+0.05)^3$）	256	244	232	1,000

　この資産運用額1,000と掛金合計930との差額70が期待運用収益である。また，下記のように運用損が出た場合，4年目に232を上回る372を拠出しなければならない。

年金資産残高の内訳　　　　　　　　　　（単位：万円）

	1年目拠出	2年目	3年目	4年目	合計
1年目	232				232
2年目	220（232−232×▲0.05）	232			452
3年目	209（220−220×▲0.05）	220	232		661
4年目	199（209−209×▲0.05）	209	220	372	1,000

このような期待と実績との差額（▲140 = 232 − 372）が年金資産の「数理計算上の差異」となる。

③数理計算上の差異と遅延認識

　退職給付債務を計算する際に「あらかじめ定めた基礎率」と「実際に発生した数値」との差異に数理計算上の差異が発生する。発生した数理計算上の差異を発生した期の損益計算書で費用処理しないで，その後に認識することを遅延認識（未認識）という。

■年金資産から生じる数理計算上の差異

　年金資産の予想変動額である期待運用収益は期首の計算基礎に基づいて算定される。期末の年金資産は時価で観察される。

　例えば，下記のように，Y社は期首に年金資産1,000万円を拠出し，その長期期待運用収益率を10％と推測した。期待運用収益は1,000 × 10％ = 100，期末の予測残高（1,000 × 1.1 = 1,100）である。しかし，期末の実際残高は800であると，期末予想残高1,100の差額▲300は数理計算上の差異となる。

（単位：万円）

期首年金資産額	期待運用収益	期末予想高	数理計算上の差異	期末実際残高
1,000	100	1,100	300	800

■退職給付債務から生じる退職給付費用の数理計算上の差異[16)]

　例えば，下記のように，Y社の期首退職給付債務が1,200万円であった。期首の計算の基礎に基づく退職給付債務の予想変動額が200であった。だが，期末の実際残高は1,500であった。さらに，見積数値の変更（割引率）から，期末実際残高は1,700であった。この場合に数理計算上の差異には二つが存在する。

（単位：万円）

期首退職給付債務	期末退職給付費用	期末予想高	数理計算上の差異	期末実際残高	数理計算上の差異	期末実際残高
1,200	200	1,400	100	1,500	200	1,700
	期首の計算の基礎			期首の計算の基礎		期末の計算の基礎

　退職給付債務の予測変動額200は当期の退職給付費用（勤務費用と利息費用）

である。期末の実際変動額 1,700 が期末予測高 1,400 を超える変動部分 300 は「数理計算上の差異」である。この数理計算上の差異は 100 と 200 からなる。平成 24 年基準ではこの部分 300 が当期費用として認識される。

（4）退職給付会計処理
① 会計処理のプロセス
■期首
　期首の時点では，データと基礎率に基づき期首退職給付債務と当期における退職給付費用の当期分を予測する。仕訳は行われない。
■期中
　期首で計算した退職給付費用（予測値）を計上する。退職給付費用には勤務費用，利息費用，そして期待運用収益（マイナス要素）が含まれる。
■期末
　期末（翌期首）の退職給付債務を計算する。この計算結果と予測要素との乖離が数理計算上の差異となる。これは遅延認識されて翌期の退職給付費用を構成する。この差異は発生年度ごとに管理する。
　貸借対照表において退職給付に係る負債を計上する場合，個々の取引は退職給付引当金を中心にして会計処理が行われる。これは退職給付債務そのものではなく，各種の構成要素を合算した差額として計算される。
　例えば，Y 社の前期末の退職給付引当金は，下記のように退職給付債務が 5,000 万円，年期資産 1,000 万円であった。

❶期中，従業員 A に退職金一時金 500 万円を現金で支払った。

退職給付引当金　　　　　　　　　　　　（単位：万円）

期首 年金資産	1,000	期首 退職給付債務	5,000
❶ 現金	500	❷ 退職給付引当金	100
❷ 退職給付引当金	100	❹ 勤務費用	130
❸ 現金（掛金）	150	❺ 利息費用	10
❻ 期待運用収益	30		

❷期中に年金資産から年金 100 万円が支払われた。年金の支払による退職給付債務の減少と支払った分の年金資産の減少が起きる。結果として退職給

付引当金は変化しない。

　　　　　　　　　　（退職給付引当金）　100　　（退職給付引当金）　100

❸ 期中に掛金150万円を拠出した。年金資産の増加→退職給付引当金の減少

　　　　　　　　　　（退職給付引当金）　150　　（現　金）　　　　　150

❹ 期中に勤務費用130万円が発生した。→退職給付引当金の増加

　　　　　　　　　　（退職給付費用）　　130　　（退職給付引当金）　130

❺ 期中に利息費用10万円が発生した。→退職給付費用と退職給付引当金が増加する。

　　　　　　　　　　（退職給付費用）　　 10　　（退職給付引当金）　 10

❺ 期中に期待運用収益30万円が発生した結果，年金資産が増加し，退職給付引当金が減少する。

　　　　　　　　　　（退職給付引当金）　 30　　（退職給付費用）　　 30

■期末——数理計算上の差異（未認識処理）

　数理計算上の差異が発生すると，退職給付債務が増加するが，発生する未認識数理計算上の差異が会計処理されないので退職給付引当金に変化はない。

退職給付引当金

年金資産	退職給付債務
未認識数理計算上の差異が発生	数理計算上の差異が発生し，退職給付債務が増加

　（仕訳）　　　　　不要

■未認識項目の償却

　しかし，遅延認識が認められていることから，数理計算上の差異はその発生期の翌期から償却ができる。例えば，Y社には期末に未認識項目50万円が発生した。

□償却前

退職給付引当金　　　　　　　　　　　　（単位：万円）

年金資産	退職給付債務
退職給付引当金 {	
未認識数理計算上の差異　50	

□Y社は，翌期末に未認識項目の一部10万円を償却した。

退職給付引当金　　　　　　　　　　（単位：万円）

年金資産		退職給付債務	
退職給付引当金			
未認識数理計算上の差異を認識した部分の増加	10		
未認識数理計算上の差異	40		

（仕訳）　　（退職給付費用）　10　（退職給付引当金）　10

② 確定給付型から他の確定給付型への移行
■移行前の退職給付に係る負債（退職一時金制度）は以下の通りである。

退職給付引当金　　　　　　　　　　（単位：万円）

未認識差異	50	退職給付債務	170
退職給付引当金	120		

■移行後

　退職一時金制度の半分を他の確定給付型に移行し，過去勤務債務30万円が発生したと仮定する。退職給付債務と未認識項目が一時金制度と年金制度に分けられる。退職給付引当金に増減はない。過去勤務債務が遅延認識であれば将来に影響するが，移行時の仕訳は不要である。

退職給付引当金　　　　　　　　　　（単位：万円）

未認識差異－一時金	25	退職給付債務	
年金	25	一時金	85
退職給付引当金	120	年金	85
移行による未認識過去勤務年金	30	過去勤務債務が発生	
		退職給付債務が増加	30

　また，確定給付型から確定拠出型への移行する場合には，終了損益が発生する[17]。例えば，Y社の移行前の状態は次の通りである。

退職給付引当金 （単位：万円）

未認識差異	50	退職給付債務	170
退職給付引当金	120		

　退職一時金制度の半分が確定拠出型に移行し，移行部分 85 万円に対応して支払 80 万円が生じるものとする。退職給付債務 85 万円が減少し，未認識項目 25 万円が減少し終了損益（85 − 25 = 60）を構成する。支払 80 も終了損益を構成する。

（退職給付引当金）	60	（終了損益）	60
（終了損益）	80	（現金）	80

移行後の退職給付引当金 （単位：万円）

未認識差異（一時金）	25	退職給付債務 一時金	85
退職給付引当金	60		
未認識差異　年金	25	退職給付債務 年金	85
終了損益	60		

③簡便法

　こうした上記の原則法は，小規模会社にとってはコスト負担が大きく，期首，期中，期末の処理が複雑になる。それに対して一定の条件を満たした小規模会社（原則として従業員が 300 人未満の会社）は「簡便法」を採用する。

　退職一時金制度の簡便法による計算方法には次の三つがある。
❶比較指数方式＝期末自己都合要支給額×比較指数
❷係数方式＝期末自己都合要支給額×割引率係数
❸期末自己都合要支給額方式

　これら計算式に共通する自己都合とは，期末時点で全従業員が自己都合で退職した場合に支払われる退職金のことである。すべての従業員が会社都合ではなく，自己都合で退職すると仮定する。❶では原則法で計算し，同じ時点の自己都合要支給額との比率である比較指数を計算し，その後これを用いて計算する方式。❷では平均残存勤務期間に対応する割引率と昇給率の係数を自己

都合要支給額に乗じて計算する。❸が多く採用される方法である。

簡便法には遅延認識の概念がなく，未認識数理計算上の差異や未認識過去勤務差異が存在しない。見積を行わないために割引率や期待運用収益率は不要である。一時金制度の退職給付費用は，期末の実際額と期首との差に年金資産への掛金等を期中における会社からの支払額を加えた額が当期の費用となる。

（5）平成24年基準の連結財務諸表の扱い方

改正のポイントは，損益計算書の数理計算上の差異の遅延認識を優先してオフバランス化した部分を貸借対照表で即時に認識することにある。

①未認識項目の認識

改正前，数理計算上の差異を貸借対照表に即時認識することを諦めて，損益数値のズレを回避するため損益計算書を重視した。しかし，今回の改正は損益計算書の遅延認識を維持しながらも，貸借対照表への即時認識を実現する方法を選択した。数理計算上の差異を積立不足として負債計上する措置である。未認識項目の認識は，連結財務諸表において2014年3月期の年度末から適用される。いままでの未認識項目は，「退職給付に係る調整額」という名称で連結包括利益計算書の「その他の包括利益」に計上される。連結上の未認識数理計算上の差異の残高は「退職給付に係る調整累計額」として貸借対照表の純資産の部に計上される[18]。

例えば，P社の当期退職給付債務は実際には1,000万円増加した。これまで600万円を退職給付に係る負債として費用計上し，400万円を未認識数理計算上の差異で処理していたが，この部分を簿外処理しないで包括利益として連結包括利益計算書に計上する。

退職給付に係る負債 （単位：万円）

年金資産	2,000	退職給付債務	3,000
退職給付に係る負債	600		
未認識数理計算上の差異	400	その他包括利益として計上	

この結果，包括利益計算書には，この部分400を遅延認識することができ，

貸借対照表の退職給付に係る負債は，退職給付債務3,000 －年金資産2,000 ＝積立不足額1,000として即時認識する。この部分は包括利益計算書には「退職給付に係る調整額」(その他包括利益)として処理されることになり，法人税実効税率を35%とすると，400 × 35% ＝ 140 の計算となる。

      (退職給付に係る調整額) 400 (退職給付に係る負債) 400
      (繰延税金資産)   140 (退職給付に係る調整額) 140

② 組替調整

　これまで未認識数理計算上の差異は，従業員の平均残存勤務期間内の一定年数で償却されて費用化されてきたが，包括利益計算書の導入により「組替調整」を行う必要がある。例えば，上記の計算例を使うと，当期の退職給付に係る調整額（その他の包括利益）400万円を平均残存勤務期間10年（定額法）で償却する。退職給付に係る調整額から損益計算書の退職給付費用に組み替え調整する。

- その他の包括利益の取消
     (退職給付に係る負債) 40 (退職給付に係る調整額) 40
- 償却に伴う損益計上
     (退職給付費用)   40 (退職給付に係る負債) 40
- まとめ   (退職給付費用)   40 (退職給付に係る調整額) 40

③ 税効果会計の影響

　数理計算上の差異をその他の包括利益で認識する場合に税効果会計を適用する。退職給付に係る負債が，未認識数理計算上の差異の部だけ増減する結果，将来一時差異も増減することになる。例えば，上記取引を例にして退職給付費用に関連した税効果会計（実効税率35%）の仕訳をする。

- その他の包括利益計上の取り消し 400 × 35% × 1 ／ 10 ＝ 14
     (退職給付に係る調整額) 14 (繰延税金資産)   14
- 償却に伴う損益計上
     (繰延税金資産)   14 (法人税等調整額・収益) 14

- まとめ 　　　　　　（退職給付に係る調整額）14　　（法人税等調整額）　　14

④確定拠出制度の会計処理と開示

　この制度は確定給付制度以外のものをいう。この制度では掛金の要拠出額をもって費用処理をする。

　　　　　　　　　　　　　（退職給付費用）　　××　　（現金預金）　　　　××

　費用は退職給付費用に含めて計上し確定拠出制度に係る退職給付費用として注記する。当該制度に基づく要拠出額をもって費用処理するため「未払金」として計上する。複数事業主制度の会計処理では，確定給付制度の会計処理を行う場合と確定拠出制度に準じた会計処理を行う場合とに分けられる。

（6）退職給付会計の表記と注記

　金融商品取引法における退職給付の開示（会計方針と注記）は，重要な引当金の計上の欄に，退職給付引当金を記載する必要がある。財務諸表提出会社が連結財務諸表を作成している場合には，個別財務諸表にはその記載が不要となる。

①貸借対照表の開示

　確定給付制度（平成24年改正会計基準第27～30項）により，積立状況を示す額が負債となる場合には固定負債の「退職給付に係る負債」として計上し，資産となる場合には，固定資産の「退職給付に係る資産」として計上する。未認識数理計算上の差異及び未認識過去勤務費用については，税効果を調整して，純資産の部におけるその他の包括利益累計額に，「退職給付に係る調整累計額」等の科目で表示する。個別財務諸表では，未認識数理計算上の差異と未認識過去勤務費用の残高はこれまでのように退職給付引当金と前払年金費用となる。

②損益計算書の表示

　損益計算書の退職給付費用の表示方法は変わらないが，過去勤務費用の特別損益への表示変更がある。連結損益計算書も基本的には同じ表示となる。

退職給付引当金と退職給付費用

項目	表示科目	表示区分
勤務費用・利息費用・期待運用収益	退職給付費用	売上原価あるいは販売費及一般管理費として一括表示
数理計算上の差異の費用処理額 過去勤務債務の費用処理額 会計基準変更時差異の費用処理額		製造業に関係する製造原価

③連結包括利益計算書の表示

　その他の包括利益には，当期に発生した未認識数理計算上の差異と未認識過去勤務費用並びに当期に費用処理された組み替え調整額については，税効果を調整して，その他の包括利益に「退職給付に係る調整額」として一括計上する。

④注記

　確定給付制度（連結及び個別）平成 24 年改正会計基準第 30 項によると，以下の点である。

　❶退職給付の会計処理基準に関する事項，❷企業が採用する退職給付制度の概要，❸退職給付債務の期首残高と期末残高の調整表，❹年金資産の期首残高と期末残高の調整表，❺退職給付債務及び年金資産と貸借対照表に計上された退職給付に係る負債及び資産の調整表，❻退職給付に関連する損益，❼その他の包括利益に計上された数理計算上の差異及び過去勤務費用の内訳（連結のみ），❽未認識数理計算の差異及び未認識過去勤務費用の内訳（連結のみ），❾年金資産に関する事項，❿数理計算上の計算基礎に関する事項。⓫その他の事項。

2 ストック・オプションの会計

（1）ストック・オプションの意義

　ストック・オプションとは，新株予約権の一つで従業員等が一定期間内にあらかじめ決められた価格で自社株を購入できる権利である。その特徴は会社が

その財産を流出することなく従業員等の勤労意欲や業績向上のインセンティブを高めることができる点にある。場合によっては，報酬を手にした人材が流出するモラール低下ともなる。企業会計基準第8号「ストック・オプション等に関する会計基準」(2005年12月)と適用指針第11号「ストック・オプション等会計基準の適用指針」に基づくと，ストック・オプション会計は，隠れた人件費を明らかにし財務諸表の信頼性を高める目的がある。その会計処理は，企業会計基準第1号「自己株式及び準備金の額の減少等に関する会計基準」第9項，第10項及び第11項（改正）により行われる。

(2) ストック・オプションの会計処理

ストック・オプション取引の会計処理は，以下のプロセスをたどる。

❶付与日　決算日　❷権利確定日　権利行使日　❸失効
対象勤務時間　　　権利行使期間

①権利確定日以前の付与日の会計処理

　付与日とは募集新株予約権の割当日をいう。従業員等から取得するサービスは，ストック・オプションの付与に応じて株式報酬費用として計上する。ストック・オプションの金額は公正な評価額で算定され，その権利の行使又は失効が確定するまでの間，純資産の部に新株予約権として計上される。

> 株式報酬費用＝付与日のストック・オプションの公正な評価単価×権利が確定すると見込まれるストック・オプション数

　公正な評価単価とは，市場価格に基づく価値で1単位の公正価値をいう。ストック・オプションは譲渡が禁止されているため市場価格がなく，公正価値の決定にはブラック・ショールズ・モデルや二項モデル（binomial model）の技法が用いられる[19]。未公開企業は，公正な評価単価に代えて単位当たりの本源的価値（付与日における自社株式の評価額と行使価格との差額）を利用する。ストック・オプション数に大きな変動が発生した場合にはそれを上記の式に反映させる。変動による影響は見直した会計期間の損益に計上される。権利確定日にはストック・オプション数を実際の権利確定数と一致させる必要がある。確定し

た株式報酬費用総額は，条件変更が行われない限り再計算されることはない。

決算日　　　　　　　（株式報酬費用）　　××　　（新株予約権）　　××

ストック・オプションの評価は業績条件（一定の業績達成又は不達成に基づく条件であり達成時期を会社が見積もる）と株価条件（株価が一定金額を超える時期）から行われる。

② 権利確定日以後の会計処理

　ストック・オプションの権利が行使されて新株を発行した場合，新株予約権として計上した額のうち当該権利行使に対応する部分を「払込資本」に振り替える。これにより株式報酬費用額が確定する。権利確定条件が複数ある場合，当該条件を満たした日が権利確定日となる。なお，新株予約権の行使に伴い，当該企業が自己株式を処分した場合には，自己株式の取得原価と，新株予約権の帳簿価額及び権利行使に伴う振込金額の合計額との差額は自己株式処分差額となる。

③ 権利不行使による失効

　権利行使が失効した結果，新株予約権の計上に伴う純資産の増加は株主との直接的な資本取引でない限り，特別利益に計上した上で株主資本に算入する。

　例えば，Y社は×3年6月の株主総会において従業員75名に対して次の条件でストック・オプション（新株予約権）を付与することを決議し，×3年7月1日に付与した[20]。

　❶ストック・オプション数：従業員1名あたり160個（合計12,000個），一部行使はできない。❷ストック・オプションの行使に与えられる株式数12,000株，❸行使時の払込金額は1株あたり75,000円，❹権利確定日は×5年6月末日，❺ストック・オプションの行使期間は×5年7月1日から×7年6月末日までの24カ月，❻ストック・オプションは他に譲渡できない。❼付与日におけるストック・オプションの公正な評価単価は8,000円／個，❽×3年6月のストック・オプション付与時点において×5年6月末までに7名の退職による失効を見込む。❾×5年6月末までに実際に退職したのは5名。❿年度ごとのストック・オプション数の実績は下記である。

	未行使数残	執行分累計	行使分累計	摘要
付与時	12,000	—		
×4年3月	11,840	160	—	退職者1名
×5年3月	11,520	480	—	退職者2名
×6年3月	8,000	800	3,200	5年/4月〜6月 退職者2名, 行使20名
×7年3月	4,000	800	7,200	行使25名
×8年3月	—	1,120	10,880	行使23名, 失効2名

❶新株予約権が行使されて新株を発行する場合、権利行使に伴う払込金額及び行使された新株予約権の金額の合計額を資本金に計上する。

(1) ×4年3月期の人件費：8,000円／個×160個／名×(75－7)×9／24＝32,640,000、期末時点で将来の失効見込みを修正する必要がないと想定。

　　　　　　　　　(株式報酬費用)32,640,000　　(新株予約権)32,640,000

(2) ×5年3月期の人件費：8,000円／個×160個／名×(75－6)×21／24－32,640,000＝44,640,000、期末時点で将来の累計失効見込みを6名に修正。対象勤務期間のうち×5年3月期末までの期間21カ月（3年7月から×5年3月）

　　　　　　　　　(株式報酬費用)44,640,000　　(新株予約権)44,640,000

(3) ×6年3月期の人件費：8,000円／個×160個／名×(75－5)×24／24－(32,640,000＋44,640,000)＝12,320,000

　　　　　　　　　(株式報酬費用)12,320,000　　(新株予約権)12,320,000

(4) ストック・オプションの行使（新株を発行）

払込金額75,000円／株×160個／名×20＝240,000,000、行使されたストック・オプション金額8,000円／個×160個／名×20＝25,600,000

　　　　　　　　　(現金預金)　240,000,000　　(資本金)　265,600,000
　　　　　　　　　(新株予約権)25,600,000

(5) ストック・オプションの行使（自己株式を処分する）

A社が処分する自己株式の取得原価は1株当たり70,000円であった。払込金額75,000円／株×160個／名×20＝240,000,000、処分した自己株式の取得原価70,000円／株／個×160個／名×20＝224,000,000、ス

トック・オプション金額 8,000 円 × 160 個／名 × 20 名 = 25,600,000
  （現金預金）240,000,000　（自己株式）224,000,000
  （新株予約権）25,600,000　（自己株式処分差益）41,600,000

(6) ×7年3月期 ストック・オプションの行使→A社は新株を発行
  払込金額 75,000 円／株 × 160 株／名 × 25 名 = 300,000,000，行使されたストック・オプション金額 8,000 円／個 × 160 個/名 × 25 = 32,000,000
  （現金預金）300,000,000　（資本金）332,000,000
  （新株予約権）32,000,000

(7) ×8年3月期 ストック・オプションの行使→A社は新株を発行
  払込金額 75,000 円／株 × 160 株／名 × 23 名 = 276,000,000，行使されたストック・オプション金額 8,000 円／個 × 160 個／名 × 23 = 29,440,000
  （現金預金）276,000,000　（資本金）305,440,000
  （新株予約権）29,440,000

  権利行使期間満了による新株予約権の失効は新株予約権戻入益として利益に計上する。8,000 円／個 × 160 個／名 × 2 = 2,560,000 円
  （新株予約権）2,560,000　（新株予約権戻入益）2,560,000

(3) ストック・オプションに係る条件変更の会計処理
　条件変更の会計処理とは付与したストック・オプションに係る条件を事後的に変更し公正な評価単位，数又は合理的な費用の計上期間のいずれか一つ以上を意図して変動させる。

3 資産除去債務の会計

(1) 資産除去債務の意義
　資産除去債務に関する会計基準は，2008 年 3 月から適用された。「資産除去債務とは，有形固定資産の取得，建設，開発又は通常の使用によって生じ，当該有形固定資産の除去に関して法令又は契約で要求される法律上の義務及びそれに準ずるものをいう。法律上の義務及びそれに準ずるものには，有形固定資産を除去する義務の他，有形固定資産の除去そのものは義務でなくとも，有形

固定資産を除去する際に当該有形固定資産に使用されている有害物質等を法律等の要求による特別の方法で除去する義務も含まれる」(企業会計基準第18号)。その除去債務には，法的債務と契約債務がある。法的債務には，環境関連法令規定事項(石綿障害予防規則等のアスベスト除去債務)，PCB(ポリ塩化ビフェニル)の特別措置法，土地汚染対策法，各地方自治体条例における調査浄化義務がある。契約債務には，民事契約規定の原状回復の義務(建屋解体費，建屋修繕費，土地汚染浄化費)がある。建設仮勘定，リース資産，投資その他の資産に分類される投資不動産も含まれるが，通常の使用とはいえない操業の原因によるものは対象とならない。

(2) 資産除去債務の会計処理

　有形固定資産の除去とは，取り除き廃棄するという意味である。会計処理の特徴は負債額を計上するとともに同額を有形固定資産の取得原価に反映させる「資産負債の両建処理」にある。

　例えば，Y社は×1年4月1日，設備Aを取得した。当該設備の取得原価は10,000円，耐用年数5年。将来，Y社は当該設備を使用後に除去する法的義務がある。当該設備を除去するときの支出を2,000円と見積もる。その後，×6年3月31日には設備が除去されたが，当該設備の除去に係る支出は2,100円であった。当該設備の減価償却は定額法(残存価額ゼロ)を採用する。現在価値計算では割引率3%を利用する[21]。

①資産除去債務の負債計上

　この債務が発生したとき除去に要する割引前の将来キャッシュ・フロー2,000円を見積もり，一定の利子率(3%)による割引価値を算定する。見積事態が困難なときは見積が可能となった時点で算定する。

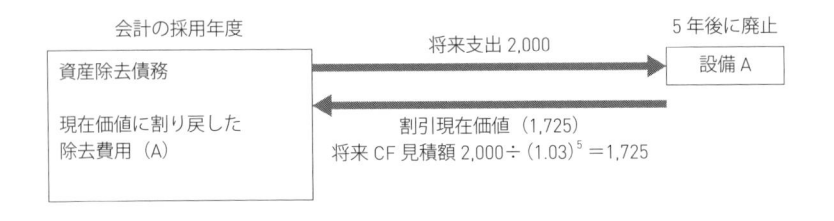

```
     会計の採用年度              将来支出 2,000        5 年後に廃止
  ┌─────────────┐  ──────────────────→  ┌────────┐
  │ 資産除去債務 │                        │ 設備 A │
  │              │                        └────────┘
  │ 現在価値に割り戻した │ ←──────────────
  │ 除去費用（A） │     割引現在価値（1,725）
  └─────────────┘     将来 CF 見積額 2,000÷(1.03)^5＝1,725
```

②資産除去債務を固定負債として計上

除去債務会計基準前のバランスシート　　　　資産除去会計のバランスシート

資産		資産	負債
A 有形固定資産 　　　10,000		増加　　　1,725 有形固定資産 　　　10,000	資産除去債務 　　　1,725

除去費用の費用配分・この増加した部分（1,725）は耐用年数にわたり費用配分される。従来はこの部分が特別損失として処理された。

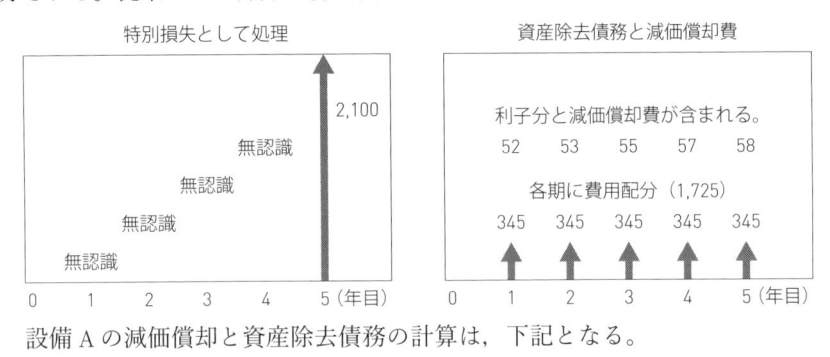

　　　　特別損失として処理　　　　　　　　　資産除去債務と減価償却費

（特別損失として処理：1 年目～4 年目「無認識」、5 年目に 2,100）

（資産除去債務と減価償却費：利子分と減価償却費が含まれる。52　53　55　57　58／各期に費用配分（1,725）　345　345　345　345　345）

設備 A の減価償却と資産除去債務の計算は，下記となる。

	設備 A　定額法，耐用年数 5 年			資産除去債務（割引率 3%)		
	期首残高	減価償却	期末残高	期首残高	利息費用	期末残高
×1 年	11,725	2,345	9,380	1,725	52	1,777
×2 年	9,380	2,345	7,035	1,777	53	1,830
×3 年	7,035	2,345	4,690	1,830	55	1,855
×4 年	4,690	2,345	2,345	1,855	57	1,942
×5 年	2,345	2,345	0	1,942	58	2,000
合計		11,725			275	

×1年4月1日の資産除去債務の計上				
（設備A）	11,725	（現金預金）		10,000
		（資産除去債務）		1,725
×2年3月31日の仕訳・資産除去債務の増加 1,725 × 3％ = 51.75 = 52				
（利息費用）	52	（資産除去債務）		52
設備Aと除去債務の減価償却，10,000 ÷ 5年 + 1,725 ÷ 5年 = 2,345				
（減価償却費）	2,345	（減価償却累計額）		2,345
×3年3月31日　資産除去債務（1,725 + 52）× 3％ = 53				
（利息費用）	53	（資産除去債務）		53
（減価償却費）	2,345	（減価償却累計額）		2,345
×4年3月31日　資産除去債務（1,725 + 52 + 53）× 3％ = 55				
（利息費用）	55	（資産除去債務）		55
（減価償却費）	2,345	（減価償却累計額）		2,345
×5年3月31日　資産除去債務（1,725 + 52 + 53 + 55）× 3％ = 57				
（利息費用）	57	（資産除去債務）		57
（減価償却費）	2,345	（減価償却累計額）		2,345
×6年3月31日　資産除去債務（1,725 + 52 + 53 + 55 + 57）× 3％ = 58				
（利息費用）	58	（資産除去債務）		58
（減価償却費）	2,345	（減価償却累計額）		2,345
設備Aの除去に係る支出が当初の見積もりを上回った差額を費用計上する。				
（減価償却累計額）	11,725	（設備A）		11,725
（資産除去債務）	2,000	（現金預金）		2,100
費用（履行差額）	100			

　資産除去債務の減価償却費は特別損失として処理される。対象企業は上場会社（子会社を含む）である。資産除去債務は，除去費用に係る将来CFの全額を見積もり，その割引後の金額として計上される。一方，引当金は，費用又は損失の負担に係る将来CFの金額を見積もり，そのうち当期までの負担に属するべき部分の割引前の金額として計算される。資産除去債務会計基準では，負債計上された資産除去債務と同じ額が有形固定資産の帳簿価額に加えられて，除去までの各期にわたり「減価償却」を通じて費用配分される。

▶▶▶ 注 ◀◀◀

1) コマーシャルペーパー（commercial paper, CP）は，当初短期の無担保の約束手形であったが，金融商品取引法では社債と同じ有価証券，ただし償還期間が1年未満である。金利はプライムレートより低い。発行会社は銀行や証券会社と販売人契約を結ぶ。
2) IFRS (IAS, 37号) は引当金計上の要件を「現在の義務」であるとし修繕引当金の計上を認めない。発生した修繕費用を資産計上し，次回の修繕まで減価償却する。
3) IFRS (IFRC13) は顧客特権プログラム（customer royalty programs）の指針を示し，ポイント引当金を多元的販売（multiple deliverables）として位置づける。
4) Beaver, W. H., Correia, M. and McNichols, M. F. (2011) *Financial Statement Analysis and the Prediction of Financial Distress*, NOW, pp.3–5.
5) 会社法は，配当可能限度額を期中いつでも実施できる剰余金の配当に変更し，利益配当を「分配可能額」という概念とする。金銭分配として利益配当，中間配当，資本金の減少による払戻し，準備金の減少による払い戻しがある。
6) のれん等調整額の超過額とは資産の部に計上した「のれん」の2分の1と繰延資産の合計額。
7) 純資産の不足額とは「分配可能額」の範囲内であっても会社の純資産が300万円を下回るような剰余金の分配は禁止される。分配可能額の範囲を超えると，従来と同様違法配当であり，取締役は違法配当の額の賠償責任を負う（462条）。
8) TAC簿記検定講座, 2008年,『合格テキスト日商簿記1級商業簿記・会計学II』, TAC出版, 243–245頁参考。
9) 同上書，249頁参考。
10) 退職給付会計基準は，企業会計基準第3号，第14号，第19号，企業会計基準適用指針，実務対応報告，退職給付会計に関する実務基準，退職給付会計に関する実務指針，退職給付会計に関するQ&Aに関係する。
11) 年金の財政運営において積立不足とは「責任準備金」と「年金資産」の差額をいう。責任準備金とは掛金水準を変更することなく制度を継続するために準備しておく金額。
12) ダイヤモンド社,『週刊ダイヤモンド』(2009年11月21日号), 35頁参考。
13) 計算の基礎に使用する割引率は，要素1（安全性の高い債券の選択），要素2（支払見込期間に対応した利回りの選択変更），要素3（重要性基準〔重要な変動がない場合当期末に割引率を見直さない〕）からなる。
14) 新日本有限責任監査法人編, 2013年,『図解でざっくり会計シリーズ2 退職給付会計のしくみ』, 中央経済社, 参考。
15) 有限責任あずさ監査法人編, 2012年,『24年改正でここが変わった退職給付会計の実務対応』, 中央経済社, 17–34頁参考。
16) 同上書，121頁参考。
17) 新日本有限監査法人編, 2013年, 前掲書, 116–119頁参考。
18) 佐藤雄太, 2013年,『すらすら退職給付会計』, 中央経済社, 参考。
19) 株式オプション価格算定モデルは，株価が時間とともにどのように変化していくかを想定し，その株式オプションを保有し続けることにより保有者が将来得るであろうキャッ

シュ・フローの期待値の現在価値を求める。株式報酬費用は付与時点では損益項目ではなく資産（仮勘定）に計上される場合もある。
20) 中央経済社，2011年，『企業会計小六法2011年版』，企業会計基準適用指針第11号，設例1，975-976頁参考，一部加筆修正。
21) 同上書，企業会計基準適用指針第21号，設例1，667頁参考，一部加筆修正。

有価証券報告書（金融商品取引法第 24 条第 1 項に基づく報告書）
株式会社ニトリホールディングス

【貸借対照表】

(単位：百万円)

	前事業年度 （平成 24 年 2 月 20 日）	当事業年度 （平成 25 年 2 月 20 日）
資産の部		
流動資産		
現金及び預金	327	955
売掛金	※2　2,257	※2　2,178
前払費用	590	477
繰延税金資産	272	230
短期貸付金	※2　351	※2　709
未収入金	※2　2,351	※2　826
未収還付法人税等	3,985	3,505
その他	3	6
流動資産合計	10,140	8,890
固定資産		
有形固定資産		
建物	※1　97,134	※1　99,292
減価償却累計額	△34,957	△39,726
建物（純額）	※1　62,177	※1　59,565
構築物	8,794	8,939
減価償却累計額	△4,901	△5,520
構築物（純額）	3,892	3,418
機械及び装置	3,063	3,082
減価償却累計額	△1,579	△1,847
機械及び装置（純額）	1,484	1,235
車両運搬具	47	50
減価償却累計額	△39	△44
車両運搬具（純額）	8	5
工具，器具及び備品	274	288
減価償却累計額	△70	△85
工具，器具及び備品（純額）	203	202
土地	57,261	61,637
リース資産	2,715	2,715
減価償却累計額	△231	△369
リース資産（純額）	2,483	2,345
建設仮勘定	51	521
有形固定資産合計	127,563	128,932
無形固定資産		
借地権	3,817	3,817
ソフトウェア	291	263
その他	2	2
無形固定資産合計	4,111	4,083

(単位:百万円)

	前事業年度 (平成 24 年 2 月 20 日)	当事業年度 (平成 25 年 2 月 20 日)
投資その他の資産		
投資有価証券	809	996
関係会社株式	15,478	15,952
長期貸付金	199	183
従業員に対する長期貸付金	6	4
関係会社長期貸付金	80	―
長期前払費用	4,884	4,706
繰延税金資産	4,289	4,083
差入保証金	18,648	17,147
敷金	14,077	13,641
その他	1,676	1,683
貸倒引当金	△9	△9
投資その他の資産合計	60,140	58,389
固定資産合計	191,816	191,405
資産合計	201,956	200,295
負債の部		
流動負債		
短期借入金	※2　42,958	※2　9,190
1 年内返済予定の長期借入金	3,632	5,632
リース債務	137	138
未払金	※2　1,204	※2　1,453
未払法人税等	474	722
預り金	198	238
前受収益	―	106
賞与引当金	89	95
株主優待費用引当金	57	87
その他	306	357
流動負債合計	49,058	18,021
固定負債		
長期借入金	4,040	7,089
リース債務	2,346	2,207
役員退職慰労引当金	146	145
長期預り敷金保証金	※1　3,809	※1　4,245
資産除去債務	1,487	1,492
その他	564	594
固定負債合計	12,394	15,774
負債合計	61,452	33,795

(単位:百万円)

	前事業年度 (平成 24 年 2 月 20 日)	当事業年度 (平成 25 年 2 月 20 日)
純資産の部		
株主資本		
資本金	13,370	13,370
資本剰余金		
資本準備金	13,506	13,506
その他資本剰余金	105	121
資本剰余金合計	13,611	13,627
利益剰余金		
利益準備金	500	500
その他利益剰余金		
別途積立金	53,600	53,600
繰越利益剰余金	72,603	98,857
利益剰余金合計	126,703	152,957
自己株式	△ 13,769	△ 14,345
株主資本合計	139,916	165,609
評価・換算差額等		
その他有価証券評価差額金	165	286
繰延ヘッジ損益	—	—
評価・換算差額等合計	165	286
新株予約権	421	603
純資産合計	140,503	166,500
負債純資産合計	201,956	200,295

【株主資本等変動計算書】

(単位:百万円)

	前事業年度 (自 平成23年2月21日 至 平成24年2月20日)	当事業年度 (自 平成24年2月21日 至 平成25年2月20日)
株主資本		
資本金		
当期首残高	13,370	13,370
当期変動額		
当期変動額合計	―	―
当期末残高	13,370	13,370
資本剰余金		
資本準備金		
当期首残高	13,506	13,506
当期変動額		
当期変動額合計	―	―
当期末残高	13,506	13,506
その他資本剰余金		
当期首残高	―	105
当期変動額		
自己株式の処分	105	15
当期変動額合計	105	15
当期末残高	105	121
資本剰余金合計		
当期首残高	13,506	13,611
当期変動額		
自己株式の処分	105	15
当期変動額合計	105	15
当期末残高	13,611	13,627
利益剰余金		
利益準備金		
当期首残高	500	500
当期変動額		
当期変動額合計	―	―
当期末残高	500	500
その他利益剰余金		
別途積立金		
当期首残高	53,600	53,600
当期変動額		
当期変動額合計	―	―
当期末残高	53,600	53,600

(単位：百万円)

	前事業年度 （自 平成 23 年 2 月 21 日 至 平成 24 年 2 月 20 日）	当事業年度 （自 平成 24 年 2 月 21 日 至 平成 25 年 2 月 20 日）
繰越利益剰余金		
当期首残高	63,095	72,603
当期変動額		
剰余金の配当	△ 4,384	△ 4,698
当期純利益	13,892	30,951
当期変動額合計	9,508	26,253
当期末残高	72,603	98,857
利益剰余金合計		
当期首残高	117,195	126,703
当期変動額		
剰余金の配当	△ 4,384	△ 4,698
当期純利益	13,892	30,951
当期変動額合計	9,508	26,253
当期末残高	126,703	152,957
自己株式		
当期首残高	△ 16,662	△ 13,769
当期変動額		
自己株式の取得	△ 0	△ 1,020
自己株式の処分	2,894	443
当期変動額合計	2,893	△ 576
当期末残高	△ 13,769	△ 14,345
株主資本合計		
当期首残高	127,409	139,916
当期変動額		
剰余金の配当	△ 4,384	△ 4,698
当期純利益	13,892	30,951
自己株式の取得	△ 0	△ 1,020
自己株式の処分	2,999	459
当期変動額合計	12,506	25,693
当期末残高	139,916	165,609
評価・換算差額等		
その他有価証券評価差額金		
当期首残高	114	165
当期変動額		
株主資本以外の項目の当期変動額（純額）	51	121
当期変動額合計	51	121
当期末残高	165	286

(単位:百万円)

	前事業年度 (自 平成23年2月21日 至 平成24年2月20日)	当事業年度 (自 平成24年2月21日 至 平成25年2月20日)
繰延ヘッジ損益		
当期首残高	△747	―
当期変動額		
株主資本以外の項目の当期変動額(純額)	747	―
当期変動額合計	747	―
当期末残高	―	―
評価・換算差額等合計		
当期首残高	△633	165
当期変動額		
株主資本以外の項目の当期変動額(純額)	798	121
当期変動額合計	798	121
当期末残高	165	286
新株予約権		
当期首残高	272	421
当期変動額		
株主資本以外の項目の当期変動額(純額)	149	182
当期変動額合計	149	182
当期末残高	421	603
純資産合計		
当期首残高	127,049	140,503
当期変動額		
剰余金の配当	△4,384	△4,698
当期純利益	13,892	30,951
自己株式の取得	△0	△1,020
自己株式の処分	2,999	459
株主資本以外の項目の当期変動額(純額)	947	303
当期変動額合計	13,454	25,996
当期末残高	140,503	166,500

【注記事項】
(貸借対照表関係)
　※1. 担保に供している資産

	前事業年度 (平成24年2月20日)	当事業年度 (平成25年2月20日)
建物	361百万円	388百万円

　　上記に対応する債務は次のとおりであります。

	前事業年度 (平成24年2月20日)	当事業年度 (平成25年2月20日)
長期預り敷金保証金	286百万円	272百万円

　※2. 関連会社に対する資産及び負債には，区分掲記されたものの他に，次のものがあります。

	前事業年度 (平成24年2月20日)	当事業年度 (平成25年2月20日)
流動資産		
売掛金	2,255百万円	2,177百万円
短期貸付金	309	683
未収入金	721	756
流動負債		
短期借入金	21,158	9,190
未払金	629	595

　※3. 保証債務
　　下記関係会社の為替予約に対する債務保証

	前事業年度 (平成24年2月20日)	当事業年度 (平成25年2月20日)
㈱ニトリ	260百万ドル (20,852百万円)	221百万ドル (17,600百万円)

　　下記関係会社の支払債務に対する債務保証

	前事業年度 (平成24年2月20日)	当事業年度 (平成25年2月20日)
㈱ホームロジスティクス	一百万円	50百万円
似鳥(中国)采購有限公司	—	621
㈱ニトリパブリック	37	55

第6章 損益計算書の分析

学習目標

損益計算書に表示される利益は，企業の業績を示すと同時に将来の企業価値を判断する数値としても利用される。本章は，損益計算書で確定される利益の意味，その構成要素である収益と費用の認識及び測定を理解することを目標とする。また，重要な会計諸基準として，外貨建取引等会計処理基準，税効果会計基準，工事契約に関する会計基準を説明する。

1 会計の利益と測定

1 会計における利益概念

　農家はリンゴの苗木を植樹し，肥料，剪定，消毒，袋かけなどの手入れをして，秋，赤く実ったリンゴを収穫する。市場に出荷し，セリにかけ，現金を手にして一段落となる。農家は，たわわに実った段階で効用（utility）という心理的利益（psychic income）を味わうし，たくさん収穫できたリンゴは人々を豊かにする実質的利益（real income）である。品質に優れて高く売れれば，貨幣を沢山手にする貨幣的利益（monetary income）を享受する。これらはいずれも利益である。日常使われる「利益」を意味する用語に利潤（profit），黒字（black），利子（interest），利得（gain），稼得利益（earning），所得（income）などがある。

　本章は，会計が表現する「利益」とは何かを明らかにすることが狙いであ

る。企業は，利益を獲得しなくては存在しえない組織である。会計はそれをどのように認識し，測定し，計算するのか。1300年頃の地中海を中心とした交易が活発であった時代，船団を組んだベンチャービジネスは，長い航海が終わると，すべてを清算して事業開始の財産と終了時の財産を比較して利益を分配した。これは必ずしも複式簿記を必要とはしない。だが，今日の企業は，ゴーイング・コンサーンを前提にして利益の期間損益計算を行う。会計の利益は基本的には費用と収益を対応させる期間損益計算から把握される。ただし，期間損益計算において，維持すべき期首資本を何にするかで，会計利益額が異なる。名目的貨幣的資本維持（financial capital maintenance）と物的資本維持（physical capital maintenance）という考え方が対立する。両者は「保有利得・保有損失」（holding gains and losses）の対処方法に違いが見られる[1]。

近年，会計における利益概念には，期間損益計算における「当期純利益」概念に並んで包括利益という概念が登場した。包括利益は，期中に認識された取引及び経済的事象（資本取引を除く）により生じた純資産の変動部分をいう。この利益は資産と負債の測定に主眼を置き，公正価値によって測定される。この測定には出口価格として，時価や割引現在価値という経済学的な概念が利用される。割引現在価値とは，事業開始時点の資本財と，その資本財を利用した投資活動からもたらされる将来のキャッシュ・フロー（cash flow）をある利子率で割引いた正味CFである[2]。今日，損益計算書を分析するには，会計における利益概念がハイブリッド化していることを意識し，利益はいかなる物差しと計算構造から算定されたのかに注意を払うことが重要である。

2 会計の利益計算アプローチ

会計利益の計算方法には期首の純資産と期末の純資産を比較する「財産法」と，一会計期間の収益と費用を比較する「損益法」がある（本書第1章参照）。両者から導かれる利益額は一致する。しかし，この会計の利益計算を巡り，「収益費用アプローチ」と「資産負債アプローチ」（asset-liability view）の二つのアプローチが展開されている。両アプローチは利益計算方法の機能を巡る点では従来の財産法と損益法との区別と同じだが，どのような基礎概念を会計の利

益計算構造の中心に置くかという点で両者に違いがある。

（1）収益費用アプローチ
　このアプローチは，損益計算書を重視し，収益とそれに対応する費用を確定し，その差額を利益として計算する。資産や負債の評価は取得原価主義に基づいて行われ，保有する利得は度外視される。繰延資産や引当金のような経済的資源や義務でないものも資産や負債に含まれる。このアプローチには，費用配分や費用収益対応の原理から会計操作に繋がるという批判がある。

（2）資産負債アプローチ
　資産・負債アプローチは，市場価値のないものを排除する目的から，まず資産と負債を定義し，その定義に合致しないものは資産と負債から除外し，定義から導かれる純資産の期首と期末の差額が利益となる。収益と費用は，資産と負債概念の定義から導かれる下位概念となる。このアプローチは，企業の経済的資源として表示する要件を重視し，収益費用アプローチの「計算擬制項目」を排除する。資産負債アプローチが重視する領域は金融商品，ストック・オプション等の事象である[3]。

　わが国の討議資料は，資産負債アプローチと収益費用アプローチを排他的でなく相互に補完的なものと考える[4]。利益が資産と負債の評価の結果として導き出されるのではなく，それより前に純利益が重視される。純利益は報告主体の所有者にとっての投資の成果とそれを生み出す株主資本に意味を与えている[5]。資産負債アプローチと収益費用アプローチのいずれか一つのみで財務諸表の構成要素が定義されることはない。

2 損益計算の本質

1 会計利益の認識と測定

(1) 会計における認識

　企業は，マーケットに財貨及び用役を供給して，「収益」(revenue, sales) を認識し，顧客に財貨及び用役を提供するまでに負担したコストを「費用」(expenses) として認識する。会計の認識 (recognition) とは財務諸表になにを計上するかという判断である。認識することは，ものさしを当てる行為の「測定」とは別概念である。この理解から財務諸表本体以外の「注記」や補足情報などの開示は会計上の認識ではないことになる。

　収益と費用の認識基準には，基本的には発生主義 (accrual basis) と現金主義 (cash basis) がある。現金主義は営業取引において入金が生じたときに収益を，出金 (disbursement) があったとき費用を認識するが，信用取引が拡大し資本財が長期化した環境では，現金主義による期間損益の認識には限界がある。しかし，CF計算書を作成する場合には現金主義が用いられるように，いずれが正しいかではなく，会計目的に応じて認識基準は適用される。発生主義は，取引が現金の受払に関係しなくとも「財貨・用役のフロー」に則して損益が発生したと認識し，年度に帰属するCFを並び替えることである。発生には，確定した事実（給料等）の発生と原因事実（減価償却の原価配分）の発生がある。ただし，資本の拠出と引出，利益の分配，資金の借入と返済といったCFは損益の認識対象とはならない。

(2) 会計における測定

　そもそも「測定」(measurement) とは，まず対象物を識別して，例えば，大根を一本，二本，本を何冊と数え，次に重さ，長さなどの物差し (a measure) をあてる行為である。数のシステムにおける測定はあらかじめ決められた関係を利用し，モノそれ自体あるいはモノの間の関係事象を再現することである。会計の測定は測定対象，貨幣による測定や「測定システム」と「測定する者」の

要素からなる[6]。会計の測定は①取引が発生した時間，②取引を分類する名称（勘定科目），③金額を付して行われる[7]。また，「計算」(calculation) とは算術のルールによって行われるが，必ずしも測定の結果ではない。測定と計算の概念は区別される必要がある。その意味で原価配分は測定ではなく計算であり，一つの表現である。「評価」(valuation) は，測定に対する判断を加える行為であり，特に期末時点における資産や負債の価値を意味する。収益の測定には現在の現金収入だけでなく，過去や将来の現金収入が含まれる。費用の測定は支出額に基づいて行われる。支出にも現在，過去，将来の現金支出が含まれる。

2 収益の認識と測定

(1) 収益の概念と認識

収益とは何か。FASB 概念書第 6 号では，「収益とは，財貨の引渡もしくは生産，用役の提供，又は実体の進行中の主要なあるいは中心的な営業活動を構成するその他の活動から，エンティティの資産の流入その他の増加もしくは負債の弁済（又は両者の組み合わせ）である」[8]と規定する。IFRS は収益を「企業が正常な事業活動を通じて獲得した経済的価値の流入の総額」であり「出資者からの出資に関係して増加した以外の純資産を増加させるもの」(IAS 18) と定義する。米国や IFRS では売上高の会計ルールが厳格である[9]。しかし，収益を生み出す取引及び事象は多くの形態をとるため，その明確な定義はない。

(2) 実現主義の原則と貨幣性資産

一般に収益を認識するには実現主義 (realization principle) が適用される。それは会計利益の分配可能性を配慮する確実性と客観性の観点から，発生主義を限定し，当期に実現したものを「収益額」(amount of revenue) として計上する考え方である。実現とは，①売手と買手の間に取引の合意が成立し，②売手から買手に商品が移転し，あるいはサービスの提供が完了し，③買手から売手に貨幣かその請求権が渡る，という三つの条件をすべて満たす。FASB によれば，収益の認識基準として，①所有権のリスクが買手に渡っている，②顧客は財貨を購入するための確定した契約を結ぶ，③買手はその取引について

請求する義務がある，④財貨の引渡には決まったスケジュールがあり，この引渡は合理的であり，買手のビジネス目的に矛盾しないことであり，⑤売手は特別の業績義務（稼得利益プロセスが未履行）を留保してはならないし，⑥注文した商品は売り手の在庫から区別されて，その他の顧客の注文に利用されてはならないし，⑦商品は引渡を完了あるいは準備されていなければならない[10]，と規定する。収益を認識するには発生主義では不十分であり，分配利益の処分性を確保するには，未実現利益を排除するために，市場における外部との取引を前提に財貨や用役を引き渡し，対価として貨幣性資産（monetary assets）を受け取る実現を必要としてきた[11]。つまり，この姿勢の根源に利益と損失の認識に対する「差別的確認」として「保守主義」（conservatism）という会計観がある。「利益を予想しないが，すべての損失は予測する」という格言に見られるように，未実現利益（unrealized profit）が排除される。

しかし，この実現概念は多様に解釈される。実現主義を代表する「販売基準」（sales basis）には，売手が商品を出荷したときの「出荷基準」，買手が納品をすませた時点の「納品基準」，買手が検収をすませた時点の「検収基準」がある。さらに，電気や水道料金の「検針基準」や交通チケットの「現金基準」がある。わが国では売上高を出荷基準で計上することが多いが，収益をどの期間に帰属させるかの区分決定は慣行に依存する。IFRSでは顧客に製品が届いたときに計上する「到着基準」や顧客による「検収基準」を求める。販売がより確実になったときに収益を計上するという考え方が根底にある[12]。また，売上高の認識時点だけでなく売上高の範囲，すなわち総額主義か純額主義かが問題になる[13]。

（3）収益認識の問題点

一般の商品売買に対して，予約販売，未着品販売，委託販売と受託販売，委託買付と受託買付，試用販売，割賦販売，荷為替手形などの特殊な売買がある。

①「予約販売」では，売主は買主からの予約金を前受金として処理し，商品を顧客に引渡したとき売上として計上する。

②「未着品売買」とは，注文した商品が到着する前にそれを転売することを

いう。買主は，運送業者が発行した「貨物代表証券」(船荷証券や貨物引換証) を売主から受け取り，仕入勘定と区別した未着品勘定で処理する。その商品が到着したときに仕入勘定に振り替える。また，商品に替えて貨物代表証券を転売することもできる。その場合には未着品売上として収益計上し，未着品勘定は売上原価を計算するために仕入勘定に振り替える。

③「委託販売」(consignment sales) では，委託者は販売を依頼した受託者に商品を送ったとき，付随費用も含めて仕入から積送品(資産)に振り替える。受託者から売上計算書(仕切精算書)が到着した日に売上を計上する。売上計算書には，売上高から諸掛を控除した手取額が計算される。委託者は，売価で積送品売上を計上し，手数料等は積送諸掛で費用処理する。その差額は積送売掛金として計上される。売上原価を知るために必ず積送品勘定を仕入勘定に振り替える。

④「受託販売」では，受託者は商品を受け取る場合の引き取引等を受託販売勘定(委託者に対する債権と債務一括処理)借方に計上する。受託者は，商品を販売(指値)し，顧客から代金を受け取ったときに受託販売勘定の貸方に記録する。販売手数料は受取手数料として処理する。受託者は商品の販売が完了して売上計算書(仕切精算書)を委託者に送付し，委託者の手取額を受託販売(借方)に記録する。

⑤「委託買付」とは，遠隔地の取引先に商品の買付を依頼する取引である。買付委託者は，買付委託に際して代金の一部を前払いしたとき，前払金ではなく，「委託買付」(買付委託者の債権と債務を一括処理する勘定)を使う。商品と買付計算書を受け取ると仕入処理をする。その代金を支払ったときには，委託買付(借方)で処理する。

⑥「受託買付」とは，委託買付の反対であり，受託者は，委託者との債権と債務を受託買付勘定で処理する。受取手数料が発生する。

⑦「試用販売」(approval sales) では，相手方に買取りの意思表示があったときに試用品売上を認識する。手許商品区分法と対照勘定法(試用販売契約と試用仮売上)の会計処理がある。手許商品区分法は，商品を試送した段階で仕入から試用品に振り替える。買取りの意思表示があったとき，試用品売上として計上する。また，試用品がなくなることから試用品勘定を減額し

仕入勘定で処理する。対照勘定法では試用販売時，試用販売契約と試用仮売上という対の勘定で処理する。買取りの意思があったとき，試用品売上（収益）を計上し，対照勘定を取り消す。

⑧「割賦販売」(installment sales) では，原則，売上の認識に販売基準が用いられる。例えば，Y社は商品（原価9,000円）を15,000円で販売し，代金は3回均等分割で受け取る。

■販売基準

売上時	（割賦売掛金）	15,000	（割賦売上）	15,000
回収時	（現金）	5,000	（割賦売掛金）	5,000

■回収基準

回収基準には，対照勘定法と未実現利益整理法の処理があるが，ここでは対照勘定法を示す。

- 売上時　　（割賦販売契約）　15,000　（割賦仮売上）　15,000
- 回収時　　（現金）　　　　　 5,000　（割賦売上）　　 5,000
　　　　　　（割賦仮売上）　　 5,000　（割賦販売契約） 5,000
- 決算時　まだ回収していない商品原価を仕入から繰越商品に振り替える。
　　　　　　（繰越商品）　　　 6,000　（仕入）　　　　 6,000

「割賦販売」には，期限が到来したときに認識する「回収期限到来基準」が認められている。

⑨「荷為替販売」とは，遠隔地の取引先に対して，運送会社に商品を送るとき，売主が商品代金を早期に回収することを目的として，自分を受取人として「為替手形」（自己受為替手形）を発行する一連の取引をいう。

例えば，Y社は運送業者に商品1,000円の配送を依頼し，貨物代表証券を受け取る。Y社はそれを担保に取引銀行で買主が名宛人になる為替手形（800円）を作成し，これを銀行で割引いて荷為替（代金80%）を取り組み割り引く。Y社はこの時点で売上を計上する。当該銀行はその手形を買主に呈示し，買主がその手形を引き受け，貨物代表証券を渡す。

- 自己受為替手形の振り出し
　　　　　　（受取手形）　　　 800　（売上）　　　　 1,000
　　　　　　（売掛金）　　　　 200

- 手形割引　　　（手形売却損）　　　50　　（受取手形）　　　　800
　　　　　　　　（当座預金）　　　 750
- 買主　手形引受（未着品）　　　1,000　　（支払手形）　　　　800
　　　　　　　　（買掛金）　　　　200

　荷為替は委託販売や受託販売でも取り組まれる。委託販売で荷為替を取り組んだときには前受金で処理する。受託販売で荷為替を引き受けたときには為替手形を引き受けたときと同じ会計処理をする。

(4) 投資のリスクからの解放

　企業が行う投資の種類には「事業投資」と「金融投資」がある。金融投資は，営業活動で得られた余剰資金の派生的な財務活動である。決算時，短期所有目的で市場性のある有価証券が，時価の変動から有価証券評価損益が認識される場合，それは「投資のリスクからの解放」という考え方から収益として認識される。この「拡大した実現主義」(実現可能性)は，投資のリスクからの解放として純利益に新たな包括利益を取り込むための概念である[14]。

3 費用の認識と対応の原則

(1) 費用の認識と対応概念

　費用は，基本的には発生主義に基づいて認識される。費用とは「収益を獲得するに際し資産あるいは用役(サービス)を利用した経済価値」であり，収益を生み出すための努力である。まず，費用は発生主義に基づいて捕捉されるが，次に，期間収益との合理的な対応関係から捕捉され期間費用となる。対応しない部分を未費消原価(unexpired cost)として資産に計上される。その意味では，損失は当期の収益獲得に直接に対応しないコストである。対応概念(matching concept)には，個別対応(プロダクト対応)と期間対応がある。個別対応は売上高と売上原価(cost of goods sold)との対応，期間対応とは間接的な対応である。例えば，支払家賃(rent)等の費用は，特定の収益と関係しないので，販売費及び一般管理費の期間費用として表示される。また，営業外収益と営業外費用との対応がある。このように費用は，二つの段階を経て認識され

る。例えば，Y社は，営業のための店舗を借り1年間の家賃60万円を小切手で前払した。この家賃は時間が経過するまでは資産の前払費用である。1カ月後には，その一部5万円が支払家賃として費用処理されるが，残額55万円は依然として資産として計上される。この5万円部分が営業活動の売上高と間接的に期間対応する。

(2) 費用の測定と費用配分の原則

　費用の測定は，支出額によって行われる。支出額は，過去と将来の現金支出にも関係する。支出された額は，棚卸資産の取得原価の配分，固定資産の取得原価の耐用年数にわたる配分などに関係する。物品販売では，仕入が費用の勘定となるが，期末に棚卸商品がある場合，当期に販売した商品の仕入原価を把握して当期費用とする。

　製造業の原価計算では，材料等の生産への投入が，費目別計算（材料費，労務費，経費）として費用に計上される。直接費は仕掛品勘定に振り替えられ，間接費はいったん製造間接費に振り替えられる。部門別計算において製造間接費が仕掛品に配賦される。仕掛品勘定では，期首仕掛品に，集計された当期総製造費用を加算し，仕掛品の期末棚卸高を控除した当期製品製造原価が，製品別計算において製品勘定に振り替えられる。完成した製品が販売され，売上原価として費用認識される。売上原価の測定は原価配賦（cost allocation）を基礎にする。

3 損益計算書の仕組み

1 損益計算書の作成と区分表示

(1) 損益計算書の作成

　損益計算書の作成は，総額主義の原則（企業会計原則第二・一・B）と費用収益対応の原則（企業会計原則第二・一・C）から導かれる。

　損益計算書の構成は当期業績主義と包括主義とに分けられる。当期業績主義は，企業の正常な収益力を明らかにすることを目的として経常的・反復的な損

益項目のみを構成要素とする。これに対して，包括主義は一会計期間における全活動に関わる損益を記載することを目的とする。経常的な経営業績を測定し「臨時的損益項目」や「過年度損益修正項目」を含めたすべての損益項目を構成要素とする。

企業会計原則による損益計算書は，営業損益計算書，経常損益計算書，純損益計算書，そして当期未処分損益計算に区分される。その表示様式には勘定式（account form）と報告式（report form）があるが，財務諸表等規則は報告式を用いることを規定する。「会社計算規則」によれば，個別の損益計算書と連結損益計算書を「損益計算書等」という。様式についても特に定めがなく，表示も前年度比較形式を求めていない。

（2）損益計算書の区分表示と五つの利益

利益が増えれば増益，減少すれば減益という。財務諸表等規則による損益計算書は，営業活動の内容に応じて次の五つの段階別損益が表示される[15]。

損益計算書の区分表示

営業損益計算	I 売上高 II 売上原価 　①売上総利益（又は売上総損失） III 販売費及び一般管理費 　②営業利益（又は営業損失）	粗利益 本業からの利益
経常損益計算	IV 営業外収益　　合計 V 営業外費用　　合計 　③経常利益（又は経常損失）	正常な収益力
純損益計算	VI 特別利益 VII 特別損失 　④税引前当期純利益（又は税引前当期純損失） VIII 法人税・住民税・事業税 　　　法人税等調整額 　　　法人税等合計 　⑤当期純利益（又は当期純損失）	株主に帰属 税務会計から計算 税効果会計の適用 株主持分の利益

A 営業損益計算の部

①売上高，売上原価及び売上総利益の表示

■売上高

まず，損益計算書を読むとき，売上高が増収したか減収かをチェックする。

売上高は，企業の商品，製品，サービスのマーケットにおける人気度を示す。顧客の満足と経営活動の成果である。売上高の表示は純額法（総売上高マイナス返品，汚損等の値引き）による。期限より早く売掛金を回収したことによる利息相当分は売上割引の財務費用である。一度にたくさん商品を仕入れた顧客に対するリベートとして売上を減額する割り戻しがある。売上高は商品等の販売又は役務の給付によって実現したものに限る。ただし，長期の未完成請負工事等については合理的に収益を見積もり，これを当期の損益計算に計上することができる。

■売上高の計上

売上高の計上では次の点が問題となる。①売上高の前倒し（親密な取引先との契約），買戻条件（売手が対象資産を将来買い戻すオプションをもつ），売戻し条件付き（買手が購入物を将来売り戻すオプションをもつ）などの会計操作がある。②循環取引（複数の企業間で商品売買を不正に繰り返す取引）では伝票上のやり取りだけで売上の水増しとなる。これは財務諸表の虚偽記載となる[16]。③ソフトウェア産業ではソフト製品の技術サポートなどの関連サービスをセットとして「販売代価」を決定するが，これには代金受取時にまだ提供していないサービスを含む。代金を受け取りながら買手の商品を売手が保管しているケースでは，売上か「前受金」かが問われる。④保有資産を売却後に売手がリースによって借り戻すリースバックが問題となる。

■売上原価（役務原価を含む）の計算

売上原価は，売上高と直接に対応するコストである。売上高が増加すれば，通常，仕入高も増加する。仕入は，総仕入高から仕入戻し，値引きを減額する。期限より早く支払ったときには仕入割引は財務収益として処理される。売上原価は，この仕入に期首の繰越商品を加算し，期末残高を減算して計算される。製造業の場合には期首製品たな卸高に当期製品製造原価を加え，これから期末製品たな卸高を控除する。製造原価は適切な原価計算基準に従って算定しなければならない。原価差額を売上原価に賦課した場合には，損益計算書に売上原価の内訳項目として原価差額を記載する。また，低価基準による評価損も売上原価の内訳項目とする。

■実地棚卸による棚卸減耗と商品評価

継続記録法を前提にして，実地棚卸調査の結果，紛失や破損，滅失，蒸発など数量不足を「棚卸減耗費」(inventory shortage loss) として繰越商品から減らす。次に，棚卸資産の取得原価が時価の正味売却価額より低下していれば「商品評価損」(商品の場合) を計上し，帳簿棚卸高を修正する。

> 棚卸減耗費 ＝ 原価 ×（帳簿棚卸数量 － 実地棚卸数量）
> 商品評価損 ＝（原価 － 正味売却価額）× 実地棚卸数量

■棚卸減耗費の決算処理

例えば，Y社の期末商品の帳簿数量は100個 (100円)，実地棚卸では90個であった。

　　　　　　　　（棚卸減耗費）　　1,000　　繰越商品　1,000（帳簿）

棚卸減耗費に原価性 (500円) があれば，売上原価に含め仕入勘定に振り替える。原価性があるとは，棚卸減耗が毎期，反復的に正常な数量で発生することをいう。

　　　　　　　　（仕入）　　　　　　500　　（棚卸減耗費）　　500

■棚卸評価損の決算処理

このような期末の棚卸資産の時価は，取得原価より下落する場合もある。その要因には品質低下，陳腐化，そして市場における需給の変化がある。かつては需給の変化に対しては原価基準と低価基準の選択を採用することができたが，企業会計基準第9号により，2008年4月以降，販売目的で保有する棚卸資産については，すべて低価基準を強制的に適用し，期末の正味売却価額が取得原価よりも下落している場合，当該価額をもって貸借対照表価額とし，差額を棚卸評価損で処理する。正味売却価額は，市場での売価から追加的な製造原価の見積額および販売に要する直接経費の見積額を控除して計算される。棚卸評価損は，原則として売上原価や製造原価の内訳項目として表示される。また，他の項目に合算し，注記することもできる。ただし，災害や事業部門の廃止など臨時の事象により，時価が取得原価より著しく下落した場合の評価損は特別損失として表示しなければならない。その後の低価法による会計処理には洗替方式と切放方式がある。選択適用できるが，特別損失とした棚卸評価損には洗替方式を適用できない。

例えば,期末商品の実際数量90個,原価は@100円,正味売却価額は@80円であった。商品評価損はすべて原価性がある。商品評価損＝（原価100－正味売却価額80）×実地棚卸数量90＝1,800

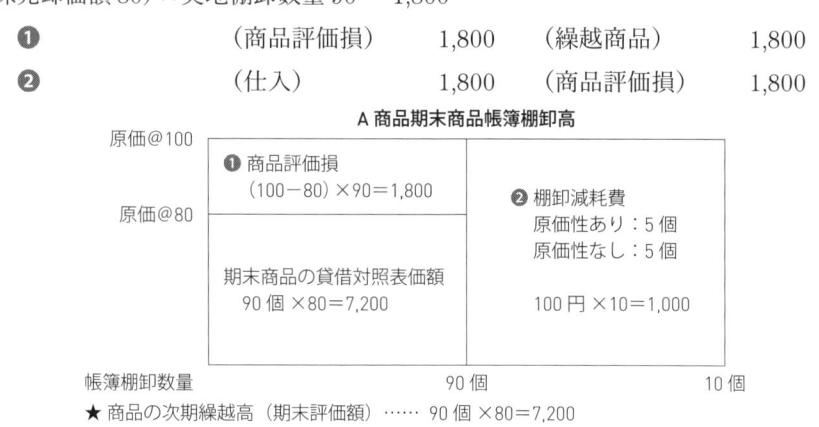

❶ （商品評価損） 1,800 （繰越商品） 1,800
❷ （仕入） 1,800 （商品評価損） 1,800

A 商品期末商品帳簿棚卸高

原価@100
原価@80

❶ 商品評価損
（100－80）×90＝1,800

❷ 棚卸減耗費
原価性あり：5個
原価性なし：5個

期末商品の貸借対照表価額
90個×80＝7,200

100円×10＝1,000

帳簿棚卸数量　　　　　　　　　90個　　　　　　　　10個

★ 商品の次期繰越高（期末評価額）……90個×80＝7,200

要するに,棚卸減耗費は,原価性がある場合には製造原価あるいは売上原価（内訳項目）か,販売費に算入し,異常な事態によって発生した原価性がないものは,特別損失あるいは金額が少ない場合に営業外費用に計上される。棚卸評価損も原価性がある場合には,製造原価,売上原価の内訳科目として明細を明らかにする。原価性がない,臨時的で多額のものは特別損失として処理する。

■売上総利益

売上高と売上原価との差額が「売上総利益」（粗利益）である。売上総利益は商品の魅力と価格競争力を示す。業界の平均値を超えていることが望ましい。売上総利益は,売上高,期首商品棚卸高と仕入高を一定とすると,期末繰越商品の評価で変化する。また,役務の給付を営業する場合には,営業収益から役務の費用を控除して総利益を表示する。商品等の販売と役務の給付をともに主たる営業とする場合には,商品等の売上高と役務による営業収益とは区別して記載する。

■内部利益と本支店会計処理

本支店会計とは,同一会社内における本店と支店の外部取引と内部取引を区別する会計処理で,内部取引では本店が「支店」と「支店へ売上」（振替価額）,支店が「本店」と「本店からの仕入」を設けて債権と債務を相殺処理する手続

である。同一企業内の各経営部門の間における商品等の移転によって発生した内部利益（繰延内部利益）は，売上高及び売上原価を算定するにあたって除去しなければならない。内部利益とは，本店，支店，事業部等の企業内部における独立した会計単位相互間の内部取引から生ずる未実現の利益をいう。内部利益の除去は，未達取引の整理後，本支店等の合併損益計算書において売上高から内部売上高を控除し，仕入高（又は売上原価）から内部仕入高（又は内部売上原価）を控除するとともに，期末たな卸高から内部利益の額を控除する方法による。合理的な見積概算額によることも差支えない。

② 営業利益と販売費及び一般管理費

　営業利益とは，売上総利益と販売及び一般管理費（selling, administration & general expenses）との差額である。営業利益は企業の事業力を示す。販売費及び一般管理費は適当な科目に分類して営業損益計算の区分に記載し，これを売上原価及び期末たな卸高に算入してはならない。販売費及び一般管理費は，売上高に期間対応する。例えば，販売員給料手当，販売員旅費，販売手数料，広告宣伝費，荷造費・発送運賃，貸倒引当金繰入額，役員給料手当，従業員給料手当，退職給付引当金繰入額，交際費[17]，店舗等の減価償却費，修繕費，消耗品費，通信・交通費，租税公課，保険料，研究開発費，のれんの減価償却費，雑費等が該当する。長期請負工事の販売費及び一般管理費は適当な比率で請負工事に配分し売上原価及び期末たな卸高に算入される。販売費と一般管理費の勘定科目は理論的に区別ができるが実際の区別が難しい。その分類には外務報告を意識した分類以外に管理会計の視点がある。

　固定費の管理という視点から，人件費の会計（payroll accounting）のあり方が問われる。固定費の増加を抑制するために賃金（wage cost）を節約し，過大な人件費を減らすためのパートタイマーが増加しているが，これが労働環境を著しく悪化させ失業や賃金格差を広げる。こうした事態の下，これまで日本企業の成長を支えてきた終身雇用制，年功序列制，企業別労働組合（in-house labor union），OJT（on-the-job training）の内部昇進制度（internal promotion），成果主義，能力主義，人材派遣等[18]に関する雇用形態の改善が問われる。ちなみに，上場企業全体の「営業利益率」（営業利益対売上高）の平均は約6%である[19]。

B 経常損益の計算

③経常損益と営業外損益

　経営活動に付随する財務活動には営業外収益と営業外費用が発生する。営業外収益（non-operating income）には，受取利息，有価証券利息（interest received），受取配当金，有価証券売却益，仕入割引，投資不動産賃貸料，雑収入等の金融収益がある。また，営業外費用（non-operating charge）には，支払利息，社債利息（interest paid），売上割引，社債発行費償却，創立費償却，開業費償却，株式交付費償却，有価証券売却損，有価証券評価損，社債償還損，雑損失等がある。営業利益にこれらの営業外収益を加算し，営業外費用を減算した結果が経常利益（income from operations）である。

　経常利益は，本業の「総合的な収益力」を示す。経常利益が営業利益より大きくなった場合には企業が財務面で余裕があることを意味する。経常利益の進捗率は，経常利益の年間計画に対する四半期決算終了時点での達成状況で表示される。この経常利益が国内では重視される。例えば，企業全体の経営効率をしめす総資本利益率は，経常利益に対する総資本で計算される。しかし，米国基準では経常利益という概念はなく，固定資産売却損益やリストラ損失が営業費用に含まれる。

C 純損益計算

④税引前当期純利益と特別利益及び特別損失

　経常損益から，特別利益と特別損失を加減して「税引前当期純利益」が計算される。この利益は「企業の持続力」を示し，本業が堅実な企業はこの項目が少ない。また，決算前月は財務諸表に化粧をほどこす時期ともいわれる。特別利益あるいは特別損失の項目が多くないか，その各項目（投資有価証券売却益，減損損失，欠損金の処理）をチェックする。

　特別損益項目（add or less, other income and expenses）について，(1) 臨時損益：①固定資産売却損益，②転売以外の目的で取得した有価証券の売却損益，③災害による損失，(2) 前期損益修正：①過年度における引当金の過不足修正額（貸倒引当金繰入額），②過年度における減価償却の過不足修正額，③過年度における棚卸資産評価の訂正額，④過年度償却済債権の取立額がある。特

別利益には貸倒引当金戻入益，退職給付引当金戻入額，固定資産売却益，投資有価証券売却益が含まれる。特別損失には退職給付引当金繰入額，固定資産売却損，固定資産除去損，減損損失，災害による損失がある[20]。

　重要性の原則から，金額が小さく毎期経常的に発生するものは経常損益計算に含めることができる。固定資産や棚卸資産の減損損失，損壊した資産の点検費，撤去費用，資産の原状回復費などのリストラ損は日本基準では特別損失に計上するが，国際会計基準では大半が営業費用となる。

⑤税引後当期純利益

　この利益は税引前当期純利益から法人税，住民税，事業税（法人税等）を控除して計算される。通常，会社は，税効果会計を適用し，税引前当期純利益と法人税等の合計を合理的に対応させる。その結果計算される法人税等調整額が繰延税金資産（あるいは負債）として加減される。その最終結果が，税引後当期純利益であり，株主に帰属する最終利益（bottom line）となる。このように，税引後当期純利益は「経常損益」から非経常的・臨時的な経営活動から生じる特別損益項目を加減し，法人税等と「法人税等調整額」を加減して計算される。この当期純利益は配当の原資，あるいは企業の積立金として内部留保される。

　株式投資の目安として，「1株当たり純利益」（earnings per share, EPS）の概念が重視される。EPSは税引後当期純利益÷発行株式数（net income- preferred dividends）÷（outstanding common stock）として計算される[21]。赤字とは利益がマイナスになった状態で，例えば当期純利益▲10万円と表示する。経常利益が赤字となれば経常赤字，当期純利益が赤字となれば最終赤字という。

4 クリーン・サープラス関係と包括利益計算書

1 クリーン・サープラスの原則

　損益計算書に表示される当期純利益は，貸借対照表の純資産増加額と等しくなければならない。これをクリーン・サープラス（clean surplus）関係という。

それはある期間における資本の増減（資本取引による増減を除く）が当該期間の利益と等しくなる関係をいう。しかし，現行の GAAP では，損益計算書を経由しないで直接に貸借対照表に表示される科目，例えば，時価評価によるその他有価証券評価差額金は，損益計算書を経由しないで純資産に直接収容する資本直入法が行われる。こうした会計処理がクリーン・サープラス関係を崩し，ダーティ・サープラスと呼ばれる。

2 わが国の包括利益会計基準

現行の会計制度に新たに包括利益（comprehensive income）という概念が提唱された。提供される包括利益情報は，ステークホルダーが企業全体の事業活動について検討するのに役立ち，貸借対照表の純資産と包括利益とのクリーン・サープラス関係を明示することを通じて，財務諸表の理解可能性と比較可能性を高めると期待される。企業会計基準第 25 号「包括利益の表示に関する会計基準」（包括利益会計基準という）は，2010 年 6 月 30 日に公表され，包括利益の概念を金融商品取引法の適用会社や会社法上の大会社及びその子会社に適用される。ただし，個別財務諸表による表示は当面適用しないことにした。

3 包括利益の定義

包括利益とは，ある企業の特定期間の財務諸表において認識された純資産の変動額のうち，当該企業の純資産に対する持分所有者との直接的な取引（資本取引）によらない部分をいう（包括利益会計基準 4 項）。当期中の純資産の持分の変動は次の図表のようになる。

当期中の持分の変動		資本取引（出資，配当金など）
	包括利益	損益として認識（当期純利益，非支配株主利益）
		損益として認識されない，その他の包括利益

「その他の包括利益」とは，実現主義では認識されないもので，その他有価証券評価差額金の変動額，繰延ヘッジ損益の変動額，土地再評価差額金の変動

額,為替換算調整額の変動額,退職給付に係る調整額が該当する。その他の包括利益は,個別財務諸表においては包括利益と当期純利益との間の差額,連結では包括利益と非支配(少数)株主損益調整前当期純利益との差額である(本書第8章参照)。

FASB「営利企業の財務諸表の構成諸要素」(Elements of Financial Statements of Business Enterprises, 1980, SAFC No.3, 後の第6号, 1985年)は,「包括利益とは,出資者以外の源泉からの取引その他の事象及び環境要因から生じる一期間における営利企業の持分の変動である。それは出資者による投資及び出資者への分配から生じる以外の一期間における持分のすべての変動を含む[22]」と定義する。IFRSは資産負債アプローチから包括利益のみを開示する。日本基準による包括利益は実現利益の純利益と「その他の包括利益」とに分類した二段構えで計算される。その他の包括利益はクリーン・サープラス関係を維持して開示される。

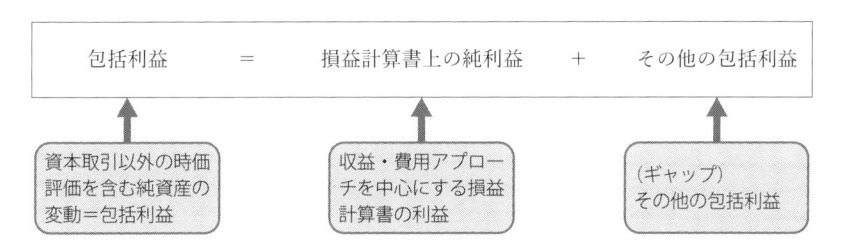

包括利益 ＝ 損益計算書上の純利益 ＋ その他の包括利益

- 資本取引以外の時価評価を含む純資産の変動＝包括利益
- 収益・費用アプローチを中心にする損益計算書の利益
- (ギャップ)その他の包括利益

「その他の包括利益」は未実現であるから,その後実現によって純利益の要件を満たすと,純利益に振り替えるリサイクリングが必要になる。包括利益と純利益との関係では,包括利益のうち (1) 投資のリスクから解放されていない部分を除き,(2) 過年度に計上された包括利益のうち期中に投資のリスクから解放された部分を加え,(3) 非支配株主損益を控除すると純利益が求められる。その他包括利益の内訳項目は,税効果控除後の金額で示される。各内訳項目を税控除前の金額で表示し,それらに関連する金額を一括にして表示されることもある。どのような項目がその他の包括利益に含まれるかは,包括利益会計基準が決めるのではなく,他の会計基準による(例えば,退職給付会計基準による未認識数理計算上の差異や未認識過去勤務費用はその他の包括利益に含まれる)。

補節 会計諸基準の説明 その III

1 外貨建取引等会計処理基準　企業会計審議会

　上場会社の2012年4月～12月期決算によると，円安が輸出型企業の売上高の採算を改善するだけでなく，外貨で保有する資産を円換算した為替差益5,300億円（2013年2月8日時点）を生み出した。こうした外貨建取引における外国為替レート（foreign exchange rate）の変動は，営業損益に大きく作用し，決算時や決済時の為替差損益は営業外収益あるいは費用として経常損益に影響を及ぼす。こうした外貨建取引を扱う「外貨建取引等会計処理基準」（以下「外貨基準」という）は，1979年6月に始まり，最終改正は1999年10月22日である（企業会計審議会）。この外貨基準は，金融商品会計基準（1999年1月）との整合性を考慮して改定された。

(1) 外貨建取引の意義

　外貨建取引とは，取引価額が外貨で表示されている取引をいう。具体的には，①取引価額が外国通貨で表示される物品の売買又は役務の授受，②決済金額が外国通貨で表示されている借入又は貸付，③券面額が外国通貨で表示されている社債の発行，④外国通貨による前渡金，仮払金の支払又は前受金，仮受金の受入，⑤決済金額が外国通貨で表示されているデリバティブ取引等である。外国通貨表示とみなされるメーカーズ・リスク特約（国内製造業者が商社等を通じて輸出入取引を行う場合，為替差損を負担）が該当する（外貨建取引等会計処理基準，注1）。

　外貨建取引は，外貨のままで会計帳簿に記録することはできず，外貨金額×為替レートの円貨による為替換算額（foreign currency translation）となる。外貨建取引等会計処理基準は，以下を内容とする。

```
前文   I   経緯, II   改定基準の要点と考え方, III   改定基準の適用
本文   一   外貨建取引
           1   取引発生時の処理
           2   決算時の処理  (1) 換算方法  (2) 換算差額の処理
           3   決済に伴う損益の処理
       二   在外支店の財務諸表項目の換算
           1   収益及び費用の換算の特例
           2   外貨表示財務諸表項目の換算の特例
           3   換算差額の処理
       三   在外子会社等の財務諸表項目の換算（決算日レート法）
           1   資産及び負債
           2   資本（純資産）
           3   収益及び費用
           4   換算差額の処理
外貨建取引等会計処理基準注解
   注1～11   外貨建取引に対応，注12   期中平均相場について，注13   子会
   社持分投資に係るヘッジ取引の処理について
```

（2）換算に用いる為替レートと換算差額

外貨換算会計は取引の発生時，決済時，決算時に行われる。取引発生時の為替レートを取引日レート（HR, historical rate），決算時のそれを決算日レート（CR, current rate）という。外貨換算方法には下記の四つの方法がある。

	決算日レート（CR）の換算	取引発生時のレート（HR）
❶ 流動・非流動法	流動項目は決算時の為替相場で換算	固定項目は取得時あるいは発生時の為替相場で換算
❷ 貨幣・非貨幣項目法	貨幣項目[23]は決算時の為替相場で換算	非貨幣項目は取得時又は発生時の為替相場で換算
❸ テンポラル法（属性法という）	低価法や時価測定されている項目及び貨幣項目については決算時の為替相場で換算	取得時又は発生時の価額で測定されている項目は取得時又は発生時の為替相場で換算
❹ 決算日レート法	すべての財務諸表項目を決算時の為替相場で換算	

外貨基準によると，個別財務諸表（本店と国内支店）の換算では，❷の貨幣・非貨幣項目法の概念による。在外支店の換算にはテンポラル法，在外子会社等の換算には❹決算日レート法が適用される。IFRSは在外支店と在外子会社を

区別しないで，すべての在外営業活動の財務諸表に❹の決算日レート法の考え方を採用する。

外貨建取引は，原則として，当該取引発生時の外国為替レートによる円換算額をもって記録する。ドルで商品を売買することをドル建てという。そのドルを円と交換することを外国為替というが，その交換比率は常に変動し，為替換算の損得がうまれる。交換比率は単に為替相場又は為替レートという[24]。銀行でドルを円に換えることをドル売り，円をドルに換えることをドル買いという。通常，取引日の為替レートは，取得原価（HR）で換算し，決算日では決算日レート（CR）で換算し直す。その場合，取引日と決算日における暫定的な影響の「為替換算差額」を認識する。決済日時点，CRによって確定的な為替決済損益を認識する。会計上，両差異とも「為替差損益」勘定で処理する。為替差損益は業績外の要因でありながら，経常的項目の営業外収益あるいは営業外費用として処理される。

（3）取引発生時の処理と決済時の処理

外貨建取引は，その外貨建金銭債権債務と為替予約等との関係が金融商品会計基準のヘッジ会計の要件を満たしている場合には，外貨建取引についてはヘッジ会計を適用することができる。在外子会社に関する外貨換算会計については本書第8章，為替予約については本書第4章補節の1「金融商品に関する会計基準」を参照。

外貨建取引発生時の為替相場を「直物為替相場」（spot rate），単に直物レートともいう。これは銀行間で取引されている今現在の相場（為替取引成立後2営業日以内に受渡が行われる）である。合理的基礎に基づいて算定された平均相場，取引発生直近の一定日における直物レートも容認される。また，先物為替相場（forward rate）は，将来の一定期日の相場（為替取引成立後3営業日以上先に受渡が行われる）であり，単に先物レートともいう。外貨建金銭債権債務等の決済は，決済時の為替レートにより決済された円貨額をもって記録し，決済により生じた損益は，原則として，当期の為替差損益として処理される。

例えば，Y社は×1年4月1日，米国のA社に車1台100万円を輸出した。販売時の為替レートは100円／ドル。同年4月30日に入金があった。この時

点の為替レートは90円／ドルである。

取引日	（外貨建売掛金）1,000,000	（売上）	1,000,000
決済日	（現金） 900,000	（外貨建売掛金）1,000,000
	（為替差損益） 100,000		

例えば，Y社は×1年5月1日，米国のA社から商品10,000ドルを輸入契約し1,000ドルを前払いした。当日の直物レートは115円／ドル。×1年5月20日，A社から同商品を輸入し前払金を控除した残額を掛とした。当日の直物レートは110円／ドルであった。×1年6月30日，掛代金9,000ドルを現金で支払った。直物レートは100円／ドルであった。

×1年5月1日	（前払金）	115,000	（現金）	115,000
×1年5月20日	（仕入）	1,100,000	（前払金）	115,000
			（外貨建買掛金）	985,0000
×1年6月30日	（外貨建買掛金）	985,000	（現金）	900,000
			（為替差損益）	85,000

例えば，Y社は×1年7月10日，取引先B社に1,000ドルの貸付をした。この時点の直物レートは99円／ドルであった。

　　　　　　　　　　（外貨建貸付金）　99,000　　（当座預金）　　99,000

＊外貨建取引のつど円換算するのではなく，各通貨建の取引を通貨別に記録管理し，これに基づいて作成される各通貨の試算表を各月末等の一定の時点でまとめて円換算した上で合算する多通貨会計がある。

（4）決算時の会計処理
①換算方法

　決算日の為替レートは直物レートを原則とするが，平均レートを用いる場合には財務諸表に注記する。換算対象は，外国通貨，外貨建金銭債権債務（外貨預金を含む），外貨建有価証券及び外貨建デリバティブ取引等の金融商品である。換算から生じた差額は，外貨建有価証券の換算により生じた換算差額を除き，原則として当期の為替差損益として処理する。棚卸資産，建物，経過項目の非貨幣項目は取引発生時の為替レートのまま計上される。

　例えば，Y社の決算日における外貨建の資産と負債は下記の通り，為替レー

トは100円／ドルであった。為替差損益の計算は次の手順で行われる。

資産・負債	取引日帳簿価額 円	外貨建金額 ドル	貸借対照表価額	為替差損益
現金	850	10	1,000	150（益）
売掛金	500	5	500	0
商品	2,000	21	2,000	なし
短期貸付金	4,000	36	3,600	400（損）
土地	10,000	112	10,000	なし
社債	3,500	37	3,700	200（損）
長期借入金	20,000	190	19,000	100（益）
為替差損益				350（損）

❶外国通貨の換算には決算時の為替レートを使って円換算をする。

❷外貨建金銭債権債務（外貨預金を含む）→決算時の為替レートによる円換算額を付す。

❸外貨建有価証券の評価
- 満期保有目的の外貨建債券→決算時の為替相場による円換算額を付す。償却原価法を適用している場合，償却額は外貨による償却額を期中平均の円換算した金額となる。
- 売買目的有価証券及びその他有価証券→時価を決算時に為替レートにより円換算した金額となる。
- 子会社株式・関連会社株式→評価替えも換算替えも行わない。
- 外貨建有価証券について時価が著しく下落した等の場合，その時価あるいは実質価額は，決算時の為替レートで円換算する。

❹デリバティブ取引等→決算時の為替レートによる円換算額を付す。

②換算差額の処理

　決算期における換算差額は，原則として，当期の為替差損益として処理する。ただし，売買目的有価証券以外の外貨建有価証券の時価又は実質価額（外国通貨による財務諸表で計算された1株当たり純資産）の著しい低下によって評価額の引き下げが求められる場合，その換算差額は，当期の有価証券の評価損として減損処理する。また，金融商品に係る会計基準による時価評価に係る評価差

額に含まれる換算差額については，原則として，当該評価差額に関する処理方法に従うものとする（外貨建取引基準，注10）。

（5）決済に伴う為替差損益の処理

①為替差損益の会計処理

外貨建取引の発生から決済に至る間の為替相場の変動に関する処理に関して，1取引基準は売買取引と為替決済取引を一体とみなし決済時に仕入高と売上高の訂正をする方法である。取得価額は最終的に出ていく貨幣，収益は入ってくる貨幣によって確定されるという貨幣指向の考え方に基づく。2取引基準は外貨建売買取引と当該取引から生じる外貨建金銭債権債務等に係る「為替差損益」（未実現）の発生を別個のものとして会計処理する。本来，経営者の意思決定過程というのは財貨取引から営業上の収益，費用，そして貨幣取引からは財務上の損益が生じるとみる。二つの処理には最終的な損益計算に違いがないが，外貨建取引基準は2取引基準の考え方をとる。2取引基準による決済損益の差益と差損を相殺した純額は，支払利息や受取利息のような発生要因が異なる金融取引ではなく，日々の為替レートが変動し，個々の債権・債務が集積したもの（営業外損益）である。著しい為替レートの変動や通貨体制の変更における異常な為替差損益は「特別損益」として表示される。

為替差損益（決済損益）　→　相殺後の純額　→　為替差益（営業外収益）
　　　　　　　　　　　　　　　　　　　　　↘　為替差損（営業外費用）

②外貨建金銭債権債務の決済

外貨建金銭債権債務は回収されるまで為替レートの変動にさらされる[25]。為替予約等が付されていない場合を除き，原則，「決済日の為替レート」で換算される。取引日レートと決済日レートが異なる場合，2取引基準によって，差額は為替差益あるいは為替差損又は両者を併せた為替差損益として計上される。

例えば，❶Y社は，米国A社より商品1,000ドルを掛けで仕入れた（為替レート100円／ドル）。❷3カ月後上記商品の買掛金を小切手で決済した（為替レート

105円／ドル）
❶　　　　　　　　（仕入）　　100,000　　（外貨建買掛金）100,000
❷　　　　　　　（外貨建買掛金）100,000　　（当座預金）　　105,000
　　　　　　　　（為替差損益）　　5,000

（6）在外支店の財務諸表換算
①在外支店の財務諸表の換算手順

❶貸借対照表の資産，負債は，それぞれに適用されるレートで換算する。❷本店勘定については，本店の支店勘定の金額を付す。❸貸借対照表において当期純損益を貸借差額より求める。❹上記❸で求めた当期純損益を損益計算書に移す。❺損益計算書の収益，費用をそれぞれに適用されるレートで換算する。❻損益計算書における貸借差額を為替差損益とする。

②在外支店の財務諸表項目

在外支店における外貨建取引については，原則として，本店と同様の処理をする。ただし，外国通貨で表示されている在外支店の財務諸表に基づき本支店合併財務諸表を作成する場合には，次の方法によることができる。

在外支店の棚卸資産に係る低価基準等について（外貨建取引基準，注11）では，在外支店において外国通貨で表示されている棚卸資産について低価基準を適用する場合又は著しい下落により評価額の引き下げが要求される場合には，外国通貨による時価又は実質価額を決算時の為替相場により円換算した額による。

③収益及び費用の換算の特例

収益と費用（収益性負債の収益化及び費用性資産の費用化を除く）の換算については期中平均相場で換算することができる。

❶収益及び費用（収益性負債の収益化額及び費用性資産の費用化額を除く）は，計上時の為替相場による円換算額。期中平均相場によることも可能（外貨建取引基準，注12）。

❷収益性負債（前受金，前受収益等）の収益化額は，当該負債の発生時の為替相場による円換算額。

❸費用性資産（棚卸資産，有形固定資産）の費用額は，当該資産の取得時の為替相場による円換算額，当該資産に取得原価以外の価額が付されている場合，その時点の為替相場による円換算額。

④外貨表示財務諸表の換算の特例
　在外支店の外国通貨で表示された財務諸表項目の換算にあたり，非貨幣性項目の額に重要性がない場合には，すべての貸借対照表（支店における本店勘定等を除く）について決算時の為替相場による円換算額を付する方法を適用することができる。損益項目については期中平均相場によることも妨げない。

⑤換算差額の処理
　本店と異なる方法により換算することによって生じた換算差額は，当期の為替差損益として処理する。

（7）為替予約の会計処理
　金融商品会計基準により，デリバティブ取引の一つである為替予約を含めて通貨先物，通貨スワップ及び通貨オプション（以下，為替予約等という）は，原則として期末に時価評価を行い，評価差額は損益として処理することが求められている。しかし，外貨基準では，外貨建金銭債権債務と為替予約等との関係がヘッジ会計の要件を満たしている場合にはヘッジ会計が適用できる（第4章参照）。また，ヘッジ会計を適用する場合には，それが原則でありながら，特例として「振当処理」によることもできる（外貨基準の実務指針第2項）。

①為替予約の意義
　先物為替予約は単に為替予約と呼ばれる。為替予約は，特定の外国通貨を将来の一定の時期に一定の価格で受け渡すことを現時点で約定する取引である。相対取引であり，金融機関と顧客とが決済時の売買価格を為替予約時の先物為替レートで決める仕組みである。決済時の先物為替レートを決めることを「為替先渡し取引」という。一度予約すると取り消しや変更はできず，期日に受渡の義務が発生する。

②為替予約等の原則処理

　為替予約の会計処理には，原則の「独立処理」と特例の「振当処理」がある。金融商品会計実務指針（2008年3月）によれば，独立処理とは，外貨建取引や外貨建金銭債権債務のヘッジ対象と為替予約取引のヘッジ手段とを別個の取引とみなす。ヘッジ会計の対象外でありヘッジ会計の要件を満たす必要がない。

　独立処理によれば，ヘッジ対象を決算日レートで換算したものを貸借対照表価額とし，評価差額は原則として当期の損益として処理する。為替予約の時価は，期末時点における同一通貨の決済期日を同じくする先物為替レートである。それは約定した銀行に問い合わせる。為替予約（ヘッジ手段）の時価評価差額（為替差損益）と，外貨建金銭債権債務（ヘッジ対象）から換算差額が生じる。ヘッジ対象とヘッジ手段の双方に損益が生じるが，逆の方向で動き，結果としてそれぞれの損益が相殺されて為替レートの変動リスクを回避できる。通常，直物為替レート（金融機関と顧客との通貨交換レート）と先物為替予約レートは別個のものであるから一致しない。

　例えば，Y社は×2年1月1日，米国A社から商品100ドルをドル建，掛で輸入した。この取引の決済は5月31日，円安基調と判断し，×2年2月1日，同年5月31日を限月として1,000ドルの為替予約（111円のドル買い）を銀行と結んだ。×2年5月31日に買掛金1,000ドルを決済した（為替予約は独立処理）。直物レートと先物予約レートは下記のとおりである。両者の差は金利調整分である[26]。

		直物レート		先物予約レート	
取引日	1月1日	110円／ドル		108円／ドル	
予約日	2月1日	113円／ドル		111円／ドル	（ドル買い）
決算日	3月31日	115円／ドル	換算	113円／ドル	時価評価
決済日	5月31日	117円／ドル		117円／ドル	時価評価

取引日　　　　　　（仕入）　　　　110,000　　（外貨建買掛金）110,000
予約日　　　　　　仕訳不要
決算日　買掛金の換算　1,000ドル×(115 − 110) = 5,000
　　　　　　　　（為替差損益）　　5,000　　（外貨建買掛金）　5,000
為替予約の時価評価　1,000ドル×(113 − 111) = 2,000

|(為替予約未収金)|2,000|(為替差損益)|2,000|

貸借対照表
×2年3月31日　　　　　　　　　　　　　　（単位：円）

|為替予約未収金|2,000|買掛金|115,000|

損益計算書
自×1年4月1日　　至×2年3月31日　　　　（単位：円）

|為替差損（営業外費用）|3,000||

決済日　外貨建買掛金の支払　1,000ドル×117円＝117,000

|(外貨建買掛金)|115,000|(現金預金)|117,000|
|(為替差損益)|2,000|||

為替予約の限月到来時の時価評価　1,000ドル×(117－113)＝4,000

|(為替予約未収金)|4,000|(為替差損益)|4,000|

受取外貨117×1,000ドル＝117,000，支払円貨額111×1,000ドル＝111,000

|(現金預金)|117,000|(現金預金)|111,000|
|||(為替予約未収金)|6,000|

損益計算書
自×2年4月1日　　至×3年3月31日　　　　（単位：円）

||為替差益（営業外収益）|2,000|

例えば，Y社は×2年2月1日，米国A社へ商品1,000ドルを輸出した。この取引の決済は×2年5月31日である。円高基調と判断し，決算日に5月31日を限月として1,000ドル買いの為替予約を銀行と結んだ。5月31日にA社から1,000ドルの売掛金を受け取った。

		直物レート		先物予約レート	
取引日	2月1日	120円／ドル		118円／ドル	
決算日(予約日)	3月31日	115円／ドル	換算	113円／ドル	時価評価
決済日	5月31日	110円／ドル		110円／ドル	時価評価

|取引日||(外貨建売掛金)|120,000|(売上)|120,000|

決算日　売掛金の換算　1,000ドル×(120－115)＝5,000

|(為替差損益)|5,000|(外貨建売掛金)|5,000|

為替予約の時価評価　1,000ドル×(118－113)＝5,000

　　　　　　　（為替予約未収金）5,000　　　（為替差損益）　　5,000
　　決済日　外貨建売掛金の入金　100ドル×110円＝110,000
　　　　　　　（現金預金）　　　110,000　　（外貨建売掛金）115,000
　　　　　　　（為替差損益）　　　5,000
　　　　支払外貨113×1,000ドル=113,000，受取円貨額110×1,000＝110,000
　　　　　　　（現金預金）　　　110,000　　（現金預金）　　113,000
　　　　　　　（為替予約未収金）2,000

③特例の振当処理方法

　振当処理とは，為替予約等により固定されたキャッシュ・フローの円貨額により外貨建金銭債権債務を換算し，直物レートによる換算額との差額を，為替予約等の契約締結日から外貨建金銭債権債務等の決済日までの期間にわたり配分する方法をいう（外貨建取引等実務指針3項）。この振当処理の採用は，会計方針として決定する必要があり，また，ヘッジ会計の要件を満たす限り継続して適用しなければならない。振当処理の対象となる外貨建取引は，「外貨建金銭債権債務」又は「外貨建満期保有目的債券」である。振当処理を採用すると，取引時（発生時）から，予約レートで換算した円貨額をもって計上するために，外貨建金銭債権債務を決算時に換算する必要がなく，振当処理した為替予約等を時価評価する必要もない（本書第4章参照）。

　例えば，下記のように，外貨建金銭債権債務の取引発生後に為替予約を行う場合，❶取引発生時の直物レート110円／ドルと，予約時の為替レート105円／ドルとに差額（直々差額）が生じる。直々差額は当期の損益となる。また，❷為替予約日の直物レート105円／ドルと先物レート103円／ドルとの差額（直先差額）が生じる。これは予約時から決済日までの期間に配分する。このように振当処理では，二つの差額が生まれる。直先差額は，原則，為替差損益として表示される。決算日が1年以内に到来する直先差額は，前払費用あるいは前受収益とする。それ以外の直先差額は，長期前払費用又は長期前受収益として両建てする。

	取引発生日	為替予約日	決済日
直物レート	110円／ドル ⟷	105円／ドル	100円／ドル
	❶直々差額	↕ ❷直先差額	
先物レート	108円／ドル	103円／ドル	100円／ドル

さて，振当処理は，❶外貨建取引の前に為替予約が締結されている場合と，❷外貨建取引後に為替予約が締結される場合がある。❶にはケース（1）為替予約締結→決算日→取引発生→決済日→と，ケース（2）為替予約締結→取引発生→決算日→決済日→がある。いずれにしろ，予定取引に対する要件と金融商品会計基準に定めるヘッジの要件も満たす必要がある。ケース（1）では，為替予約等の締結後に決算日が到来し，取引がその後に行われるが，決算日には，ヘッジ手段（為替予約）に係る損益あるいは評価差額から，税効果相当額を控除した金額を純資産の部に繰延ヘッジ損益として繰り延べる（会計実務指針169，174）。ケース（2）は，為替予約等の締結後，決算前に外貨建取引が行われる。

❶外貨建取引前の為替予約[27]　振当処理（設例1）

例えば，Y社（3月決算）は，×1年2月1日，予定する米国A社からの商品1,000ドルの輸入取引について，円安により決済金額が増加することを懸念し，この取引をヘッジするため×1年3月31日を限月として1,000ドルの為替予約を結んだ。為替予約レートは104円／ドルである。この取引は実行性が高く，ヘッジ会計の要件を満たす。3月1日が取引日，為替予約の決済日は3月31日である。直物レートは2月1日105円／ドル，取引実行日108円／ドル，決算日107円／ドルである。

　　為替予約日　　　　仕訳なし（デリバティブ取引として認識しない）
　　取引実行日
　　　　仕入取引を為替予約レートで円換算　1,000ドル×104円／ドル＝104,000
　　　　　　　　　　　（仕入）　　　　104,000　　（買掛金）　　　104,000
　　為替予約決済日　　（買掛金）　　　104,000　　（現金預金）　　104,000
　　決算日　　　　　　仕訳なし

❷外貨建取引前の為替予約，決済日が決算日の後のケース[28]

例えば，Y社（3月決算）は，×1年4月に予定されている米国A社からの商

品1,000ドルの輸入取引について，円安により決済金額が増加することを懸念し，×1年1月末日に5月末日を決済期日（限月）とするヘッジ目的の為替予約を結んだ。為替予約レートは110円／ドルであった。この取引は実行性が高く，ヘッジ会計の要件を満たす。4月30日に予想と同額の1,000ドルの輸入取引が行われた。単純化のために，先物為替レートと直物為替レートは同一とする。その後の直物レートは，決算日107円／ドル，取引実行日112円／ドル，為替予約決済日114円／ドルであった。

為替予約日　　　　仕訳なし
決算日　（107 − 110）× 1,000
　　　　　　　（繰延ヘッジ損益）3,000　　（為替予約）　　　3,000
翌期首　　　　（為替予約）　3,000　　（繰延ヘッジ）　　3,000
取引実行日　仕入取引を為替予約レートで円換算　1,000 × 110 = 110,000
　　　　　　　（仕入）　110,000　　（買掛金）　110,000
為替予約決済日　　（買掛金）　110,000　　（現金預金）　110,000

❸ 取引発生後に為替予約を行う場合[29]

例えば，Y社（3月決算）は，×1年1月末日に行った米国A社からの商品1,000ドルの輸出取引について，円安により決済金額が増加することを懸念し，×1年2月末日に5月末日を決済期日（限月）とするヘッジ目的の為替予約を結んだ。為替予約レートは106円／ドルであった。直物レートは，取引実行日105円／105円，為替予約日108円／ドル，決算日107円／ドル，為替予約決済日110円／ドルであった。

取引実行日　　　（仕入）　　105,000　　（買掛金）　　105,000
為替予約日　直々差額（105 − 108）× 1,000
　　　　　　　（為替差損）　3,000　　（買掛金）　　3,000
　　　　　直先差額（108 − 106）× 1,000 = 2,000
　　　　　　　（買掛金）　　2,000　　（前受収益）　2,000
決算日　（107 − 106）× 1,000
　　　　　　　（前受収益）　1,000　　（為替差益）　1,000
為替予約決済日　（買掛金）　106,000　　（現金預金）　106,000

④為替予約の方法

為替予約の方法には,「個別予約」(輸出入取引ごとに為替予約) と「包括予約」(決済約定の状況に応じて一定期間内の決済見込額の全部あるいは一部について包括的に予約) がある。包括予約の場合には合理的な振当基準を定める必要がある。取引発生時以前に本邦通貨による為替予約等が締結されて,その取引に係る外貨建金銭債権債務の決済時における円貨額が確定している外貨建取引 (ひも付き) については,当該円貨額をもって記録する。

2 税効果会計基準

(1) 税効果会計基準の意義

会計の利益は税引前当期純利益 (income before income taxes) から法人税等を控除した当期純利益として計算される。法人税等は法人税上の益金と損金を調整計算し,課税所得 (taxable income, 例えば80) に実効税率 (例えば, 35%) を乗じて計算される。納税申告書 (tax return) に計算される課税所得は,資産や負債の範囲や会計の収益と費用と税務の益金又は損金の範囲や認識時点が異なることから,税引前当期純利益と異なる。

損益計算書 （単位：万円）

収益	1,000	
費用	900	課税所得の計算＝
税引前当期純利益	100	(税引前当期純利益＋加算項目－減算項目)
法人税等	28	課税所得 (80) × 実効税率 35%
税引後当期純利益	72	

企業会計は,適正な期間損益計算の視点から,利益に対応した「税金費用」を求める税効果会計 (tax effect accounting) を施すことになる。税効果会計は「法人税等の額を適切に期間配分することにより,法人税等を控除する前の当期純利益と法人税等を合理的に対応させることを目的とする手続きである」(税効果会計に係る会計基準)。税効果会計は,2000 (平成12) 年3月期から,上場会社の個別会計と連結会計に強制され,中間決算にも義務づけられた。商法は非公開会社の大会社にもそれを義務づけた。

①税効果会計を適用しない事例

例えば，Y社は，下記のように損益計算書において二期間にわたり収益1,000円と費用900円と同額であった。貸倒引当金繰入は，税法上の制限から1年目は20円が損金不算入だが，その差異は一時的なもので，2年目には損金に算入される。これにより，企業会計の費用と税務上の損金の一部が異なることになる。課税所得に対する法定実効税率[30]を35％と仮定すると，税効果会計を適用しない場合の1年目の法人税等は（1,000 − 880）× 35％ = 42，2年目は（1,000 − 920）× 35％ = 28円，通算すれば同額70円となる。この場合，税引前当期純利益100と税金費用35が期間対応しなくなるため二期間の比較性が失われる[31]。

税効果会計を適用しない損益計算書　　　（単位：円）

	×1年3月31日	×2年3月31日
収益（益金）	1,000	1,000
費用（損金）	900（880）	900（920）
税引前当期純利益（課税所得）	100（120）	100（80）
法人税等	42	28
税引後当期純利益	78	52

②税効果会計を適用する事例

この問題を解決するために税効果会計を適用し，企業会計における税引前利益と税金費用を期間対応させる必要がある。そこで，法人税等を適切に期間配分するためには，1年目の差額（42円 − 35円 = 7円）は，税金の前払部分の「法人税等調整額」として控除される。この法人税等調整額7円は貸借対照表では「繰延税金資産」（deferred tax liability）として表示される。

Y社　税効果会計適用の損益計算書　　　（単位：円）

	×1年3月31日	×2年3月31日
収益	1,000	1,000
費用	900	900
税引前当期純利益	100	100
法人税等	42	28
法人税等調整額	▲7	＋7
法人税等の合計（税金費用）	35	35
税引後当期純利益	65	65

税効果会計の適用から，税引前当期純利益100円と法人税等の合計（税金費用）35円が期間対応する。ただし，法人税等調整額を計上する条件（回収可能性のテスト）として，将来に必ず納税義務が発生し，その時点で将来一時差異が間違いなく解消されること，つまり繰延税金資産が将来の収益に寄与することが条件となる。繰延税金資産は将来に戻ってくる税金を先取りするという概念である。

③一時差異と永久差異

　課税所得と税引前当期純利益の差異には永久に解消されない永久差異（permanent differences）と，いずれ解消される一時差異（temporary differences）がある。永久差異は会計と税法のどちらか一方だけに含まれる収益あるいは費用である。会計上の費用として認められても税務上では損金とは認められない項目として，例えば，交際費の損金算入限度超過額，寄付金の損金算入限度超過額，受取配当金の益金不算入額がある。これら永久に解消されない科目には税効果会計を適用しない。一時差異には期間差異における将来減算一時差異（減価償却費の超過限度額，各種引当金繰入超過額等）と，将来加算一時差異（圧縮記帳）がある。資産や負債の評価差額等では，将来減算一時差異（マイナスの有価証券評価差額等）や将来加算一時差異（プラスの有価証券評価差額）がある。また，一時差異に準ずるものとして，繰越欠損金，繰越外国税額控除がある。

■将来減算一時差異

　この差異（deductible-temporary differences）は，前払税金の繰延税金資産として認識される。差異の発生は，課税所得の計算に加算調整され，差異の解消は，課税所得を減額させる効果をもつ。例えば，製品保証引当金は，会社が製品保証費を負担したときに事業年度の損金となる。貸倒引当金繰入は法人税上の確定主義によりすべてを損金として認められない。この一時差異は支払わなくてもよい税金を事前に支払っておき，損金と認められた時点で戻すことになり，将来には必ず解消される。

■将来加算一時差異

　この差異（taxable temporary differences）は課税所得を増加させる効果をもつ。税金の未払として，この税額相当分が繰延税金負債として認識される。会計上

の当期収益であるが課税所得にならない金額，又は損金の額が会計上の費用より大きい金額はいずれも反転して「将来課税所得」となる。

（２）税効果会計の処理方法

こうした一時差異の処理には，適用する税率の違いから，①「繰延法」と②「資産負債法」がある。繰延法は，一時差異を会計上の収益・費用と法人税法上の益金・損金の差額から把握する方法（一時差異の発生年度の税率）である。それに対して，資産負債法は，調整すべき差異を，会計上の資産・負債と，法人税法上の資産・負債の差額から把握する方法（一時差異の解消年度の税率）である。税効果会計基準は後者の資産負債法を採用する。

①繰延法による会計処理

例えば，Ｙ社の収益は1,000円，益金も同額であるが，一時差異に製品保証引当金繰入があり，その結果，費用900円と損金860円に一時差異40円が生まれる。会計上の税金は税引前当期純利益100円に実効税率（35％）を乗ずると35円となる。課税所得の税金（160×35％＝56）は会計上の税金より差額（56円－35円＝21円）だけ多く負担する。この部分が税金の前払部分で繰延税金資産として計上される。また，損益計算書に法人税等調整額を計上するには将来利益が生まれる裏付けが必要である。過去の業績が不安定で将来十分な利益が見込めない場合これまでの繰延税金資産を取り崩すことになる。

税金等調整前当期純利益	100
法人税，住民税，事業税	56
法人税等調整額	▲21
法人税等の合計（税金費用）	35

■繰延法：減価償却の一時差異

例えば，Ｙ社は初年度に建物を500万円で購入した。建物の減価償却費は耐用年数5年，会計上が定額法（残存価額0），税法上は定率法（残存価額0）で処理する。定額法の償却率0.2，定率法の償却率0.4である。各年度の収益（売上高400万円）と（売上原価100万円）は一定，小数点以下の計算は四捨五入とする。

減価償却スケジュール （単位：万円）

年度	1年	2年	3年	4年	5年	合計
会計上（0.2）	100	100	100	100	100	500
税法上（0.4）	200	120	72	43	65	500
差額	100	20	▲28	▲57	▲35	0

　減価償却費の合計は最終的には同額となる。費用の配分額が会計上と税法上とでは異なる。初年度の会計上の利益と課税上の所得は次の計算となる。実効税率35％と仮定する。

初年度の会計上のPL（単位：万円）

収益	400	減価償却費以外の費用＝100	
		減価償却費	100
		税引前利益	200
		（税金費用）	70
		税引後純利益	130

初年度の税法上のPL（単位：万円）

益金	400	減価償却費以外の費用＝100	
		減価償却費	200
		課税所得	100
		（法人税等）	35
		税引後純利益	65

　税金費用70と未払法人税（income tax payable）35の差額（70 − 35 = 35）はプラスの法人税調整額であり，貸借対照表では繰延税金負債として計上される。実効税率が変化しない限り，3年度以降は会計上の減価償却費がより多く計上されて差額は逆転する。

Y社　第一期損益計算書 （単位：万円）

売上高	400	
売上原価	100	
売上総利益	300	
減価償却費	100	
税引前当期純利益		200
法人税等	35	
法人税調整額	35	
法人税等の合計（税金費用）		70
税引後当期純利益		130

Y社　第一期貸借対照表　　　（単位：万円）

資産	××	負債	××
		未払法人税	35
		繰延税金負債	35

② 資産・負債法

　資産負債法は，調整すべき差異を「会計上の資産・負債」と「法人税法上の資産・負債」の差額から把握する。上記の繰延法と同じ設例を使うが，減価償却費ではなく固定資産の簿価が会計上と税法上で異なる点に着目する。

資産　　　　　　　　　　　　（単位：万円）

年度	1年	2年	3年	4年	5年
会計上の資産	400	300	200	100	0
税法上の資産	300	180	108	65	0
差額	100	120	92	35	0

　資産の簿価の差額は時間の経過につれてしだいに解消するが，会計上の資産（負債）と税務上の資産（負債）との間に期間的ズレが発生し，会計の税引前利益と申告納税額とでは合理的な対応関係がなくなる。資産と負債のズレに対する税効果を認識する方法が資産・負債法である。

繰延税金資産（負債）の取崩し

年度	1年	2年	3年	4年	5年
差額	100	120	92	35	0
実効税率	35%	35%	35%	35%	35%
繰延税金負債	35−0=35	42−35=7	32.2−42= ▲9.8	12.25−32.2= ▲19.95	0−12.25= ▲12.25
繰延税金費用	35	7	▲9.8	▲19.95	▲12.25

■仕訳

1年	（繰延法人税費用）35	（繰延税金負債）	35
2年	（繰延法人税費用）7	（繰延税金負債）	7
3年	（繰延税金負債）9.8	（繰延法人税費用）	9.8
4年	（繰延税金負債）19.95	（繰延法人税費用）	19.95

5 年　　　　　　（繰延税金負債）　12.25　（繰延法人税費用）12.25
　資産・負債法では，会計上と税務上の繰延税金負債の差額に税率（一時差異の解消年度の税率）をかけ「繰延税金資産・負債」を認識し，期首と期末の差額分だけを「繰延法人税費用」として認識する。税率に変更があった場合に遡及修正を行わない。新たな税率を用いて期末の繰延税金資産を計算する。
■繰延税金資産等の表示
　1　繰延税金資産については「流動資産」（商品評価損の損金不算入や貸倒引当金の繰入限度額等）又は「投資その他の資産」（減価償却費の償却限度超過額やその他有価証券の評価差損等），繰延税金負債については流動負債又は固定負債（その他有価証券の評価差益等）として表示しなければならない。
　2　流動資産に属する繰延税金資産と流動負債に属する繰延税金負債がある場合，及び投資その他の資産に属する繰延税金資産と固定負債に属する繰延税金負債がある場合，それぞれ相殺して表示するものとする。ただし，異なる納税主体の繰延税金資産と繰延税金負債は，原則として相殺してはならない。
　3　当期の法人税等として納付すべき額及び法人税等調整額は，法人税等を控除する前の当期純利益から控除する形式によりそれぞれ区分して表示しなければならない。（税効果会計基準第三）
　連結財務諸表に税効果会計を適用するには固有の一時差異がある。❶資本連結に際し子会社の資産及び負債の時価評価により評価差額が発生した場合，❷連結会社相互間の取引から生じる未実現損益を消去した場合，❸連結会社相互間の債権と債務の相殺消去より貸倒引当金を減額修正した場合（第8章参照）。

③回収可能性のテスト
　税務会計では過去の繰越欠損金を 5 年間に限り課税所得から控除できることから，繰延税金資産は将来の税負担を軽減できる効果がある。その前提には将来に必ず納税義務が発生し，その時点で次期に認識する「将来減算一時差異」が必ず解消される見通しが不可欠である。これをチェックするのが「回収可能性テスト」である。テストでは第一に将来の業績を予測し，将来に十分な

課税所得が稼得できるかを推定する。第二に将来の税務戦略に関する「タックス・プランニング」を分析し，固定資産や有価証券などの売却によって，意図的に課税所得を増額する余地があるかを調査する。第三に繰越欠損金などを考慮にいれて将来減算一時差異が予定どおりに解消されるかを判断することになる。これら三つのテストをすべてクリアしたときに，繰延税金資産には回収可能性があると判定される。繰延税金資産は将来の収益に寄与することが明らかな場合にのみ「正当な資産」と認められる。将来相殺することで課税が軽減される金額が繰延税金資産となる[32]。

3 工事契約に関する会計基準

(1) 目的

　ASBJ は，2007年12月に「工事契約に関する会計基準」(企業会計基準第15号)と「企業会計基準適用指針第18号」を公表し，2009年4月以降開始する事業年度から適用された。それまで建設業等の会計では，長期請負工事の収益に関する計上については，工事完成基準又は工事進行基準が選択適用された。しかし，成果の確実性が認められる場合には，工事の物件が完成あるいは引き渡し前でも工事の進捗度に応じて収益を計上する工事進行基準が適用される。本会計基準は「工事契約に係る収益（工事収益という）及びその原価（工事原価）に関し，施工者における会計処理及び開示について定めることを目的とする（1項）。他の会計基準等において本会計基準と異なる取扱を定めている場合でも，本会計基準が優先して適用される。

(2) 範囲

　工事契約に関して，施工者における「工事収益」及び「工事原価」の会計処理と開示に適用される。工事契約とは，仕事の完成に対して対価が支払われる請負契約のうち，土木，建築，造船や一定の機械装置の製造等，仕様や作業内容を顧客の指図に基づいておこなうものである。受注制作のソフトウェアにも適用される。

（3）工事進行基準と完成基準

　短期の工事は工事完成基準を適用する。長期請負工事では，収益の不確実性は，依頼主から注文を受けて契約を取り交わし進捗段階で管理することにより解消されることから，工事前から工事進捗の程度に応じて収益獲得（成果）の確実性が高まる場合の収益認識に「工事進行基準」(percentage of completion method) が適用される。これに対して，成果の確実性が認められない場合，物件の引渡しが完了したときに収益を認識するのが「工事完成基準」(completed contract method) である。これは販売主義にあたる。ちなみに，鉱産物を採取する企業は「生産基準」，農産物をあらかじめ決めた価格で買い取るような取引では「収穫基準」などの発生主義で収益を把握する。

収益の認識時点

引渡前 工事進行基準	販売・引渡時点 現金あるいは掛売上	引渡後 割賦販売等
（発生主義）	（実現主義）	（現金主義）

　工事契約では，工事収益と工事原価の認識に係る判断を行う単位を「認識の単位」という。工事進行基準とは，認識の単位に基づいて，工事収益額，工事原価総額，及び決算日における「工事進捗度」を合理的に見積もり，これに応じて当期の「工事収益」及び工事原価を認識する方法をいう。ASBJ は，IFRSとの整合性からこの基準を原則適用するよう義務づけた。

（4）工事進行基準の計算と会計処理——原価比例法

　この基準により，各決算時において，工事収益総額，工事原価総額，決算日における工事進捗度を合理的に見積もり，これに応じて当期の工事収益及び工事原価を損益計算書に計上するが，発生した工事原価のうち未だ損益計算書に計上されていない部分は「未成工事支出金」（流動資産）等の適切な科目をもって貸借対照表に計上する。

　決算日における工事進捗度の一つが「原価比例法」である。これは決算日までに実施した工事に関して発生した工事原価が，工事原価総額に占める割合をもって決算日における工事進捗度とする方法である。これ以外により合理的に見積もることができる場合に原価比例法に代えて当該見積方法を用いることが

できる。

- 当期までの工事収益合計＝請負額×工事進捗度（当期までの実際工事原価／当期までの実際工事原価＋次期以降の見積工事原価）
- 当期の工事収益＝当期までの工事収益合計－前期までの工事収益
- 各期に発生した工事原価は，各期の完成工事原価として計上される。

ちなみに，この工事進捗度（当期の工事進行率＝当期の実際工事原価／見積総工事原価）以外に，①作業量基準として工事進行程度＝作業量／総作業量，②工事進捗率として，作業時間の割合，加工費の割合，材料費と加工費のすべてを合計した生産原価総額を基準として決定する方法が採用される。

例えば，Y社の工事請負契約の総価格1,000万円，工事総見積原価800万円，実際に発生した原価は第1期200万円，第2期500万円，第3期100万円（工事完成）であった。この場合の3期間にわたる工事収益，工事原価，そして工事利益は下記の通りとなる。

	工事収益	工事原価	工事利益
第1期	1,000 × 200 ÷ 800 = 250	200	50
第2期	1,000 × (200 + 500) ÷ 800 = 875，875 － 250 = 625	500	125
第3期	1,000 － (250 + 625) = 125	100	25

■ 工事進行基準の会計処理

① Y社は，請負工事契約時に手付金100万円を受け取った。この工事請負総額は800万円，見積総工事原価は600万円である。

    （現金）   100 （未成工事受入金） 100

② 当期に材料費150万円，労務費50万円，経費120万円が発生した。

    （材料費）   150 （工事未払金） 300
    （労務費）   50
    （経費）   100

③ 決算時，当期に発生した費用を未成工事支出金（いわゆる仕掛品）に振り替える。

    （未成工事支出金） 300 （材料）   150
              （労務費）   50
              （経費）   100

未成工事支出金を完成工事原価（売上原価）に振り替える。

　　　　　　　　　（完成工事原価）　　　300　　　（未成工事支出金）　300

完成工事高を計上し，手付金を減らす。工事収益は800万円×（未成工事支出金300÷見積総工事原価600万円）＝400万円である。

　　　　　　　　　（未成工事受入金）　　100　　　（完成工事高・工事収益）400
　　　　　　　　　　　　　　　　　　　　　　　　（工事未収入金）　　300

（5）工事完成基準の計算と会計処理

　工事が完成し目的物の引渡しを行った時点で工事収益及び工事原価を損益計算書に計上する。未完成工事で引き渡しまで発生した工事原価は「未成工事支出金」（流動資産）等の適切な科目をもって貸借対照表に計上する（工事契約に関する会計基準，18号）。

■会計処理

①Y社は，工事契約時に手付金100万円を受け取った。この工事請負総額は800万円，見積総工事原価は600万円である。

　　　　　　　　　（現金）　　　　　　　100　　　（未成工事受入金）　100

②当期に材料費150万円（掛），労務費50万円（現金），経費100万円（現金）が発生した。

　　　　　　　　　（材料費）　　　　　　150　　　（工事未払金）　　　150
　　　　　　　　　（労務費）　　　　　　 50　　　（現金）　　　　　　150
　　　　　　　　　（経費）　　　　　　　100

③決算時，当期に発生した費用を未成工事支出金に振り替える。

　　　　　　　　　（未成工事支出金）　　300　　　（材料費）　　　　　150
　　　　　　　　　　　　　　　　　　　　　　　　（労務費）　　　　　 50
　　　　　　　　　　　　　　　　　　　　　　　　（経費）　　　　　　100

未成工事支出金

材料費	150	次期繰越	300
労務費	50		
経費	100		

＊工事完成基準では工事物件が完成し引き渡したときに，未成工事支出金を完成工事原価（売上原価）に振り替える。

　　　　　　　　（完成工事原価）　　600　　（未成工事支出金）　600
同時に，完成工事高を計上する。
　　　　　　　　（未成工事受入金）　100　　（完成工事高・工事収益）800
　　　　　　　　（工事未収入金）　　700

■工事損失引当金

　工事契約について工事原価総額等（販売直接経費を含む）が工事収益総額を超過する可能性が高く，かつ，その金額を合理的に見積もることができる場合には，その超過すると見込まれる額（工事損失）のうち，当該工事契約に関して既に計上された損益の額を控除した残額を工事損失が見込まれた期の損失として処理し，「工事損失引当金」（負債）[33]を計上する。この取扱は工事進行基準であるか工事完成基準に関わらず，また工事の進捗の程度に関わらず適用される。

　工事契約会計の財務諸表における勘定科目は次のように比較される。

損益計算書表示	建設業
売上高 →	完成工事高　　工事収益
売上原価 →	完成工事原価
売上総利益 →	完成工事総売上高
貸借対照表表示	
仕掛品 →	未成工事支出金
売掛金 →	未成工事未収入金
買掛金 →	工事未払金
前受金 →	未成工事受入金

▶▶▶ 注 ◀◀◀

1) 物的資本維持は資本の保有利得・保有損失を利益に含めず自己資本の直接修正項目として扱う。財務的資本維持は保有利得・保有損失が認識され資本リターンの利益とみなす。
2) E. G. エドワーズ／P. W. ベル，中西寅雄監修・伏見多美雄・藤森三男訳，1964年，『意思決定と利潤計算』，日本生産性本部，18頁参考。

3) 新田忠誓稿，2003年12月，「収益費用アプローチにおける会計公準の意味」『會計』第164巻第6号，1–14頁．
4) 斉藤真哉，2007年，「財務諸表の構成要素」斉藤静樹編著『詳解 討議資料 財務会計の概念フレームワーク（第2版）』，中央経済社，第2部第3章，97頁参考．
5) 辻山栄子，2007年，「財務諸表の構成要素と認識・測定をめぐる諸問題」，斉藤静樹編著『詳解 討議資料 財務会計の概念フレームワーク（第2版）』，中央経済社，第2部第6章，141–142頁参考．
6) 井尻雄士，1968年，『会計測定の基礎――数学的・経済学的・行動科学的探究』，東洋経済新報社，25–29頁参考．
7) 井尻雄士，同上書，参考．
8) 平松一夫・広瀬義州訳，2002年，『FASB財務会計の諸概念（増補版）』，中央経済社，324–325頁参考．
9) Zack, G. M. (2012) *Financial Statement Fraud, Strategies for Detection and Investigation,* John Wiley & Sons, Inc.
10) FASB (2012–2013) *Accounting Standards Codification* (会計基準編纂) 605–10–S99は，請求済未出荷販売 (bill and hold transactions) に関係して収益を認識するための基準を規定する．
11) 販売基準の便法に「現金基準」（電車，バスなどの運賃収益，誤差はやがて調整される）と「検針基準」（電気，ガス，水道などは検針量）がある．
12) ビール会社や自動車メーカーは工場から製品を出荷する時点で売上を認識する．IFRSの到着基準は日本のビジネス慣行と齟齬がある．
13) 商社の仲介業務では商品の売買額を総額計上するのが一般的である．米国基準では売買差益だけを売上高に純額表示する．
14) 金融商品の取引では実現主義の概念を拡大し，「実現可能性」あるいは「投資のリスクからの解放」という弾力的な解釈が採用される．
15) ジョンソン・エンド・ジョンソンの経営信条は「まず顧客，次に社員，その次に社会，そして最後に株主に責任をもつこと」とある．この信条は損益計算書の構造に相当する．①顧客が売上高，②社員が人件費，③社会は税金，④株主は配当金となる．
16) カネボウは過去5年間に架空売上と本来翌期以降の売上を前倒しすることにより「売上高の水増し」を行った．返品を前提に商品を販売し，翌期の注文を前倒しすることにより，毎期数十億円単位で4年間に200億円を超える売上の水増しを行い，4年間で売掛金が377億円から737億円に倍増した．水増し額の193億円は売上の水増し額204億円に等しい．この操作により，売掛金回収期間（売掛金÷年間売上高÷12カ月）は4年間（1.98カ月→3.79カ月）と膨らんだ．
17) 交際費とは得意先，仕入先，その他の関係者に接待，供応，慰安，贈答，その他の類する行為のために支出した金額である．
18) 人材派遣（人的資源の融通），出向（本籍を残して派遣先で勤務し給与が支払われる），転籍（派遣先との雇用関係を結ぶ）がある．
19) 主力企業の営業利益に占める金融事業は，トヨタの自動車ローンが3,000億円弱，イオンが290億円，セブン＆アイ・ホールディングスが356億円であった．「日本経済新聞」2012年9月6日付．

20) 会計実務では，企業会計原則では特別損益に属する項目であっても，金額が僅少なもの又は毎期経常的に発生するものは経常損益計算に含めることができることから，同一項目であっても企業の会計処理には判断が入る。
21) EPS計算の分母は社外流通の普通株式 (outstanding common stock) の加重平均株数を使う。社外流通の希薄性証券 (diluted securities) がない場合を単純な資本構成という。希薄性証券とは転換社債 (convertible bonds)，転換優先株式 (convertible preferred stocks)，新株引受権 (stock warrants)，従業員ストック・オプション (employee stock options) をいう。こうした企業は損益計算書に2種類のEPSを併記 (dual presentation) する。
22) FASB (1980) Statement of Financial Accounting Concepts No.6, para.70.
23) 貨幣項目とは，最終的に現金で決済を予定している資産及び負債であり現金預金や金銭債権債務である。棚卸資産，建物，前受収益などを非貨幣項目という。
24) 為替市場には銀行と銀行が取引をするインターバンク市場と企業や個人と銀行が取引する対顧客市場がある。銀行が顧客に外貨 ($, €, £, 人民元) を売る場合の交換比率を (TTS)，顧客から外貨を買う交換比率を (TTB) という。銀行はインターバンク相場を参考に中値 (高値と安値の中間TTM) を決める。100円2銭―100円2銭という表現は1ドルを100円2銭で買いたい人と1ドルを100円2銭で売りたい人がいるということを意味する。
25) 預金，売掛金，未収金，未収収益，貸付金，立替金，仮払金のうち貨幣項目分，差入保証金，支払手形，買掛金，借入金，社債，未払金，未払費用，預り金，仮受金のうち貨幣項目分が含まれる。前払金や前受金等は外貨建であっても金銭債権債務に含まれない。
26) TAC簿記検定講座，2002年，『合格テキスト日商簿記1級 商業簿記・会計学II』，TAC出版，296-298頁参考。
27) 中央経済社編，2010年，「外貨建取引等の会計処理に関する実務指針」，『企業会計小六法』，中央経済社，397-398頁参考，一部加筆修正。
28) 同上書，398頁参考。
29) 同上書，398-399頁参考。
30) 法定実効税率 (normal effective statutory tax rate) とは，課税所得に対する法人税，住民税，事業税の表面税率に基づく所定の算定式による総合的税率である。税効果会計では一時差異に繰延税金資産あるいは負債が算定される。本来はこれらの合計税率が適用されるが，住民税の課税標準額は課税所得でなく法人税額を基礎とし，事業税は課税所得上損金算入が認められるなど，実際の税負担率は単純合算値より小さくなる。法定実効税率は，〔法人税率×(1＋住民税率)＋事業税率〕÷(1＋事業税率) として計算される。復興特別法人税終了後の2014年以降は35.64％が予定されている。
31) 岡部孝好，2009年，『最新会計学のコア (三訂版)』，森山書店，参考。
32) 足利銀行は税金の将来還付を前提に，自己資本に算入する繰延税金資産1,200億円を計上する方針であった。だが，繰延税金資産の資本算入が全額カットされ債務超過に陥り破綻した。監査法人は足銀の平成15年3月期決算で繰延税金資産計上を認めたが，金融庁が将来の回収不能に備えた引当金不足を指摘し9月中間決算で繰延税金資産の全額否認を通告した。
33) これはゼネコン，造船，重電機，プラントなど受注産業において対象工事の遅延によっ

て赤字となる損失を前倒する会計処理。売上原価に計上されて営業利益の圧迫要因となる。

▶▶▶ 上記以外の参考文献 ◀◀◀

1 新日本有限責任監査法人編, 2014年,『会計実務ライブラリー4 外貨建取引会計の実務（第2版）』, 中央経済社。
2 秋葉賢一, 2014年,『会計基準の読み方Q&A100』, 中央経済社。
3 桜井久勝, 2014年,『財務会計講義 第15版』, 中央経済社。

株式会社ニトリホールディングス
有価証券報告書（第41期）

【損益計算書】

(単位：百万円)

	前事業年度 (自 平成23年2月21日 至 平成24年2月20日)	当事業年度 (自 平成24年2月21日 至 平成25年2月20日)
売上高		
不動産賃貸収入	28,129	27,617
関係会社受取配当金	11,790	27,193
売上高合計	※1　39,920	※1　54,811
売上原価		
不動産賃貸原価	23,723	22,832
売上原価合計	23,723	22,832
売上総利益	16,196	31,978
販売費及び一般管理費		
役員報酬	303	341
給料手当及び賞与	867	793
賞与引当金繰入額	89	95
株式報酬費用	149	275
賃借料	219	217
租税公課	529	268
減価償却費	218	181
その他の経費	990	1,093
販売費及び一般管理費合計	3,366	3,265
営業利益	12,830	28,712
営業外収益		
受取利息	294	278
受取配当金	16	16
為替差益	―	56
経営指導料	※1　4,097	※1　3,905
雑収入	346	414
営業外収益合計	4,753	4,671
営業外費用		
支払利息	※1　337	※1　216
為替差損	13	―
雑損失	0	0
営業外費用合計	351	216
経常利益	17,233	33,167
特別利益		
固定資産売却益	―	※2　884
貸倒引当金戻入額	533	―
その他	59	11
特別利益合計	593	895

(単位：百万円)

	前事業年度 (自 平成23年2月21日 至 平成24年2月20日)	当事業年度 (自 平成24年2月21日 至 平成25年2月20日)
特別損失		
固定資産除売却損	※3　3	※3　6
退店違約金等	212	1
投資有価証券評価損	56	—
関係会社株式評価損	598	—
災害による損失	3	—
その他	1	—
特別損失合計	875	8
税引前当期純利益	16,950	34,054
法人税, 住民税及び事業税	2,268	2,921
法人税等調整額	788	181
法人税等合計	3,057	3,103
当期純利益	13,892	30,951

【売上原価明細書】

区分	前事業年度 （自　平成23年2月21日 　至　平成24年2月20日）		当事業年度 （自　平成24年2月21日 　至　平成25年2月20日）	
	金額（百万円）	構成比（％）	金額（百万円）	構成比（％）
支払賃借料	17,557	74.0	17,260	75.6
減価償却費	6,166	26.0	5,572	24.4
売上原価	23,723	100.0	22,832	100.0

【注記事項】
（損益計算書関係）
　※1. 関係会社との取引に係るものが次のとおり含まれております。

	前事業年度 （自　平成23年2月21日 　至　平成24年2月20日）	当事業年度 （自　平成24年2月21日 　至　平成25年2月20日）
関係会社への売上高	37,794 百万円	52,233 百万円
関係会社よりの経営指導料	4,097	3,905
関係会社への支払利息	101	37

　※2. 固定資産売却益の内訳は，次のとおりであります。

	前事業年度 （自　平成23年2月21日 　至　平成24年2月20日）	当事業年度 （自　平成24年2月21日 　至　平成25年2月20日）
土地	一 百万円	884 百万円

　※3. 固定資産除売却損の内訳は，次のとおりであります。

	前事業年度 （自　平成23年2月21日 　至　平成24年2月20日）	当事業年度 （自　平成24年2月21日 　至　平成25年2月20日）
除却損		
建物	2 百万円	一 百万円
構築物	1	5
工具，器具及び備品	一	0
売却損		
工具，器具及び備品	一	1
合計	3	6

第7章 キャッシュ・フロー計算書の分析

学習目標

第三の基本財務諸表であるキャッシュ・フロー計算書は，同じフローを計算する損益計算書とどのように異なるのであろうか。本章は，この計算書を作成する考え方と情報の意味を理解することに目標を置く。連結キャッシュ・フロー計算書も本章で説明する。

1 キャッシュ・フロー計算書の本質

1 キャッシュ・フロー計算書の導入と目的

（1）導入

　企業会計審議会は，「連結キャッシュ・フロー計算書等の作成基準」（1998年3月）を制定し，上場会社に2000年3月決算期以降の有価証券報告書にキャッシュ・フロー計算書（statement of cash flows，以下CF計算書という）を掲載することを義務づけた。連結決算を行う会社は，連結CF計算書を報告することにより，個別CF計算書を公表しなくてすむ。連結CF計算書を作成しない会社は，連結決算作成基準に準じて個別CF計算書を公表する。CF計算書の様式は，財務諸表等規則（様式第八号と第九号）と連結財務諸表規則（第七号又は第八号）による。

（2）キャッシュ・フロー計算書の目的

　CF 計算書を導入する前，1950 年代から 1987 年までは「資金繰り表」が作成された。その目的は，短期の債務弁済能力を評価するためのものであった。「資金繰り表」には収入と支出の総額が記載されたが，資金の範囲が現金と預金に限定されて，企業の財務活動の実態が十分に反映されなかった。1988 年から 1999 年までは「資金収支表」（事業活動に伴う収支と資金調達活動に伴う収支の 2 分類）が作成された。資金概念には現金と預金だけでなく市場性ある有価証券を含むことになったが，一時所有の有価証券の価値の変動があることに問題が残った。それらの問題を克服するものとして，CF 計算書が導入された。

　CF 計算書は，一会計期間におけるキャッシュの源泉と運用（sources and uses）の変化を活動別に報告する財務諸表である。CF 計算書は他の財務諸表を併用することによって企業の流動性や支払能力のような財務構造の変化と CF を創出する能力を評価する情報を提供する。CF 計算書の CF とは，経営活動の結果である過去のキャッシュの流れをいう。ただし，財務における投資決定や公正価値を計算するために使用されるキャッシュ・フローは，市場利子率で割り引いた予測であり，将来の確率に基づく金額である。これは一つのフィクション，現在の約束ごとである点で CF 計算書のキャッシュ・フローとは区別される必要がある[1]。

　CF 計算書は，経営者の視点からは，常に資金を安全に管理し，投資効率の判断，フリーキャッシュ・フローの判断に利用される。投資家の視点からは，会計処理変更による影響額を排除し，同業他社との企業価値の比較が可能となり，キャッシュを稼ぎ出す経営者の能力の評価ができる。CF 計算書は，企業の戦略や活動状況を読みとることができる情報を提供し，他の財務情報を合わせて利用することにより，企業の純資産や財務構造の変化を理解することを可能とする。

（3）キャッシュ（資金）の範囲

　CF 計算書のキャッシュの範囲は「現金及び現金同等物」とする。現金とは，手許現金及び要求払預金，現金同等物とは，容易に換金可能でありかつ価値の変動について僅少なリスクしか負わない短期投資をいう。それには取得日から

満期日又は償還日までの期間が3カ月以内の定期預金，譲渡性預金，CP，売戻し条件付現先，公社債投資信託が含まれる。一時所有の有価証券を除外している点に特徴がある。ただし，現金同等物の範囲は経営者の判断に委ねられる。

現金	手許現金	保有する現金
	要求払預金	当座預金，普通預金その他の預金者が一定の期間を経ることなく引き出すことができる預金
現金同等物	定期預金	預入期間3カ月以内の定期預金
	譲渡性預金	銀行発行の預金証書で，市場で売買されるもの
	コマーシャル・ペーパー	短期資金調達のために発行される証券
	売戻し条件付現先	債券を担保とした短期貸付金
	公社債投資信託	投資家が銀行などに金銭を信託したもの

当座借越契約に基づく借越限度枠の利用がある場合，負の現金同等物として扱われる。

2 損益計算書とキャッシュ・フロー計算書との違いと表示区分

（1）両計算書の違い

　損益計算書は一会計期間における経営成績，CF計算書は当該会計期間の「キャッシュ・フロー」を報告する。両計算書はともにフローを報告するが，損益計算書は，発生主義（accrual basis）に基づくフローの損益を表示する。発生主義による収益と費用は，会計方針に基づいて会計処理が選択されることから，利益が相対的計算となる。損益は各国の企業会計基準（GAAP）の違いによって大きく影響を受ける。発生主義による損益計算には，ときには恣意性が介入し，会計情報利用者をミスリードする可能性もある。経営者による裁量の余地が広がることから，会計数値の信頼性が揺らぎ，利益の質（quality of earnings）と硬度（hardness）が問われる場合がある。それに対して，CF計算書は，キャッシュのフローを報告する。CF計算書は，キャッシュ・インフロー（cash inflows）とアウトフロー（cash outflows）の「事実」に基づいて，期末時点に利用可能なキャッシュを表示する。キャッシュは費用・収益と比べると，恣

意的な会計処理が入り込む余地が少なく，透明性の高い会計情報を提供し，企業間比較や国際間比較をも可能にすると理解される[2]。

（2）キャッシュ・フロー計算書の表示区分

CF計算書は，下記に示すように，三つの経営活動に区分して表示される。Ⅰ 営業活動によるキャッシュ・フロー，Ⅱ 投資活動によるキャッシュ・フロー，Ⅲ 財務活動によるキャッシュ・フローである。これらに加えて，Ⅳ 現金及び現金同等物に係る換算差額を加減し，Ⅴ 当期の増減額を計算し，Ⅵ 期首残高と比較して，末尾にⅦ 現金及び現金同等物の期末残高を表示する。この金額が，貸借対照表の現金預金と符合する。

キャッシュ・フロー計算書

Ⅰ	営業活動によるキャッシュ・フロー	××
Ⅱ	投資活動によるキャッシュ・フロー	××
Ⅲ	財務活動によるキャッシュ・フロー	××
Ⅳ	現金及び現金同等物に係る換算差額	××
Ⅴ	現金及び現金同等物の増減額	××
Ⅵ	現金及び現金同等物の期首残高	××
Ⅶ	現金及び現金同等物の期末残高	××

Ⅳ 外貨建の現金預金及び現金同等物は，為替相場の変動により価値が動くことから，本来のキャッシュ・フローではないが，その増減を記載する。

2 キャッシュ・フロー計算書の作成

1 営業活動によるキャッシュ・フローの作成方法

営業活動によるキャッシュ・フロー（Cash Flow from Operating activities, CFOという）は，主要な取引ごとに収入と支出を表示し，キャッシュを直接に「現金勘定」で集計する直接法（direct method）と，発生主義会計の純利益を，必要な調整項目を加減し，間接的にCFを報告する間接法（indirect method）がある。直

接法か間接法のいずれかの表示方法によりCFを表示しなければならないが，一度採用すると継続して適用される。なお，投資活動によるキャッシュ・フローと財務活動によるキャッシュ・フローには，この区別はなく，直接法によって導かれる。

（1）直接法による CFO の作成

　直接法による CFO は，主要な取引ごとに収入総額と支出総額を記載（総額表示という）し，差額として「正味キャッシュ・フロー」を算出する方法である。期中の資金の変化額は収入から支出を差し引いて直接に算定される。この方法は，❶収益から収入を導き，❷費用から支出を導く。❸収入から支出を控除して期中の資金変化額を明らかにするプロセスを踏む。

　❶収益を調整（＋あるいは－）　収入　┐
　❷費用を調整（＋あるいは－）　支出　┘　❸資金増減

　直接法は CFO を「総額」で表示する点に長所がある。

「営業活動によるキャッシュ・フロー」（直接法）財務諸表等規則様式第八号

	前事業年度	当事業年度
Ⅰ　営業活動によるキャッシュ・フロー		
❶営業収入	××	××
❷原材料又は商品の仕入支出	－××	－××
❸人件費支出	－××	－××
❹その他の営業支出	－××	－××
小計	××	××
❺利息及配当金の受取額	××	××
❻利息の支払額	－××	－××
損害賠償金の支払額	－××	－××
……	××	××
❼法人税等の支払額	－××	－××
営業活動によるキャッシュ・フロー	××	××

■本来の営業活動 CF
　❶商品及び役務の販売による受取額，前受金の受取額，その他
　❷原材料又は商品の仕入による支払額，前渡金の支払額

❸ 従業員及び役員に対する報酬（給料，賞与，退職給付など）
❹ 人件費以外の販売費及び一般管理費の支払額
■ その他の取引によるCF
❺ 利息及び配当金の受取額
❻ 借入金と社債に関係する利息の支払額
❼ 法人税，住民税，事業税の前期未払額と当期中間納付額との合計

　例えば，下記のデータはY社の貸借対照表の一部と損益計算書（営業損益計算）である。直接法によるCFOのCF計算書を作成する。ただし，単純化のために売上と仕入はすべて掛，人件費とその他経費は現金預金払いと仮定する。

Y社　B／S（一部）　　　　　　　　（単位：円）

項目	前期末	当期末	増減
売上債権	700	900	200
棚卸資産	400	350	△50
前払経費	100	80	△20
仕入債務	300	450	150

Y社　P／L　　　　　　　　（単位：円）

借方	金額	貸方	金額
売上原価	3,800	売上高	7,000
人件費	1,200		
その他経費	900		
減価償却費	200		
当期純利益	900		
	7,000		7,000

　上記の各項目について，例えば，当期の売上高7,000円（掛）の回収には，前期末の売上債権が含まれる。当期の回収額（営業収入）は，前期末の売上債権残高700円に当期の売上高7,000円を加え，当期末の売上債権残高900円を差し引いた6,800円となる。その他の営業活動に関わる資産と負債についても，同様の調整が必要である。

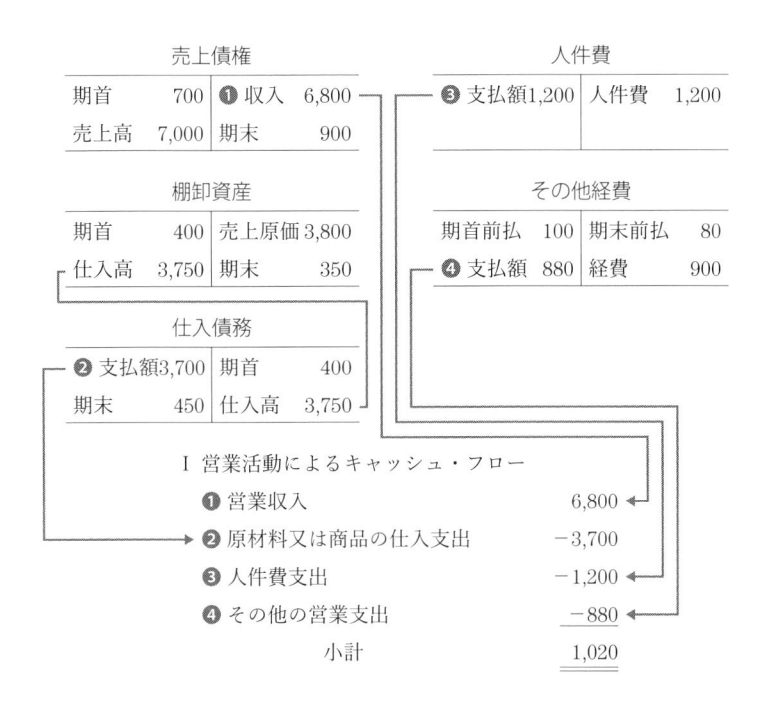

```
       売上債権                        人件費
   期首    700  ❶収入  6,800      ❸支払額1,200  人件費  1,200
   売上高 7,000  期末     900

       棚卸資産                       その他経費
   期首    400  売上原価 3,800      期首前払 100  期末前払   80
   仕入高 3,750  期末      350      ❹支払額 880  経費      900

       仕入債務
   ❷支払額3,700  期首     400
   期末      450  仕入高  3,750
```

```
      I 営業活動によるキャッシュ・フロー
         ❶ 営業収入                       6,800
         ❷ 原材料又は商品の仕入支出      -3,700
         ❸ 人件費支出                    -1,200
         ❹ その他の営業支出                -880
              小計                        1,020
```

この後,その他の投資活動及び財務活動に分類できない取引の❺,❻,❼のキャッシュ・フローを記載して,最終の CFO が算定される。

(2) 間接法による CFO の会計処理

間接法による CFO は,税引前当期純利益を出発点として,収益と収入,費用と支出の違いを調整して発生主義による利益を現金主義の収支差額へと変換するプロセスを踏む。CFO の金額をたどるには,❶キャッシュ・フローを必要としない非資金損益項目を調整し,❷営業活動に関係しない損益項目(営業外損益と特別損益)を調整し,❸営業活動に係る資産負債項目,例えば売上債権等の前期末残高と当期末残高を比較して調整する。この段階で間接法によるCFO を小計する。さらに,❹実際に受け払いされたキャッシュの金額(利息,配当金の受取額と利息支払額)を記載(支払配当金は財務活動として区分する方法を採用)し,最後に,❺投資活動と財務活動にも属さない項目を加減する。

❶非資金損益項目の調整
　　税引前当期純利益　　　1,000
　　減価償却費　　　　　＋200　　（当期の費用，支出されない金額）
　　貸倒引当金増加額　　＋ 10　　（期首残高と期末残高の増減額）
❷営業活動に関係しない損益項目の調整
　　受取利息・受取配当金　－ 10　　（営業外収益の減算）
　　支払利息　　　　　　＋ 20　　（営業外費用の加算）
　　有価証券売却損　　　＋ 15　　（営業外費用の加算）
　　有形固定資産売却益　－ 30　　（特別利益の減算）
❸営業活動に係る資産負債項目の調整
　　売上債権の増加　　　－ 15　　（売上債権の増加は減算，減少は加算）
　　棚卸資産の減少　　　＋ 25　　（棚卸資産も売上債権と同じ）
　　仕入債務の増加　　　＋ 10　　（仕入債務の増加は加算，減少は減算）
　　小計　　　　　　　　1,225
❹実際に受払された利息，配当金の受取額と支払額
　　受取利息・受取配当金　＋ 10
　　支払利息　　　　　　－ 20
❺投資活動と財務活動に属さない項目
　　損害賠償金の支払額　－ 20
　　法人税等の支払額　　－ 50
　　CFO　　　　　　　　1,145

財務諸表等規則様式九号に基づくと次の表示方法となる。

「営業活動によるキャッシュ・フロー」（間接法）

	前事業年度	当事業年度
Ⅰ　営業活動によるキャッシュ・フロー		
税金等調整前当期純利益	××	××
❶ ⎰減価償却費	××	××
⎱減損失	××	××
貸倒引当金の増加額	××	××

❷	受取利息及び受取配当金	−××	−××
	支払利息	××	××
	為替差損	××	××
	有形固定資産売却益	−××	−××
	損害賠償損失	××	××
❸	売上債権の増加額	−××	−××
	たな卸資産の減少額	××	××
	仕入債務の減少額	−××	−××
	……	××	××
	小計	××	××
❹	利息及び配当金の受取額	××	××
	利息の支払額	−××	−××
❺	損害賠償金の支払額	−××	−××
	……	××	××
	法人税等の支払額	−××	−××
	営業活動によるキャッシュ・フロー	××	××

例えば，下記の資料からY社のCF計算書を間接法に基づいて作る。

Y社　期首の貸借対照表　　　　　（単位：万円）

現金預金	500	資本金	500

期中取引は，売上高800万円（掛），仕入高400万円（掛），販売費支払100万円（現金預金），売掛金回収500万円（現金預金），買掛金支払200万円（現金預金），ただし，期首と期末には棚卸資産は存在しないと仮定する。

Y社　期末の貸借対照表　　　　　（単位：万円）

現金預金	700	買掛金	200
売掛金	300	資本金	500
		当期純利益	300
	1,000		1,000

Y社　期末の損益計算書　（単位：万円）

売上原価	400	売上高	800
販売費・一般管理費	100		
当期純利益	300		
	800		800

期首と期末のB／Sの比較　（単位：万円）

項目		期首	期末	増減	CF
資産	現金預金	500	700	200	流出
	売掛金	―	300	300	
	借方合計	500	1,000	500	
負債資本	買掛金	―	200	200	流入
	資本金	300	500	0	
	当期純利益	―	300	300	
	貸方合計	500	1,000	500	

　貸借対照表のバランスから，負債・純資産の増加は資金の流入を示す。反対に，資産の増加は，資金の流出を示す。間接法によると，資金流入は当期純利益300＋買掛金の増加200＝500，資金流出は売掛金の増加300＋現金預金の増加200＝500となる。間接法におけるCF計算書は下記となる。

Y社　キャッシュ・フロー計算書　（単位：万円）

当期純利益	300
売上債権の増加	△300
仕入債務の増加	200
現金預金	200

　次に，備品100万円（全額未払）を購入した。当該備品の減価償却費は20万円であった。この場合の期末貸借対照表と損益計算書は下記である。CFOのCF計算書を作成する。

Y社　期末貸借対照表　　　　　（単位：万円）

現金預金	700	買掛金	300
売掛金	300	未払金	100
備品	100	備品減価償却累計額	20
		資本金	500
		当期純利益	280
	1,100		1,100

Y社　損益計算書　　　　　（単位：万円）

売上原価	400	売上高	800
販売費・一般管理費	100		
減価償却費	20		
当期純利益	280		
	800		800

　固定資産の購入に関わる未払金は，投資活動であるから，CFO の CF 計算には含めない。資金の流入は，当期純利益 280 ＋減価償却費 20 ＋買掛金増加 200 ＝ 500，資金の流出は，売掛金増加 300 ＋現金預金増加 200 ＝ 500，CFO は当期純利益 280 ＋減価償却費 20 ＋買掛金増加 200 －売掛金増加 300 ＝ 200 となる。

間接法による CFO　　　　　（単位：万円）

税引前当期純利益	280
減価償却費	20
売上債権の増加	△300
仕入債務の増加	200
CFO	200

貸借対照表期首と期末における CF の流れ　　　（単位：万円）

（CF の流出）		（CF の流入）	
❶ 現金預金の増減	200	❹（現金預金を除く）資産の減少	0
❷（CF 現金預金を除く）資産の増加	300	❺ 負債・資本の増加	200
❸ 負債・資本の減少	0	❻ 非資金損益項目	20
		❼ 当期純利益	280

非資金損益項目とは，減価償却費や退職給付引当金繰入額のような将来の支出に備えて費用計上したもので，資金の流出を伴わない費用項目である。

❷ 投資活動によるキャッシュ・フロー

　投資活動によるキャッシュ・フロー（Cash flows from Investing Activities，CFI という）は，固定資産の取得と売却，短期投資の取得及び売却等によるキャッシュ・フローを記載する。積極的な投資活動を展開する企業はこの部分がマイナスとなる。CFI は「将来の利益獲得及び資金運用」のためにどの程度の資金を支出しまた回収したかを示す。CFI は投資支出から始まる。固定資産の取得と売却，現金同等物に含まれない短期投資の取得及び売却によるキャッシュ・フローを記載する。主要な取引ごとのキャッシュ・フローの「総額表示」（直接法）は次のようになる。

財務諸表等規則の様式第九号

	前事業年度	当事業年度
Ⅱ　投資活動によるキャッシュ・フロー		
有価証券の取得による支出	－××	－××
有価証券の売却による収入	××	××
有形固定資産の取得による支出	－××	－××
有形固定資産の売却による収入	××	××
投資有価証券の取得による支出	－××	－××
投資有価証券の売却による収入	××	××
貸付けによる支出	－××	－××
貸付金の回収による収入	××	××
……	××	××
投資活動によるキャッシュ・フロー	××	××

❸ 財務活動によるキャッシュ・フロー

　このキャッシュ・フロー（Cash Flows from Financing, CFF）は「営業活動及び投資活動を維持」するためにどの程度，資金が調達及び返済されたかを示す。こ

の区分は有価証券の発行による収入から始まる。資金的ゆとりがある企業は投資家のために株価を引き上げるために「自己株式の取得による支出」を行うことがある。負債としての社債の発行・償還及び借入・返済による収入・支出等，資金の調達及び返済によるCFを記載する。資金の返済活動が活発であればマイナスとなる。

財務諸表等規則の様式第九号

	前事業年度	当事業年度
Ⅲ　財務活動によるキャッシュ・フロー		
短期借入れによる収入	××	××
短期借入金の返済による支出	－××	－××
長期借入れによる収入	××	××
長期借入金の返済による支出	－××	－××
社債の発行による収入	××	××
社債の償還による支出	－××	－××
株式の発行による収入	××	××
自己株式の取得による支出	－××	－××
配当金の支払額	－××	－××
……	××	××
財務活動によるキャッシュ・フロー	××	××

なお，自己株式の売却による収入もこの区分に記載することになる。

4 個別項目の取扱

各区分に分けることが困難なもの，どの活動に含めるか不明なものは考え方に応じて個別項目や特別な表示が認められる。

(1) 法人税等

法人税等は①CFOの区分に一括して記載する方法と，②営業活動に関わるキャッシュ・フロー，投資活動に関わるキャッシュ・フロー及び財務活動に関わるキャッシュ・フローに区分として記載する方法が考えられる。一般には，CFOに法人税等の支払額が一括表示される。

（2）利息及び配当の表示

①受取利息，受取配当金及び支払利息はCFOの区分に，支払配当金はCFFの区分に記載する方法と，②受取利息及び受取配当金はCFIの区分に，支払利息及び支払配当金はCFFの区分に記載する二つの方法があるが，選択適用が認められる。

（3）純額表示

CF計算書の表示は総額主義を原則とするが，回転が短くかつ回転が速い項目に関わるキャッシュ・フローについては純額で表示できる（連結キャッシュ・フロー計算書等の作成基準，注8）。短期借入金の返済やコマーシャル・ペーパーの発行が一会計期間内に連続して行われるとCFの金額が大きくなりすぎ，利用者の判断を誤らせる可能性がある。純額であることがわかりやすく，外注先の資材の代理購入等，第三者の活動に反映している取引ならびに重要性の乏しい項目に関わるCFについても純額表示が認められる。

（4）為替差損益の処理

現金及び現金同等物の為替差損益は「Ⅳ　現金及び現金同等物に関わる換算差額」に区分表示される。

（5）投資活動の資金

売買目的有価証券は，短期支払に充当させることを目的とする「現金及び現金同等物」とは異なり，投資目的として扱われる。価値変動リスクをもつ金融商品への資金運用は短期であっても投資活動の性格をもつ。また，換金が容易に可能かつ価値変動のリスクが少ない金融商品への投資であっても運用期間が比較的長期にわたる場合，短期の支払資金の準備というより運用益を確保する目的として考えられる。

（6）財務活動の区別

借越限度額は財務活動であると解釈される。当座借越は資金管理活動の不可分な構成部分であり，短期借入金を控除した後の金額となる。

5 キャッシュ・パターンによる分析

　CF計算書から企業の財政状態をパターンとして判断することができる。❶のパターンは，高収益による資金余裕（CFO）がある会社で，積極的な新規投資や資金の返済を行う企業である。❷のパターンは，営業活動からプラスの現金を生み出し，投資活動も積極的だが，積極的に資金調達活動もしている。成長期にある企業がこのパターンに該当する。❸のパターンは，営業活動から現金を生み出しているが，投資活動は積極的ではなく，その資金を過去債務の返済にあてる。財務体質の改善企業がこれにあたる。❹のパターンは，営業活動が不振であるが，投資活動には積極的であり，資金調達を展開している流動性が問題になる。❺のパターンは，本業が不振，投資活動も積極的ではなく，財務の流動性も危険な状態にあることを意味する。❻のパターンは，本業は不振，投資活動も不活発であるが，過去の資金を返済しようとして財務体質を改善している企業といえる[3]。

キャッシュ・フロー・パターンの財政状態

	CFO	CFI	CFF
❶ 高収益，投資，返済	+	−	−
❷ 高収益，投資過剰，借入補充	+	−	+
❸ 本業好調，資産売却，借入金返済	+	+	−
❹ 本業不振，投資，借入補充	−	−	+
❺ 本業不振，資産売却，借入補充	−	+	+
❻ 本業不振，資産売却，借入返済	−	+	−

　CF計算書は過去5期分を分析する必要がある。一般に高収益企業は，損益状況が優れ，多額の経常利益をあげ，売上高経常利益率も高く，豊富なCFを生み出す。それに対して，売上が不振な企業は設備能力の割には経常利益が少ない，あるいは赤字になっている。

3 フリーキャッシュ・フローと会計発生高の概念

1 フリーキャッシュ・フロー

　フリーキャッシュ・フロー（Free Cash Flow, FCF）は経営者が自由に裁量できる資金を意味する。それは期待されるCFOから，将来特別にキャッシュを必要とする投資金額を控除した全体である。配当金を控除する場合もある。

> CFO －現事業維持の設備投資額

　FCFは有効に運用してこそ企業価値を高め，株主重視の経営に繋がる。FCFは①「財務体質改善」（借入金返済），②「株主還元」（配当金や自社株買入），③戦略設備投資（新規事業開拓，M&A）に利用される。FCFが拡大した結果，競争力の源泉である設備投資や研究開発投資に資金が流れる。FCFは自社株買いにも利用される（本書第9章 5 キャッシュ・フロー情報の分析を参照）。

2 会計発生高

　会計発生高（accruals）とは，当期のCFが伴わない収益と費用で構成され，CFOに対する発生主義会計に固有の調整額である。会計発生高は，CFOと会計利益との差額を意味する。それは会計処理を行った時点と，実際にキャッシュが流入・流失する時点が異なる項目，売上債権，仕入債務，経過勘定科目の対前年度変化額，あるいは減価償却費，引当金などから構成される。その会計発生高は，裁量的発生高と非裁量的発生高に区分される。

> 会計発生高＝（当期純利益＋特別損失－特別利益）－ CFO

4 連結キャッシュ・フロー計算書

1 原則法と簡便法

　連結 CF 計算書の作成方法には，「原則法」と「簡便法」がある。
　原則法は，各連結会社の個別 CF 計算書を基礎として連結 CF 計算書を作成する方法である。まず，各連結会社が作成した個別 CF 計算書を合算し，次に連結手続で連結会社相互間のキャッシュ・フローを相殺消去して，連結 CF 計算書を作成する。
（親会社の個別 CF 計算書）
　　　　　　＋　　　　　（修正消去）→（連結キャッシュ・フロー計算書）
（子会社の個別 CF 計算書）
　簡便法は，連結財務諸表を基礎として連結 CF 計算書を作成する。各連結会社が作成した CF 計算書以外の個別財務諸表を合算し，連結の修正消去をして連結財務諸表を作成し，そこから連結 CF 計算書を作成する。
　連結キャッシュ・フロー計算書においても直接法あるいは間接法のいずれかによる。簡便法による場合も同じである。
　直接法による連結 CF 計算書の作成では，連結会社相互間のキャッシュ・フローは，次の場合に相殺消去される。営業収入と仕入支出，貸付支出と借入収入と利息の受取額と支払額，配当金の受領額と支払額，有形固定資産の売却による収入と購入による支出が該当する。

2 連結キャッシュ・フロー計算書の表示

　上場会社の多くは連結 CF 計算書を間接法で作成し，表示している。直接法を採用している会社は希である。上場会社は連結 CF 計算書を作成していることから，単体によるキャッシュ・フロー計算書を大半が開示しない。下記に直接法による連結キャッシュ・フロー計算書の様式を示す。

連結キャッシュ・フロー計算書の表示方法（様式七号：直接法）

	前連結年度	当連結年度
営業活動によるキャッシュ・フロー		
営業収入		
原材料又は商品の仕入による支出		
人件費の支出		
その他の営業支出		
小計		
利息及び配当金の受取額		
利息の支払額		
損害賠償金の支払額		
……		
法人税等の支払額		
営業活動によるキャッシュ・フロー		
投資活動によるキャッシュ・フロー		
有価証券の取得による支出		
有価証券の売却による収入		
有形固定資産の取得による支出		
有形固定資産の取得による収入		
投資有価証券の取得による支出		
投資有価証券の取得による収入		
連結の範囲の変更に伴う子会社株式の取得による支出		
連結の範囲の変更に伴う子会社株式の売却による収入		
貸付による支出		
貸付金の回収による収入		
……		
投資活動によるキャッシュ・フロー		
財務活動によるキャッシュ・フロー		
短期借入れによる収入		
短期借入金の返済による支出		
長期借入れによる収入		
長期借入金の返済による支出		
社債の発行による収入		
社債の償還による支出		

株式の発行による収入		
自己株式の取得による支出		
配当金の支払額		
少数株主への配当金の支払額		
……		
財務活動によるキャッシュ・フロー		
現金及び現金同等物に係る換算差額		
現金及び現金同等物の増加額（又は減少額）		
現金及び現金同等物の期首残高		
現金及び現金同等物の期末残高		

　間接法による「連結キャッシュ・フロー計算書」として「株式会社シマノ」第106期有価証券報告書を掲載する。

▶▶▶ 注 ◀◀◀

1) Rosefield, Paul (2006) *Contemporary Issues in Financial Reporting, A user-oriented approach,* Routledge, pp.151–152. 将来キャッシュ・フローはキャッシュ・フローの見積値に一定の幅で確率を加重した数値の合計額をいう。投資決定に利用され一定の割引率を利用した割引現在価値で計算される。
2) Breitner, Leslie K. & Robert N. Anthony, (2012) *Core Concepts of Accounting,* Pearson, p.20.
3) 日本経営分析学会編，2005年，『経営分析事典』，税務経理協会，22–23頁参考。

▶▶▶ 上記以外の参考文献 ◀◀◀

1 新日本有限責任監査法人編，2013年，『図解でざっくり会計シリーズ6 キャッシュ・フロー計算書のしくみ』，中央経済社。
2 須田一幸，山本達司，乙政正太，2007年，『会計操作』，ダイヤモンド社。
3 滝澤ななみ，2009年，『スッキリわかる日商簿記1級 商業簿記・会計学Ⅲ』，TAC出版株式会社。
4 TAC簿記検定講座，2007年，『合格テキスト日商簿記1級 商業簿記・会計学Ⅲ』，TAC出版株式会社。

株式会社シマノ
有価証券報告書（第106期）

【連結キャッシュフロー計算書】

(単位：百万円)

	前連結会計年度 (自 平成23年1月1日 至 平成23年12月31日)	当連結会計年度 (自 平成24年1月1日 至 平成24年12月31日)
営業活動によるキャッシュ・フロー		
税金等調整前当期純利益	29,555	38,477
減価償却費	9,925	10,222
貸倒引当金の増減額（△は減少）	△121	△86
受取利息及び受取配当金	△1,202	△1,062
支払利息	292	334
為替差損益（△は益）	△141	2,006
売上債権の増減額（△は増加）	△11	△1,271
たな卸資産の増減額（△は増加）	△3,390	△5,360
仕入債務の増減額（△は減少）	△554	1,520
役員退職慰労引当金の増減額（△は減少）	130	△1,130
退職給付引当金の増減額（△は減少）	165	223
投資有価証券売却及び評価損益	1,344	—
有形固定資産除売却損益（△は益）	294	494
未払割戻金の増減額	182	16
その他	△315	1,912
小計	36,153	46,295
利息及び配当金の受取額	1,181	1,114
利息の支払額	△292	△330
法人税等の支払額	△11,558	△8,892
営業活動によるキャッシュ・フロー	25,484	38,187
投資活動によるキャッシュ・フロー		
定期預金の預入による支出	△6,736	△1,060
定期預金の払戻による収入	10,185	4,522
有形固定資産の取得による支出	△12,383	△21,306
有形固定資産の売却による収入	231	198
無形固定資産の取得による支出	△668	△1,523
有価証券の売却による収入	72	4
投資有価証券の取得による支出	△0	△300
短期貸付金の増減額（△は増加）	42	15
連結の範囲の変更を伴う子会社株式の取得による支出	△394	△130
連結の範囲の変更を伴う子会社株式の売却による支出	△258	—
その他	388	652
投資活動によるキャッシュ・フロー	△9,521	△18,928

(単位:百万円)

	前連結会計年度 (自 平成23年1月1日 至 平成23年12月31日)	当連結会計年度 (自 平成24年1月1日 至 平成24年12月31日)
財務活動によるキャッシュ・フロー		
短期借入金の純増減額(△は減少)	1,714	769
長期借入れによる収入	3,996	―
長期借入金の返済による支出	△34	△1,595
ファイナンス・リース債務の返済による支出	△18	△54
自己株式の取得による支出	△2	△3,863
自己株式の処分による収入	0	0
配当金の支払額	△5,594	△6,336
少数株主への配当金の支払額	△43	△3
財務活動によるキャッシュ・フロー	17	△11,083
現金及び現金同等物に係る換算差額	△2,539	8,084
現金及び現金同等物の増減額(△は減少)	13,441	16,259
現金及び現金同等物の期首残高	65,107	78,549
現金及び現金同等物の期末残高	※ 78,549	※ 94,809

※現金及び現金同等物の期末残高と連結貸借対照表に掲記されている科目の金額との関係は,次の通りであります。

	前連結会計年度 (自 平成23年1月1日 至 平成23年12月31日)	当連結会計年度 (自 平成24年1月1日 至 平成24年12月31日)
現金及び預金勘定	82,252 百万円	94,950 百万円
預入期間が3ヶ月を超える定期預金	△3,703 百万円	△141 百万円
現金及び現金同等物	78,549 百万円	94,809 百万円

第8章 連結財務諸表の分析

学習目標

現代の企業は，国の内外で買収や事業提携等の経営戦略を展開し，集団を形成して事業活動を繰り広げる。こうした現代企業の経済活動を適切に理解するには連結会計の知識が不可欠である。本章は，連結会計の基本的な考え方を理解することに目標を置く。章末に上場会社の連結貸借対照表，連結損益計算書，連結株主資本等変動計算書を掲載する。

1 連結会計の基本的な考え方

1 連結会計の意義と目的

連結とは，二つ以上の会社（親会社と子会社）からなる企業集団を単一の組織とみなして，親会社（parent company）が，もう一つの企業を法律的に存続させたまま「子会社」（subsidiaries）として支配し続ける企業形態である。親会社とは，他の企業の財務及び営業又は事業の方針を決定する機関（以下，意思決定機関という）を支配している企業である。子会社とは当該他の企業をいう。親会社と子会社をあわせて連結会社という。また，親会社が子会社以外の他の会社の財務や営業の方針に重要な影響を及ぼすことができる場合の，その他の会社を「関連会社」（affiliated company）という。親会社，子会社，関連会社を総称して「関係会社」（related parties）という。連結は企業が融合して一つになる合併

とは区別される。支店が資本金をもたない点で本支店会計とも区別される。

　わが国の連結会計は，企業会計審議会が 1975 年に連結財務諸表原則を公表したことにより始まった。連結財務諸表（consolidated financial statements）は，当初，個別財務諸表の補足資料として扱われたが，1997 年 6 月の「連結財務諸表制度の見直しに関する意見書」の公表を機に 2000 年 3 月決算から連結決算中心へとシフトした。また，2002 年の商法特例法の改正で，2004 年 4 月決算から有価証券報告書提出の大会社に連結計算書類の作成が適用された。現在の企業会計基準第 22 号「連結財務諸表に関する会計基準」（以下，「本会計基準」という）は，一部が 2013 年に改正され，改正部分は 2015 年 4 月 1 日以後の開始事業年度から適用される[1]。

　連結財務諸表を作成する目的は，経営者が連結ベースで連結グループの取引の経済的実態を適切に把握し，子会社を利用した利益操作を防止し，企業の国際比較を可能にすることである。連結財務諸表は，支配従属関係にある二つ以上の企業からなる集団を単一の組織とみなして，親会社が当該企業集団の財政状態，経営成績及びキャッシュ・フローの状況を総合的に報告するために作成される。連結貸借対照表，連結損益計算書，連結包括利益計算書，連結株主資本等変動計算書，連結キャッシュ・フロー計算書，連結注記表からなる。作成方法には連結法と持分法がある。連結会計は完全連結（line by line consolidation）を基本とするが，持分法の場合，被投資会社の純資産に対する持分のみが投資に反映され，投資会社の持分相当額を「持分法による投資損益」を通じて連結財務諸表に反映する。持分法は一行連結（one line consolidation）ともいう。

2 連結会計の基礎概念

　連結財務諸表を作成する際，企業集団あるいは連結財務諸表の本質をどのようにみるかという基礎的な考え方が連結の基礎概念である。基礎概念には「親会社説」（parent company concept），「経済的単一説」（economic unit concept），比例連結説（proportionate consolidation concept）[2]がある。いずれの考え方も企業集団全体の資産と負債，収益と費用を連結財務諸表に表示する点では共通するが，資本に関して異なる会計処理が行われる。

（1）資本連結

　親会社説によれば，連結財務諸表が親会社の株主持分のために作成されるべきであり，親会社の個別財務諸表と同じものとみなす。連結の純資産の部は親会社株主の持分で構成され，子会社の「非支配株主持分」[3]（2014年3月まで少数株主持分という）は，債権者と同じ「負債の部」に位置づけられる。経済的単一説は，すべての連結会社の株主持分を連結財務諸表に反映させる考え方である。親会社株主も非支配株主も連結財務諸表の純資産の部を構成する。

（2）連結の範囲の決定

　連結の範囲は，経済的単一説では支配力基準により決定される。それに対して，親会社説では持株基準（議決権株式の保有割合50％超）により決定される。支配力基準によると，親会社及び子会社，又は子会社が他の企業の意思決定機関を支配している場合に当該他の企業もその親会社の子会社とみなす。他の企業の意思決定機関を支配している企業とは議決権の過半数を自己の計算において所有，議決権の100分の40以上，100分の50以下を自己の計算において所有，議決権と出資，人事，資金，技術，取引等において緊密な関係があることにより，自己の意思と同一の内容の議決権を行使することに同意している者の議決権と合わせて，他の企業の議決権の過半数を占めている企業である。

（3）非支配株主持分（少数株主利益）の表示

　経済的単一説では，非支配株主持分は株主持分の一部として表示される。非支配株主持分に帰属する利益は，純利益の内訳項目あるいは非支配株主利益を含む純利益を表示後の控除項目として表示される。親会社説によれば，非支配株主持分は株主持分以外として表示される。当該利益は連結損益計算書において純利益を算定する前に控除される。

（4）未実現損益の消去

　経済的単一説では，連結会社間取引の損益は外部企業との取引が実現するまで未実現とみなされる。ダウンストリーム取引（親会社から子会社への販売）の場合には未実現損益は全額消去される。その額すべてに親会社負担方式を採用す

る。また，アップストリーム取引（子会社から親会社への販売）の未実現損益は全額消去されるが，子会社に対する持分比率に応じて親会社と少数株主がそれぞれ消去分を負担する持分按分負担方式を採用する。

これに対して，親会社説ではダウンストリームとアップストリームのいずれにも未実現損益のうち親会社の持分比率に相当する額だけ消去し，非支配株主持分に帰属する損益は，親会社から非支配株主への販売で実現したものと認識する。

(5) 子会社の資産と負債の評価とのれん

子会社を支配したとき，親会社は，パーチェス法に従い子会社の資産及び負債のすべてを公正価値（時価）で評価する。この方法には「全面時価評価法」と「部分時価評価法」がある。本会計基準においては部分時価評価法が廃止されて，全面時価評価法のみになった。ちなみに，部分時価評価法は，支配を獲得した日に子会社の資産及び負債のうち親会社持分に相当する部分については，株式の取得日ごとに当該取得日の公正な評価額により評価し，非支配株主持分に相当する部分については，当該連結子会社の貸借対照表上の金額により評価する。

のれんは，全面時価評価法において計上されるが，その会計処理については，部分のれん方式（買入のれんという）[4]と全部のれん方式がある。日本の企業結合会計では親会社説をとることから，連結会計上ののれんは買入のれんとなる。これに対して，経済的単一説によると，非支配株主に帰属するのれんも計上されることになる（両者の違いについては後述）。

(6) 支配獲得後の持分の変動

経済的単一説では，子会社に対する親会社持分の一部の売却あるいは追加取得は資本取引とみなされ，損益は認識されない。これに対して，親会社説では子会社に対する親会社持分の一部売却あるいは追加取得は損益取引としてみなされ，損益が認識される。本会計基準は部分時価評価法を削除したものの，基本的には親会社説の考え方に立つ。

2 連結財務諸表に関する会計基準

1 連結財務諸表作成における一般原則

- 真実性の原則：連結財務諸表は，企業集団の財政状態，経営成績及びキャッシュ・フローの状況に関して真実な報告を提供するものでなければならない（本会計基準，注1。以下，注番号のみ表記する）[5]。
- 個別財務諸表基準性の原則：連結財務諸表は，企業集団に属する親会社及び子会社が一般に公正妥当と認められる企業会計の基準に準拠して作成した個別財務諸表を基礎として作成されなければならない（注2）[6]。
- 明瞭性の原則：連結財務諸表は，企業集団の状況に関する判断を誤らせないよう利害関係者に対して必要な財務情報を明瞭に表示するものでなければならない（注1）。
- 継続性の原則：連結財務諸表作成のために採用した基準及び手続は，毎期継続して適用し，みだりにこれを変更してはならない。

2 連結財務諸表作成における一般基準

(1) 連結の範囲と除外

親会社は原則としてすべての子会社を連結の範囲に含める。企業集団の範囲は「持株基準」に代えて「支配力基準」及び「影響力基準」が導入された結果，子会社の範囲が拡大した。連結の範囲に含められる子会社が連結子会社，除外されるのが非連結子会社である。ただし，子会社のうち次に該当するものは連結の範囲に含めない（注3）[7]。支配が一時的であると認められる会社，前記以外の会社であって連結することにより利害関係者の判断を著しく誤らせる恐れのある会社。

会社等（会社，組合その他これらに類する事業体，外国）の財政又は経営の状態等に関する事項で当該企業集団の財政状態及び経営成績の判断に影響を与えると認められる重要なものがある場合には，連結財務諸表に注記しなければならな

い。更生会社，民事再生法，破産法によって組織の一体性を欠く企業は除かれる。

(2) 連結決算日

連結財務諸表の作成に関する期間は1年とし，親会社の会計期間に基づき，年1回一定の日をもって決算日とする。子会社の決算日が連結決算日と異なる場合には，子会社は連結決算日に正規の決算に準ずる合理的な手続による決算を行う（注4）[8]。

(3) 親会社及び子会社の会計処理の原則及び手続

同一環境下で行われた同一の性質の取引等について，親会社及び子会社が採用する会計方針は，原則として統一する。

❸ 連結貸借対照表の作成基準

(1) 基本原則

連結貸借対照表は，親会社及び子会社の個別貸借対照表における資産，負債及び純資産の金額を基礎とし，子会社の資産及び負債の評価，連結会社相互間の投資と資本及び債権と債務の相殺消去等の処理を行って作成する。連結貸借対照表には，個別貸借対照表のような「連続性」はない。連結貸借対照表の作成に関する会計処理において，企業結合及び事業分離等に関する事項のうち，本会計基準に定めのない事項については企業会計基準第21号「企業結合に関する会計基準」や企業会計基準第7号「事業分離に関する会計基準」の定めに従って会計処理をする。

(2) 子会社の資産及び負債の評価

連結貸借対照表の作成にあたっては，支配獲得日において，子会社の資産及び負債の時価により評価する方法（全面時価評価法）により評価する（注5）[9]。子会社の資産及び負債の時価による評価額と当該資産及び負債の個別貸借対照表の金額との差額（以下，評価差額という）は子会社の資本とする。評価差額に

重要性が乏しい子会社の資産及び負債は，個別貸借対照表上の金額によることができる。

(3) 投資と資本の相殺消去

親会社の子会社に対する投資とこれに対応する子会社の資本は，相殺消去する（注6）。親会社の子会社に対する投資の金額は支配獲得日の時価による。子会社の資本は，子会社の個別貸借対照表の純資産の部における株主資本及び評価・換算差額等と評価差額からなる。親会社の子会社に対する投資とこれに対応する他の子会社の資本との相殺にあたり，差額が生じた場合には，当該差額をのれん（又は負ののれん）とする。のれん（又は負ののれん）は，企業結合会計基準32項（又は33項）に従って会計処理をする（24項）。会社相互間の投資とこれに対応する他の子会社の資本とは，親会社の子会社に対する投資とこれに対応する子会社の資本との相殺消去に準じて相殺消去する（25項）。

(4) 非支配株主持分

子会社の資本のうち親会社に帰属しない部分は非支配株主持分(non-controlling interest）とする（26項）。会社の欠損のうち当該子会社に係る非支配株主持分に割り当てられる額が当該非支配株主持分の負担すべき額を超える場合には，当該超過額は親会社の持分に負担させなければならない。この場合にその後当該子会社に利益が計上されたときは，親会社が負担した欠損が回収されるまでその利益の全額を親会社の持分に加算するものとする（27項）。

(5) 子会社株式の追加取得及び一部売却等

子会社株式を追加取得した場合には，追加取得した株式に対応する持分を非支配株主持分から減額し，追加取得により増加した親会社の持分（以下「追加取得持分」という）を追加投資額と相殺消去する。追加取得持分と追加投資額との間に生じた差額は，資本剰余金とする（注8）（28項）。

子会社株式を一部売却した場合（支配関係が継続）には，売却した株式に対応する持分を親会社の持分から減額し，非支配株主持分を増額する。売却による親会社の持分の減少額（以下，「売却持分」という）と売却額との間に生じた差額

は，資本剰余金とする（注9）。なお，子会社株式の売却等により被投資会社が子会社及び関連会社に該当しなくなった場合には，連結財務諸表上，残存する当該被投資会社に対する投資は，個別貸借対照表上の帳簿価額をもって評価する（29項）。

　子会社の時価発行増資等に伴い，親会社の払込額と親会社の持分の増減額との間に差額が生じた場合（支配関係が継続）には，当該差額を資本剰余金とする（注9）（30項）。28項，29項及び30項の会計処理の結果，資本剰余金が負の値となる場合には，連結会計年度において，資本剰余金をゼロとして，当該負の値を利益剰余金から減額する（新設）。

（6）債権と債務の相殺消去
　連結会社相互間の債権と債務とは，相殺消去する（注10）[10]。

（7）表示方法（注11）
　連結貸借対照表には，資産の部，負債の部及び純資産の部を設ける。流動資産，有形固定資産，無形固定資産，投資その他の資産，繰延資産，流動負債及び固定負債は，一定の基準に従い，その性質を示す適当な名称を付した科目に明瞭に分類して記載する。特に，非連結子会社及び関連会社に対する投資は，他の項目と区別して記載し，又は注記の方法により明瞭に表示する。利益剰余金のうち，減債積立金等外部者との契約による特定目的のために積み立てられたものがあるときは，その内容及び金額を注記する。

4 「連結損益及び包括利益計算書」又は「連結損益計算書」及び「連結包括利益計算書」の作成基準

（1）基本原則
　「連結損益及び包括利益計算書」又は「連結損益計算書」及び「連結包括利益計算書」は，親会社及び子会社の個別損益計算書における収益，費用等の金額を基礎とし，連結会社相互間の取引高及び未実現損益の消去等の処理を行って作成する（34項）。

（2）連結会社相互間の取引高の消去

　連結会社相互間における商品の売買その他の取引に係る項目は，相殺消去する（注12）。

（3）未実現損益の消去

　連結会社相互間の取引によって取得した棚卸資産，固定資産その他資産に含まれる未実現損益は，その額を消去する。ただし，未実現損失については，売手側の帳簿価額のうち回収不能と認められる場合は，消去しない。未実現損益の金額に重要性が乏しい場合にはこれを消去しないことができる。売手側の子会社に非支配株主が存在する場合には，未実現損益は，親会社と非支配株主の持分比率に応じて，親会社の持分と非支配株主持分に配分する（38項）。

（4）表示方法（注13）

　　企業会計基準第25号「包括利益の表示に関する会計基準」[11]に従って，「連結損益及び包括利益計算書」の一つのみを作成する1計算書方式（single continuous statement）の場合は，当期純利益までの計算を39項に従って表示するとともに包括利益の計算を表示する。また，「連結損益計算書」と「連結包括利益計算書」の二つの計算書を作成する2計算書方式（two statement approach）による場合，連結損益計算書を39項に従って表示するとともに，企業会計基準第25号に従い「連結包括利益計算書」を作成する。原則，選択した計算書方式は継続して適用される。わが国では2011年3月期決算の東京証券取引所に上場する会社1,506社のうち1,460社は2計算書方式を採用し，1計算書方式を採用したのは46社である。多くの会社はボトムラインの当期純利益を重視する傾向にある。

①1計算書方式「連結損益及び包括利益計算書」

　この方式は，資産負債アプローチと整合する。「連結損益及び包括利益計算書」を連結包括利益計算書として一つの計算書で表示しボトムラインは包括利益となる[12]。

株式会社エメ・ティ・アイ・データ有価証券報告書

(単位:百万円)

連結損益及び 包括利益計算書	前連結会計年度 (自 平成23年4月1日 至 平成24年3月31日)	当連結会計年度 (自 平成24年4月1日 至 平成25年3月31日)
売上高	1,251,177	1,301,941
売上原価	941,881	980,524
売上総利益	309,295	321,416
税金等調整前当期純利益	71,882	77,019
法人税，住民税及び事業税	38,474	37,905
少数株主損益調整前当期純利益	31,066	44,994
当期純利益	30,446	43,517
その他包括利益		
その他有価証券評価差額金	△72	2,275
繰延ヘッジ損益	△373	190
為替換算調整勘定	△7,937	23,930
年金債務調整額	△478	363
その他包括利益合計	△9,562	18,943
包括利益	21,504	63,937
(内訳)		
親会社株主に係る包括利益	20,918	62,355
少数株主に係る包括利益	586	1,582

② 2計算書方式

　これは当期純利益を表示する連結損益計算書と包括利益を表示する包括利益計算書の両方を表示し，収益費用アプローチと整合する。2計算書方式の場合は当期純利益に非支配 (少数) 株主に帰属する当期純利益を加減して表示する。2計算書方式の一例として株式会社シマノは下記になる (本章末も参照)。

株式会社シマノ

(単位：百万円)

連結損益計算書及び 連結包括利益計算書	前連結会計年度 (自 平成23年1月1日 至 平成23年12月31日)	当連結会計年度 (自 平成24年1月1日 至 平成24年12月31日)
売上高	221,770	245,843
……		
税金等調整前当期純利益	29,555	38,477
法人税，住民税及び事業税	9,005	11,471
法人税調整額	606	△542
法人税等合計	9,612	10,929
少数株主損益調整前当期純利益	19,943	27,548
少数株主利益	81	60
当期純利益	19,862	27,487
包括利益計算書		
少数株主損益調整前当期純利益	19,943	27,548
その他の包括利益		
その他有価証券評価差額金	169	865
為替換算調整勘定	△5,943	16,377
包括利益	△5,773	17,243
(内訳)	14,170	44,792
親会社株主に係る包括利益	14,133	44,658
少数株主に係る包括利益	37	133

5 連結株主資本等変動計算書の作成

連結株主資本等変動計算書は，企業会計基準第6号「株主資本等変動計算書に関する会計基準」に従い作成する（本章末を参照）。

■連結キャッシュ・フロー計算書の作成

連結キャッシュ・フロー計算書は「連結キャッシュ・フロー計算書の作成基準」に従い作成する（本書第7章末を参照）。

■連結財務諸表の注記

①連結の範囲等，②決算期の異なる子会社，③会計処理の原則及び手続等，

④企業集団の財政状態，経営成績及びキャッシュ・フローの情状況を判断するためにその他の重要な事項（注14，15）。

3 連結財務諸表作成のプロセス

1 事前準備とその後

連結財務諸表を作成する事前準備として，連結グループ会社の会計処理手続を統一し，連結会社間の取引を区別する体制を整える。連結会社間の取引と外部との取引を区別し，内部取引及び連結対象会社間の未実現利益の発生を確認した後，個別の決算を実施する。親会社は，基礎データを連結精算表（working sheet）上で合算し，連結修正仕訳を記入し，連結財務諸表を作成する。

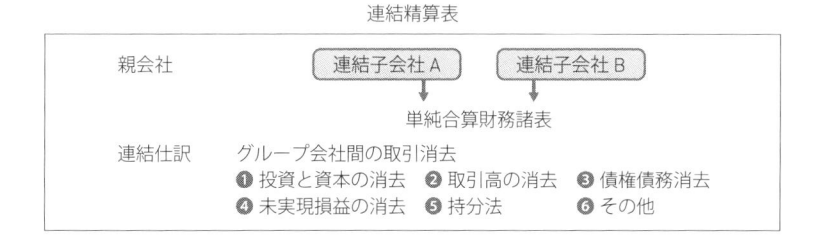

```
                    連結精算表
 親会社        連結子会社A    連結子会社B
                      ↓            ↓
                  単純合算財務諸表
 連結仕訳    グループ会社間の取引消去
             ❶ 投資と資本の消去  ❷ 取引高の消去   ❸ 債権債務消去
             ❹ 未実現損益の消去  ❺ 持分法        ❻ その他
```

2 支配獲得日の会計処理

支配獲得日，親会社（以下，P社という）は，資本連結のために連結貸借対照表だけを作成する。個別貸借対照表を合算する場合，子会社（以下，S社という）の資産と負債を時価で評価し，投資と資本の相殺消去の修正仕訳を行う。支配獲得には子会社を新規に設立する場合と，株式取得の買収がある。また，子会社は支配の程度で完全子会社と部分所有子会社に分類される。

（1）新規に設立した完全子会社

例えば，P社は×1年4月1日，新規にS会社を設立し，S社の発行済み株

式（以下，単にS社株式という）50株すべてを発行価額@20円で引き受けた。

S社の仕訳	（現金）	1,000	（資本金）	1,000
P社の仕訳	（S社株式）	1,000	（現金）	1,000
連結仕訳	（資本金）	1,000	（S社株式）	1,000

（2）買収による完全子会社化（帳簿価額と時価が一致のケース）

　買収の場合には子会社の資産と負債を時価評価する。取得時の利益剰余金は資本金と同様に相殺消去される。支配後に稼得した子会社の利益剰余金は連結財務諸表に計上される。

　例えば，P社は×1年3月31日，S社株式のすべてを対価2,000円で取得した。両社の決算日は3月31日，決算日のP社とS社の貸借対照表は下記の通りである。ただし，S社の諸資産と諸負債の帳簿価額と時価が一致している。

個別貸借対照表　×1年3月31日　　　　（単位：円）

資産	P社	S社	負債・純資産	P社	S社
諸資産	5,000	2,000	諸負債	2,000	500
S社株式	2,000	—	資本金	3,000	1,000
			利益剰余金	2,000	500
	7,000	124,000		7,000	2,000

　P社は，S社株主に交付した対価2,000円がS社の時価評価した純資産1,500円を超えた部分をのれんとして計上する。

	（資本金）	1,000	（S社株式）	2,000
	（利益剰余金）	500		
	（のれん）	500		

連結貸借対照表　×1年3月31日　　　　（単位：円）

諸資産	7,000	諸負債	2,500
のれん	500	資本金	3,000
		利益剰余金	2,000
	7,500		7,500

■負ののれんのケース[13]

P社は×1年3月31日，上記のS社株式すべてを対価1,200円で取得した。両社の決算日は3月31日，S社の諸資産と諸負債の帳簿価額と時価が一致する。P社が買収した金額とS社純資産の差額（1,200 − 1,500 = ▲300）は負ののれんとして計上される。

（資本金）	1,000	（S社株式）	1,200
（利益剰余金）	500	（負ののれん発生益）	300

連結貸借対照表　×1年3月31日　　　（単位：円）

諸資産	7,800	諸負債	2,500
		資本金	3,000
		資本剰余金	1,000
		利益剰余金	1,300
		（負ののれんを含む）	
	7,800		7,800

（3）買収における資産と負債の時価評価

例えば，P社は×1年3月31日，S社株式すべてを対価2,000円で取得した。同日のP社とS社の貸借対照表は下記である。S社の諸資産の時価は2,400円であった。

個別貸借対照表　×1年3月31日　　　（単位：円）

資産	P社	S社	負債・純資産	P社	S社
諸資産	5,000	2,000	諸負債	2,000	500
S社株式	2,000	―	資本金	3,000	1,000
			利益剰余金	2,000	500
	7,000	124,000		7,000	2,000

評価替の仕訳　（諸資産）　400　（評価差額）　400

S社の純資産1,500円を超えて支払った500円に評価差額400円が含まれる。

（資本金）	1,000	（S社株式）	2,000
（利益剰余金）	500		

（評価差額）	400		
（のれん）	100		

連結貸借対照表　×1年3月31日　（単位：円）

諸資産	7,400	諸負債	2,500
のれん	100	資本金	3,000
		利益剰余金	2,000
	7,500		7,500

3 支配獲得日の部分所有子会社

（1）評価替が不要なケース

　部分所有子会社には非支配株主が存在する。この部分所有連結では，投資と資本の相殺消去は持分に応じて按分計算される。子会社利益のうち非支配株主に帰属する部分を非支配株主利益という。例えば，P社はS社株式の70％を所有し支配を獲得した。S社資本金1,000円であるとすると，連結修正仕訳は下記になる。

（資本金）	1,000	（S社株式）	700
		（非支配株主持分）	300

　例えば，P社はS社株主から純資産1,000円（資本金500円と利益剰余金500円）について発行株式80％を対価900円で買収した。P社の投資に対する純資産は（1,000円×80％＝800円）である。P社投資900円と800円の差額100円はのれんである。S社資本のうち1,000円×20％＝200円が非支配株主持分となる。

（資本金）	500	（子会社株式）	900
（利益剰余金）	500	（非支配株主持分）	200
（のれん）	100		

（2）支配獲得日の部分所有子会社の時価評価

　支配獲得日，子会社の資産と負債の評価差額が連結上損益に計上されることを評価差額の実現という。この部分所有の子会社の評価方法には「全面時価評

価方法」(連結会計基準) と「部分時価評価方法」とがある。全面時価評価法によれば、評価差額は子会社の資本であり、親会社持分に相当する部分は親会社の投資と相殺消去される。それ以外は非支配株主持分に振り替えられる。その結果、評価差額は貸借対照表には計上されない。

例えば、P社は期末×1年3月31日、S社株式の70%を対価10,000円で取得し支配した。同日のP社とS社の貸借対照表は下記の通りである。S社の土地(簿価5,000円)の時価は6,000円、土地以外の資産及び負債には評価差額が生じていない。

個別貸借対照表　×1年3月31日　　　　(単位:円)

資産	P社	S社	負債・純資産	P社	S社
諸資産	33,000	15,000	諸負債	10,000	2,000
S社株式	10,000	—	資本金	20,000	10,000
			利益剰余金	13,000	3,000
	43,000	15,000		43,000	15,000

全面時価評価法ではS社の土地評価差額1,000円は次の仕訳となる。

　　　　　　(諸資産)　　　1,000　　(評価差額)　　　1,000

評価替後のS社　貸借対照表　　　(単位:円)

諸資産	16,000	諸負債	2,000
(土地を含む)		資本金	10,000
		利益剰余金	3,000
		評価差額	1,000
	16,000		16,000

P社持分14,000 (10,000 + 3,000 + 1,000) × 70% = 9,800、非支配株主持分14,000 × 30% = 4,200、のれん10,000 − 9,800 = 200 と計算される。

■連結修正仕訳

　　　　　　(資本金)　　　　10,000　　(S社株式)　　　10,000
　　　　　　(連結剰余金)　　 3,000　　(非支配株主持分)　4,200
　　　　　　(評価差額)　　　 1,000
　　　　　　(のれん)　　　　　 200

連結貸借対照表 (単位：円)

諸資産	49,000	諸負債	12,000
のれん	200	資本金	20,000
		連結剰余金	13,000
		非支配株主持分	4,200
	49,200		49,200

　ちなみに，部分時価評価法では土地評価差額 1,000 円のうち親会社持分相当額 1,000 × 70％ ＝ 700 だけが評価される。

　　　　　　　　　（諸資産）　　　　700　　（評価差額）　　　　700
　P 社持分（10,000 ＋ 3,000）× 70 ％ ＋ 700，非支配株主持分（10,000 ＋ 3,000）× 30％ ＝ 3,900

　　　　　　　　　（資本金）　　10,000　　（S 社株式）　　　10,000
　　　　　　　　　（連結剰余金）　3,000　　（非支配株主持分）3,900
　　　　　　　　　（評価差額）　　　700
　　　　　　　　　（のれん）　　　　200

連結貸借対照表 (単位：円)

諸資産	48,700	諸負債	12,000
のれん	200	資本金	20,000
		連結剰余金	13,000
		非支配株主持分	3,900
	48,900		48,900

4 子会社株式の段階取得

　子会社を複数回にわたり取得し支配を獲得する段階取得では，投資と資本の相殺消去を取得の都度行う「段階法」と，支配獲得日に一括して株式を取得したとみなして相殺消去する「一括法」がある。原則は段階法であるが，実務的に煩雑なことから簡便法の一括法が用いられる。

　例えば，P 社は×1 年 3 月 31 日，S 社株式 10％（時価＠100 円，10 株）を取

得した。×2年3月31日に50％（時価@120円，50株）を追加取得し支配を獲得した。P社の投資額は，支配獲得日における投資と資本の相殺消去では時価で評価する。S社株式は当初1,000円，次に6,000円，全部で60株であるが，段階取得によって（120円－100円）×10株＝200円の差益がでた（一括法）。

■支配獲得前に取得していた子会社株式の評価替え（特別損益）

      （S社株式）   200 （段階取得に係る差損益） 200

■支配獲得時における投資と資本の相殺消去

上記取引に関係して，S社の×1年3月31日と×2年3月31日の貸借対照表は下記の通りである。S社の諸資産の時価（×2年3月31日）は6,500円である。P社が所有する×2年3月31日のS社株式60株の時価は120円である。ただし，税効果会計は適用しない。

S社　貸借対照表　　　　　　（単位：円）

資産	×1年3.31	×2年3.31	負債・純資産	×1年3.31	×2年3.31
諸資産	4,000	6,000	諸負債	1,000	1,000
			資本金	2,000	2,000
			利益剰余金	1,000	3,000
	4,000	6,000		4,000	6,000

評価替仕訳　6,500 － 6,000 = 500

     （諸資産）   500 （評価差額）   500

連結修正仕訳　投資と資本の相殺消去

     （資本金）   2,000 （S社株式）   7,200
     （利益剰余金） 3,000 （非支配株主持分）2,200
     （評価差額） 500
     （のれん）   3,900

S社株式（1,000 + 6,000 + 200）= 7,200，非支配株主持分（2,000 + 3,000 + 500）× 40% = 2,200

支配獲得日後の子会社株式を追加取得したケースでは，すでに支配獲得日には投資と資本の相殺消去を行っていることから，その後の追加取得は「段階法」[14]による。手続は①子会社の資産と負債の評価，②親会社の「投資勘定」と子会社の「純資産」とを相殺消去，③非支配株主持分への振替を行う。

5 評価差額と税効果会計の適用

　連結会計において子会社に評価差額が生じたとき，税効果会計が適用される。資産と負債を時価に評価替えをすると，子会社の帳簿価額に一時差異が生まれる。評価差額は，税務上，実現したときに課税所得計算に計上される。税効果会計を適用し，評価差額に法定の実効税率を乗じて「繰延税金負債」あるいは「繰延税金資産」を計上する。これらは子会社に帰属し，評価差額から控除される。

　例えば，P社は×1年3月31日，S社株式70％を対価100,000円で取得し支配を獲得した。支配獲得日のS社資産100,000円，諸負債20,000円，資本金50,000円，利益剰余金30,000円であった。資産の時価120,000円，負債の時価30,000円である。評価差額には税効果会計（実効税率35％）を適用する。

■全面時価評価法による処理計算
- 諸資産（120,000 － 100,000）＝ 20,000，諸負債（20,000 － 30,000）＝ － 10,000，評価差額（20,000 － 10,000）＝ 10,000，評価差額の「繰延税金負債」10,000 × 35％ ＝ 3,500，税効果会計後の評価差額（10,000 － 繰延税金負債3,500）＝ 6,500

（諸資産）	20,000	（諸負債）	10,000
		（繰延税金負債）	3,500
		（評価差額）	6,500

■部分時価評価方法による処理
- 諸資産（120,000 － 100,000）× 70％ ＝ 14,000，諸負債（20,000 － 30,000）× 70％ ＝ － 7,000，評価差額14,000 － 7,000 ＝ 7,000，繰延税金負債7,000 × 35％ ＝ 2,450，税効果会計後の評価差額（7,000 － 繰延税金負債2,450）＝ 4,550

（諸資産）	14,000	（諸負債）	7,000
		（繰延税金負債）	2,450
		（評価差額）	4,550

　この資本連結の評価差額以外，連結会計固有の一時差異には連結会社相互間の取引から生じた未実現損益を消去した場合と，債権と債務の相殺消去により

貸倒引当金を減額修正した場合がある（後述の税効果会計参照）。また，資本連結で発生するのれんは，資産と負債の評価差額と同じく一時差異とすることも可能であるが，のれんに税効果を認識すると，子会社に対する親会社持分が増減し，その結果，のれんが増減し，再度それに税効果を認識する循環が生まれる。したがって，のれんに対しては繰延税金資産及び繰延税金負債を計上しない（連結税効果実務指針27項）。

4 支配獲得日後の連結会計処理

① 連結仕訳

　連結決算は，過去の連結仕訳を反映するのではなく，新たに個別財務諸表を出発点として行われる。連結仕訳（連結修正仕訳）には，①開始仕訳，②投資と資本の相殺消去，③損益取引の相殺消去，④未実現損益の消去，⑤債権・債務の相殺消去がある。

（1）開始仕訳
　この仕訳は，前会計期間に計上された連結仕訳のうち，当期の連結会計期間の期首の状態へと引き継ぐため，前期までの連結仕訳を累積させたものであり，当期の連結精算表で行われる。この開始仕訳を行わないと，連結上の利益剰余金当期期首残高と前期末の利益剰余金の金額が一致しなくなる。
　例えば，P社は，前期×1年3月31日にS社株式の60%を6,000円で取得し支配した。当期（×1年4月1日から×2年3月31日）の連結財務諸表を作成するには次の開始仕訳が行われる。P社とS社の決算日は×2年3月31日，支配獲得日のS社貸借対照表は下記の通りである。S社の諸資産の時価は11,000円であった（全面時価評価）。

支配獲得日のS社貸借対照表　×1年3月31日　（単位：円）

諸資産	10,000	諸負債	3,000
		資本金	5,000
		利益剰余金	2,000
	10,000		10,000

■前期末の評価替仕訳

　　　　　　　　（諸資産）　　　1,000　　（評価差額）　　　1,000

■前期末の連結修正仕訳

　　　　　　　　（資本金）　　　5,000　　（S社株式）　　　6,000
　　　　　　　　（利益剰余金）　2,000　　（非支配株主持分）2,400
　　　　　　　　　　　　　　　　　　　　　（7,000 + 1,000）× 40%
　　　　　　　　（評価差額）　　1,000
　　　　　　　　（のれん）　　　　400

　開始仕訳では過去の「純資産の各科目」を「当期首残高」として会計処理する。

　　　　　　　（資本金当期首残高）5,000　　（S社株式）　　　　　　6,000
　　　　　　　（利益剰余金当期首残高）2,000　（非支配株主持分当期首残高）2,400
　　　　　　　（評価差額）　　　1,000
　　　　　　　（のれん）　　　　　400

（2）当期の連結修正仕訳

①子会社の利益剰余金

　子会社の利益剰余金は，子会社支配の取得時の利益剰余金と取得後の利益剰余金に分けて処理される。取得時のそれは投資と相殺消去されるが，取得後の利益剰余金（当期純利益）は親会社の持分であるとともに非支配株主持分でもある。親会社に帰属する部分はそのまま連結上の利益（利益剰余金）とするが，非支配主持分に帰属する部分は「非支配株主持分当期変動額」に振り替える。

　利益　　　　　（非支配株主損益）××　　（非支配株主持分当期変動額）××
　損失　　　　　（非支配株主持分当期変動額）××　（非支配株主損益）××

非支配株主損益は法人税額等合計の次にマイナス項目の非支配株主利益（借方）あるいはプラス項目の非支配株主損失（貸方）として表示される（章末の株式会社シマノの連結損益計算書参照）。

②過年度に発生したのれんの当期償却（販管費及び一般管理費として処理）
　　　　　（のれん償却額）　　××　　（のれん）　　　　　××

③子会社の配当の修正（連結損益計算書の営業外収益）
　子会社が計上した「配当金」（連結株主資本等変動計算書項目）と親会社が計上した「受取配当金」を相殺消去する。また，子会社の当期純利益のうち親会社に帰属する部分は，そのまま企業集団の利益として計上されることから連結修正消去仕訳は不要となる。
　　　　　（受取配当金）　　××　　（配当金）　　　　　××
　子会社の配当のうち非支配株主に帰属する部分（利益剰余金の増加）
　　　　　（非支配株主持分当期変動額）××　（配当金）　　　　　××
　以上をまとめると，次の仕訳となる。
　　　　　（受取配当金）　　××　　（配当金）　　　　　××
　　　　　（非支配株主持分当期変動額）××
　剰余金の配当以外の利益準備金の積立や別途積立金は純資産として変化しないから，会計処理は不要である。

④連結会社相互間の債権と債務の相殺消去
　連結会社相互間の債権と債務は連結上相殺消去しなければならない。
　上記の会計処理の外に，税効果会計による繰延税金資産及び繰延税金負債を認識し，さらに，関連会社株式等の持分法による評価を行う必要がある。

2 連結財務諸表の作成

　例えば，P社は×1年3月1日，S社株式60％を対価100,000円で取得し支配を獲得した。支配獲得日のS社貸借対照表の諸資産は100,000円，諸負

債20,000円，資本金50,000円，利益剰余金30,000円であった。また，諸資産の時価は120,000円，諸負債の時価は30,000円であった。当期（自×1年4月1日，至×2年3月31日）のP社とS社の個別財務諸表は下記の通りである。のれんは計上年度の翌年から10年間均等償却を行う。評価差額については全面時価評価法（買入のれん方式）を採用し，税効果会計（実効税率35%）を適用する[15]。

個別貸借対照表　×2年3月31日　　　（単位：円）

資産	P社	S社	負債・純資産	P社	S社
諸資産	500,000	124,000	諸負債	292,000	40,000
S社株式	100,000	—	資本金	200,000	50,000
			利益剰余金	108,000	34,000
	600,000	124,000		600,000	124,000

個別損益計算書
自×1年4月1日　至×2年3月31日　　　（単位：円）

借方	P社	S社	貸方	P社	S社
諸費用	320,000	160,000	諸収益	384,000	200,000
配当金	32,000	16,000	受取配当金	16,000	
当期純利益	48,000	24,000			
当期末残高	400,000	200,000		400,000	200,000

個別株主資本等変動計算書
自×1年4月1日　至×2年3月31日　　　（単位：円）

	株主資本			
	資本金		利益剰余金	
	P社	S社	P社	S社
前期末残高	200,000	50,000	100,000	30,000
配当金			△40,000	△20,000
当期純利益			48,000	24,000
当期末残高	200,000	50,000	108,000	34,000

みなし取得日は×1年3月31日，×2年3月31日のS社資本金は50,000円，利益剰余金は30,000円から配当金△20,000円を控除し，当期純利益24,000円を加算し34,000円となる。

■全面時価評価法による連結仕訳

（1）開始仕訳（×1年3月31日，前期末の連結修正仕訳）
　①資産と負債の評価替：資産（時価120,000 －帳簿100,000）＝ 20,000，負債（時価30,000 －帳簿20,000）＝ 10,000，資産と負債の評価差額10,000，繰延税金負債10,000 × 35％ ＝ 3,500，税効果後の評価差額10,000 － 3,500 ＝ 6,500。

仕訳	（諸資産）	20,000	（諸負債）	10,000
			（繰延税金負債）	3,500
			（評価差額）	6,500

　②支配獲得日（×1年3月31日）における投資と資本の相殺消去
　　個別株主資本等変動計算書におけるS社前期末資本金50,000円，利益剰余金30,000円，評価差額6,500円，のれん，S社株式，非支配株主持分前期末残高を相殺消去する。のれんは取得価額100,000 －｛（資本金50,000 ＋利益剰余金30,000 ＋評価差額6,500）× 60％｝＝ 48,100。非支配株主持分前期末残高＝（50,000 ＋ 30,000 ＋ 6,500）× 40％ ＝ 34,600。

（資本金前期末残高）	50,000	（S社株式）	100,000
（利益剰余金前期末残高）	30,000	（非支配株主持分前期末残高）	34,600
（評価差額）	6,500		
（のれん）	48,100		

（2）期中仕訳
■のれん当期償却　48,100 ÷ 10年 ＝ 4,810

（のれん償却額）	4,810	（のれん）	4,810

　S社の当期純利益の非支配株主持分への振替24,000 × 40％ ＝ 9,600

（非支配株主損益）	9,600	（非支配株主持分当期変動額）	9,600

　S社の配当金の修正　S社配当金20,000 × 40％ ＝ 8,000

（非支配株主持分当期変動額）	8,000	（配当金）	8,000

　配当金の受払相殺

（受取配当金）	12,000	（配当金）	12,000

■連結財務諸表の作成

1番目

連結損益計算書
自×1年4月1日 至×2年3月31日 （単位：円）

科目	金額	
諸収益（受取配当金 4,000）		588,000
諸費用	480,000	
のれん償却額	4,810	
税金等調整前当期純利益		103,190
法人税等	（－）48,000	
非支配株主利益	（－）9,600	
当期純利益		45,590

2番目

連結株主資本等変動計算書
自×1年4月1日 至×2年3月31日 （単位：円）

	株主資本		非支配株主持分
	資本金	利益剰余金	
前期末残高	200,000	100,000	34,600
配当金		△40,000	
当期純利益		45,590	9,600
その他当期変動額			△8,000
当期末残高	200,000	105,590	36,200

3番目

連結貸借対照表
×2年3月31日 （単位：円）

資産	金額	負債・純資産	金額
諸資産	644,000	諸負債	342,000
のれん	43,290	繰延税金負債	3,500
		資本金	200,000
		利益剰余金	105,590
	200,000	非支配株主持分	36,200
	687,290		687,290

第一期の開始仕訳と期中仕訳を連結精算表にまとめると下記の通りになる。

連結精算表　　　　　　　　　　（単位：円）

	個別財務諸表			修正仕訳消去仕訳		連結財務諸表
	P社	S社	合計	借方	貸方	
連結損益計算書						
諸収益	384,000	200,000	584,000			584,000
受取配当金	16,000		16,000	12,000		4,000
諸費用	(320,000)	(160,000)	(480,000)			(480,000)
のれん償却費				4,810		△4,810
法人税等	(32,000)	(16,000)	(48,000)			(48,000)
非支配株主損益				9,600		△9,600
当期純利益	48,000	24,000	72,000	26,410		45,590
連結株主資本等変動計算書						
資本金前期末残高	200,000	50,000	250,000	50,000		200,000
資本金当期末残高	200,000	50,000	250,000	50,000		200,000
利益剰余金前期末残高	100,000	30,000	130,000	30,000		100,000
配当金	△40,000	△20,000	△60,000		20,000	△40,000
当期純利益	48,000	24,000	72,000	26,410		45,590
利益剰余金当期末残高	108,000	34,000	142,000	(56,410)	20,000	105,590
非支配株主持分前期末残高					34,600	34,600
非支配株主持分当期変動額				8,000	9,600	1,600
非支配株主持分当期末残高額				8,000	44,200	36,200
連結貸借対照表						
諸資産	500,000	124,000	624,000	20,000		644,000
のれん				48,100	4,810	43,290
S社株式	100,000		100,000		100,000	0
合計	600,000	124,000	724,000	68,100	104,810	687,290
諸負債	292,000	40,000	332,000		10,000	342,000
繰延税金負債					3,500	3,500
資本金	200,000	50,000	250,000	50,000		200,000
利益剰余金	108,000	34,000	142,000	56,410	20,000	105,590
非支配株主持分					36,200	36,200
評価差額				6,500	6,500	0
合計	600,000	124,000	724,000	112,910	76,200	687,290

3 連結二期目以降の会計処理

　連結二期目以降の開始仕訳は，支配獲得時から前期末までの連結修正仕訳を再度行う。過年度の損益項目は，連結株主資本等変動計算書の「利益剰余金当期首残高」で処理される。過年度の非支配株主持分変動額は「非支配株主持分当期首残高」で処理される。

　例えば，P社は×1年3月31日（前々期末）にS社株式60％を対価6,000円で取得し支配した。諸資産の時価は11,000円であった。前期（×1年4月1日から×2年3月31日）の連結決算で行ったP社の連結修正仕訳は下記の通りである。当期（×2年4月1日から×3年3月31日）の連結財務諸表を作成するため連結開始仕訳をする。ただし，全額時価評価法による。税効果会計は適用しない。

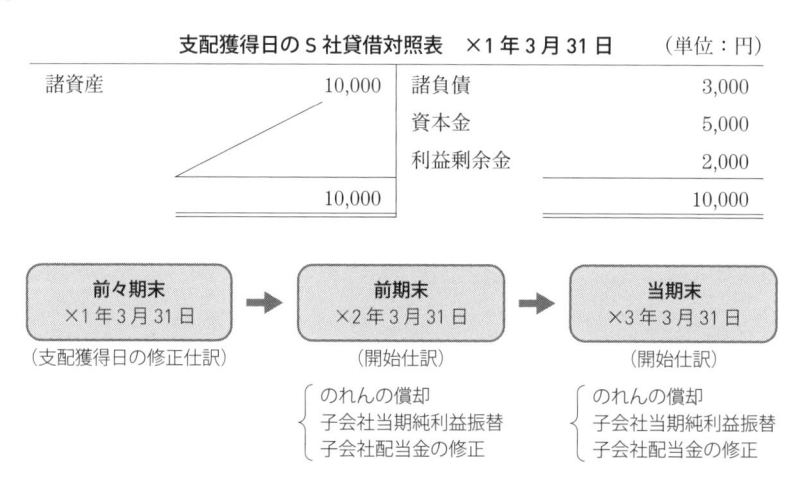

支配獲得日のS社貸借対照表　×1年3月31日　　（単位：円）

諸資産	10,000	諸負債	3,000
		資本金	5,000
		利益剰余金	2,000
	10,000		10,000

```
前々期末              前期末              当期末
×1年3月31日    →    ×2年3月31日   →   ×3年3月31日
(支配獲得日の修正仕訳) (開始仕訳)          (開始仕訳)
                     ┌のれんの償却       ┌のれんの償却
                     │子会社当期純利益振替│子会社当期純利益振替
                     └子会社配当金の修正 └子会社配当金の修正
```

■支配獲得日：前期の連結決算で行った連結修正仕訳を再度行う。
　①前期の連結開始仕訳（投資と資本の相殺消去）　当期期首残高を付す。

　　　　　（資本金当期首残高）5,000　　（S社株式）　　　　　　6,000
　　　　　（利益剰余金当期首残高）2,000　（非支配株主持分当期首残高）2,800
　　　　　（評価差額）　　　　1,000
　　　　　（のれん）　　　　　 800

　②前期の連結修正仕訳　のれんについては10年間で均等償却する。

（のれん償却額）	80	（のれん）	80
（非支配株主損益）	800	（非支配株主持分当期変動額）	800

③連結開始仕訳（前期の連結開始仕訳＋前期の連結修正仕訳）

（資本金当期首残高）	5,000	（S社株式）	6,000
（利益剰余金当期首残高）	2,880	（非支配株主持分当期首残高）	3,600
（評価差額）	1,000		
（のれん）	720		

利益剰余金当期首残高 2,000 ＋のれん償却額 80 ＋非支配株主損益 800 ＝ 2,880

5 連結財務諸表作成の個別的会計処理

1 子会社株式の追加取得

　子会社株式の追加取得では，支配獲得時にすでに子会社の資産と負債を時価に評価したことから評価替仕訳をしない。親会社が追加取得した分だけ非支配株主持分を減らす。

（非支配株主持分当期変動額）×× 　　（S社株式）　　××

　減額する非支配株主持分の計算には，（追加取得時の子会社の資本金＋利益剰余金＋支配獲得時の評価差額）×追加取得比率，投資と資本の相殺消去によって生じる貸借差額はのれんで処理する。

　例えば，P社は，すでにS社株式の60％を所有していたが，さらに20％を2,200円で追加取得した。支配獲得時の諸資産の時価は12,000円であった。追加取得時のS社の資本金5,000円，利益剰余金2,000円，諸資産の時価は13,000円である。

　＊非支配株主持分変動額の計算：追加取得時の資本金及利益剰余金と支配獲得時の評価差額 (5,000 ＋ 2,000 ＋ 2,000) × 20％ ＝ 1,800

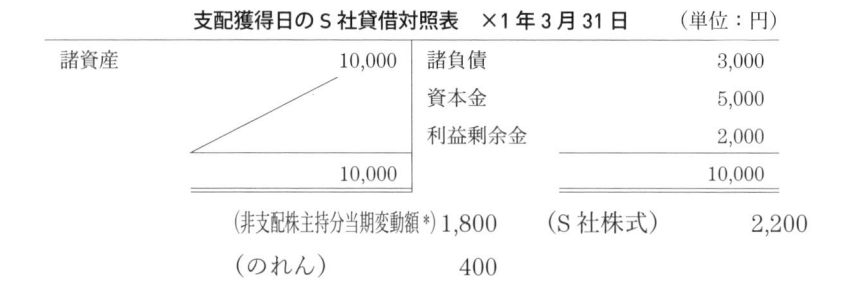

支配獲得日のS社貸借対照表　×1年3月31日　　（単位：円）

諸資産	10,000	諸負債	3,000
		資本金	5,000
		利益剰余金	2,000
	10,000		10,000

　　　　　　（非支配株主持分当期変動額*）1,800　　（S社株式）　　2,200
　　　　　　（のれん）　　　　　　　　　400

2 子会社株式の売却

　支配獲得後，親会社が子会社株式を売却した場合，親会社持分の減少，非支配株主持分の増加となる。また，売却分に対するのれんを減らす。

（1）部分支配・評価差額がない場合
　例えば，P社は×1年3月31日，S社株式80%を対価8,000円で取得し支配した。その後×2年3月31日，このうちS社株式10%を1,200円で売却した。S社の貸借対照表は下記の通りである。のれんは10年均等償却。

S社　貸借対照表　×2年3月31日　　（単位：円）

資産	×1年3.31	×2年3.31	負債・純資産	×1年3.31	×2年3.31
諸資産	12,000	13,000	諸負債	4,000	4,500
			資本金	6,000	6,000
			利益剰余金	2,000	2,500
	12,000	13,000		12,000	13,000

- 支配獲得時の連結修正仕訳
　非支配株主持分（6,000 + 2,000）× 20% = 1,600
　　　　　　　（資本金）　　　　6,000　　（S社株式）　　　　8,000
　　　　　　　（利益剰余金）　　2,000　　（非支配株主持分）1,600
　　　　　　　（のれん）　　　　1,600
- 連結修正仕訳　　（のれん償却額）　160　　（のれん）　　　　160
- 売却時の非支配株主持分当期変動額：S社（資本金6,000 + 2,500）×

10％＝850（増加）。のれん1,600×1／10＝160，売却分1／8×160＝20，子会社株式売却益，非支配株主持分変動額850円とのれん20円を控除する。

　　　　　　　（S社株式）　　　1,200　　（非支配株主持分当期変動額）850
　　　　　　　　　　　　　　　　　　　　（子会社株式売却益）330
　　　　　　　　　　　　　　　　　　　　（のれん）　　　　　　　20

（2）部分支配・評価差額が発生する場合（全面時価評価法）

　例えば，P社は×1年3月31日にS社株式80％を対価9,000円で取得し支配した。ただし，S社資産の時価は12,000円であった。P社は，×2年3月31日，このうちS社株式10％（1／8）を1,200円で売却した。のれんは5年均等償却した。

S社　貸借対照表　　　　（単位：円）

資産	×1年3.31	×2年3.31	負債・純資産	×1年3.31	×2年3.31
諸資産	11,000	12,000	諸負債	3,000	3,500
			資本金	6,000	6,000
			利益剰余金	2,000	2,500
	11,000	12,000		11,000	12,000

- ×1年3月31日の評価替仕訳
　　　　　　　（諸資産）　　　　1,000　　（評価差額）　　　1,000
- ×1年3月31日　80％取得
　　　　　　　（資本金）　　　　6,000　　（S社株式）　　　9,000
　　　　　　　（利益剰余金）　　2,000　　（非支配株主持分）1,600
　　　　　　　（評価差額）　　　　800
　　　　　　　（のれん）　　　　1,800
- 連結修正仕訳　のれん償却1,800÷5年＝360
　　　　　　　（のれん償却額）　　360　　（のれん）　　　　360
- ×2年3月31日　S社株式の減額9,000×1／8＝1,125，P社持分ののれん1,800−(1,800×20％)＝1,440，1,440円×1／8＝△180
　　　　　　　（S社株式）　　　1,125　　（非支配株主持分当期変動額）1,125

第8章　連結財務諸表の分析　　299

(子会社株式売却益)	180	(のれん)		180	

3 連結会社間の内部取引と未実現利益の消去

(1) 内部取引と債権債務の相殺消去[16]

■ 金銭債権と金銭債務の相殺消去

　例えば，P社はS社に貸付金9,000円がある。その受取利息200円と未収利息70円がある。

相殺消去	短期借入金	9,000	短期貸付金	9,000
利息の相殺消去	受取利息	200	支払利息	200
経過勘定の相殺消去	未払利息	70	未収利息	70

■ 営業債権と営業債務の相殺消去

　例えば，P社は，S社株式80％を所有し，支配している。P社は当期S社に売掛金5,000円があり2％の貸倒引当金を設定している。前期末のS社に対する売掛金の貸倒引当金は40円である。これは前期の損益修正であり，利益剰余金期首残高で処理する。当期の貸倒引当金の計算は，5,000 × 2％ = 100, 100 − 40 = 60となる。P社の売掛金とS社の買掛金の相殺仕訳は以下の通りとなる。

相殺消去	買掛金	5,000	売掛金	5,000
前期貸倒引当金の消去	貸倒引当金	40	利益剰余金当期首残高	40
当期貸倒引当金の消去	貸倒引当金	60	貸倒引当金繰入	60

　例えば，S社は，当期P社に対する売掛金10,000円があり，3％の貸倒引当金を設定している。前期末におけるP社に対する売掛金の貸倒引当金は50円である。前期末に設定した貸倒引当金の修正に係る損益は非支配株主持分(20％)にも負担させる(50 × 20％ = 10)。当期の貸倒引当金と非支配株主持分損益の計算は(10,000 × 3％) − 50 = 250, 250 × 20％ = 50となる。S社の売掛金とP社の買掛金の相殺仕訳は以下の通りとなる。

相殺消去	買掛金	10,000	売掛金	10,000
前期貸倒引当金の消去	貸倒引当金	50	利益剰余金当期首残高	50
	利益剰余金当期首残高	10	非支配株主持分当期首残高	10
当期貸倒引当金の消去	貸倒引当金	250	貸倒引当金繰入	250
	非支配株主持分損益	50	非支配株主持分当期変動額	50

■手形を保有している場合

　例えば，P社はS社株式の80％を所有し支配している。S社はP社に買掛金4,000円を支払うために手形を振り出した。P社は期末時点でこれを保有する。P社は売掛金に3％の貸倒引当金を設定する。

相殺消去	支払手形	4,000	受取手形	4,000
貸倒引当金の消去	貸倒引当金	120	貸倒引当金繰入	120

■手形を割り引く場合

　例えば，S社は，P社からの買掛金7,000円を支払うために，手形を振り出した。P社はこの手形を割り引いて割引料350円を差し引き，残金を現金で受け取った。連結での手形割引は短期借入金で処理する。

短期借入金への振替	支払手形	7,000	短期借入金	7,000
割引料の処理	支払利息	350	手形売却損	350

■手形を裏書譲渡している場合（仕訳はない）。
■保証債務の処理

個別会計上の処理を取消す	保証債務	××	保証債務費用	××

（2）売上と仕入

　P社はS社に当期に商品50,000円を売り上げた。P社による売上高と仕入高の相殺消去は次の仕訳となる。

　　　　　　　　　　（売上高）　　　50,000　　（売上原価）　　50,000

（3）棚卸資産の未実現利益の消去方法[17]

　連結取引の棚卸資産の利益は，連結グループ外部に売却あるいは費用配分さ

れるまで未実現であるため全額を消去しなければならない。棚卸資産の消去では「ダウンストリーム取引」の場合に「全額消去・親会社負担方式」をとる。一方,「アップストリーム取引」の場合に親会社と少数株主が負担する「全額消去・持分比率負担方式」をとる。

■ダウンストリームの未実現損益（全額消去・親会社負担方式）

P社はS社株式70％を取得し支配している。当期, S社に対して原価率80％で商品を販売した。S社の期末商品5,000円はP社から仕入れたものである。売上原価のうち期末商品の未実現利益20％だけを消去する。ただし,未実現利益の消去にあたり税効果会計を適用しない。P社は未実現利益（期末商品5,000円×内部利益率20％）1,000円を期末商品から減額し売上原価を増額する。

□連結修正仕訳　期末商品の未実現利益消去

　　　　　　　（売上原価）　　　1,000　　（商品）　　　　　1,000

□期首商品に含まれている未実現利益の修正

　未実現利益を含む期末商品は翌期に期首商品となる。連結修正仕訳は帳簿に記録されないため, 当期（2年度）に連結財務諸表を作成するには前期の連結修正仕訳を再度行う。ただし, 前期の損益項目（売上原価）は「利益剰余金当期首残高」で処理する。

①前期の開始仕訳　（利益剰余金期首残高）1,000　（商品）　　　　　1,000

②上記の期首商品は, 当期中にすべて販売し, 未実現利益が当期に実現したと仮定する。個別会計では, 期首商品の未実現利益額が売上原価として過大となるから, これを減らす。期首商品の未実現利益の修正仕訳は以下の通りとなる。

　　　　　　　（商品）　　　　　1,000　　（売上原価）　　　1,000

③①と②の仕訳を整理すると, 次の連結修正仕訳となる。

　　　　　　　（利益剰余金期首残高）1,000　　（売上原価）　　　1,000

■アップストリームの未実現損益

ダウンストリームと同じく, 未実現利益分だけ商品を減らし売上原価を増やすが, 未実現利益のうち非支配株主持分に対応する金額を負担させる。

　例えば, P社は, S社株式70％を所有し支配している。S社は当期にP社に

対して原価率80％で商品を販売した。P社の期末商品5,000円はS社から仕入れたものである。ただし、未実現利益の消去にあたり税効果会計を適用しない。

■連結修正仕訳
□棚卸資産の未実現利益の消去　5,000×内部利益率20％＝1,000

　　　　　　　　　（売上原価）　　　1,000　　（商品）　　　　1,000
　　　　　　　　　　　　　　　　　　　　　　　　　（未実現部分）

非支配株主持分の負担　1,000×30％＝300

　　　　　　　　（非支配株主持分当期変動額）300　（非支配株主損益）　300

□期首商品に含まれている未実現利益の修正

　例えば、P社はS社株式70％を所有し支配している。S社はP社に対して前期に原価率80％で商品を販売した。P社の期首商品のうち5,000円はS社から仕入れたものである。ただし、未実現利益の消去にあたり税効果会計を適用しない。

■連結修正仕訳
　①前期の開始仕訳
　　未実現利益の修正
　　　　　　　（利益剰余金当期首残高）1,000　（商品）　　　　1,000
　　非支配株主持分の負担
　　　　　　　（非支配株主持分当期首残高）300　（利益剰余金当期首残高）300
　②期首商品に含まれる未実現利益の修正
　　　　　　　（商品）　　　　1,000　（売上原価）　　1,000
　　　　　　　（非支配株主損益）　300　（非支配株主持分当期変動額）300
　③連結修正仕訳　①と②のまとめ
　　　　　　　（利益剰余金期首残高）700　（売上原価）　　1,000
　　　　　　　（非支配株主持分当期首残高）300
　　　　　　　（非支配株主損益）　300　（非支配株主持分当期変動額）300

（4）非償却性資産の未実現利益の消去
　■ダウンストリームの全額消去・親会社負担方式

例えば，P社はS社株式60％を所有し支配している。P社は当期にS社に対して土地（帳簿価額10,000円）を12,000円で売却し，S社はこの土地を当期末に所有している。ただし，税効果会計を適用しない。

P社の個別上の仕訳（現金預金）	12,000	（土地）	10,000
		（固定資産売却益）	2,000
S社の個別上の仕訳（土地）	12,000	（現金預金）	12,000
連結修正仕訳　（固定資産売却益）	2,000	（土地）	2,000

■アップストリームの全額消去・持分比率負担方式

P社はS社株式60％を所有し支配している。S社は当期にP社に対して土地（帳簿価額10,000円）を12,000円で売却し，P社はこの土地を期末に所有している。税効果会計を適用しない。

連結修正仕訳　（固定資産売却益）	2,000	（土地）	2,000
（非支配株主持分当期変動額）	800	（非支配株主損益）	800

（5）償却性資産の売買における未実現利益の消去[18]

■ダウンストリーム

例えば，P社はS社株式60％を所有し支配している。P社は当期首においてS社に対して備品（帳簿価額600円）を1,000円で売却した。S社はこれを期末現在も所有し，減価償却を定額法（耐用年数5年，残存価額ゼロ，間接法）で行う。ただし，税効果会計を適用しない。

①P社の個別会計上の仕訳

（現金預金）	1,000	（備品）	600
		（固定資産売却益）	400

②S社の個別会計上の仕訳

（備品）	1,000	（現金預金）	1,000
（減価償却費）	200	（減価償却累計額）	200

③連結会計上の仕訳　P社の備品 600 ÷ 5年 ＝ 120円

（減価償却費）	120	（減価償却累計額）	120

④連結修正仕訳は，①P社の仕訳と②S社の仕訳を逆仕訳する。

(備品)	600	(現金預金)	1,000
(固定資産売却益)	400		
(現金預金)	1,000	(備品)	1,000
(減価償却累計額)	200	(減価償却費)	200
(減価償却費)	120	(減価償却累計額)	120

要するに，次の仕訳となる。

(固定資産売却益)	400	(備品)	400
(減価償却累計額)	80	(減価償却費)	80

■アップストリーム

例えば，P社はS社株式60％を所有し支配している。S社は当期首においてP社に対して備品（帳簿価額600円）を1,000円で売却した。P社はこれを期末現在にも所有している。備品の減価償却は定額法（耐用年数5年，残存価額ゼロ）で行う。ただし，税効果会計は適用しない。この場合，次の連結修正仕訳となる。

(固定資産売却益)	400	(備品)	400
(減価償却累計額)	80	(減価償却費)	80
(非支配株主持分当期変動額)	128	(非支配株主損益)	128

非支配株主損益の計算は，(400 − 80) × 40％ ＝ 128 となる。

（6）未達取引の会計処理

個別会計上の処理をしていない会社が適正な処理を行う。

（7）未実現利益消去の税効果会計

本章7「連結会計における税効果会計」を参照。

6 非連結子会社及び関連会社に関する持分法の適用

1 持分法の意義と適用範囲

　ある会社が他の会社を支配している状態（子会社）ではないが，子会社以外の他の会社に財務と営業の方針決定に対して重要な影響を与えることができる場合，連結財務諸表を作成しないが，持分法（one-line-consolidation）を適用する必要がある。「持分法に関する会計基準」（企業会計基準第16号）は，連結法の支配力基準の延長に影響力基準を導入した。持分法の適用対象会社を関連会社という。関連会社とは，企業（事業体）が出資，人事，資金，技術，取引等の関係を通じて，他の会社の財務及び営業の方針決定に対して重要な影響を与えることができる子会社以外の企業をいう。その範囲は，議決権付き株式20％以上を所有する会社，20％未満であっても実質的に影響が及ぶ相手会社も含まれる。子会社以外の他の会社の財務及び営業の方針決定に重要な影響を与えることができないことが明らかに示されない限り，他の会社は関連会社に該当する。子会社として重要性が乏しいと判断される「非連結子会社」にも持分法が適用される。ただし，持分法の適用により連結財務諸表に重要な影響を与えない場合には，持分法の適用会社としないことができる。

2 持分法の会計処理

（1）持分法の意義

　「持分法」とは，ある会社（投資会社）が，子会社以外の他の会社（被投資会社）の純資産及び損益のうち，投資会社に帰属する部分の変動に応じて，その投資の額を連結決算日ごとに修正する方法である。投資会社は総勘定元帳に「投資有価証券」(investments in common shares of unconsolidated subsidiaries) と「持分法による投資損益」(income from investments in common shares of unconsolidated subsidiaries) を開設し，被投資会社の損益を連結財務諸表に反映させる。つまり，それは被投資会社の経営成績に応じて投資有価証券（関連会社株式）を毎期

修正する方法である。適用に際しては，被投資会社の個別財務諸表を合算しないが，投資と資本の差額，持分法による投資損益の計算，未実現損益の消去，受取配当金の会計処理，税効果会計を必要とする。同一環境下で行われた同一の性質の取引等について，投資会社及び被投資会社が採用する会計処理は原則として統一する。投資会社は被投資会社の直近の財務諸表を利用する。なお，持分法による投資損益が借方と貸方に生じた場合には相殺して表示される。

持分法による投資損益は，営業外収益又は営業外費用の区分に一括して表示する。その適用は連結と同様の効果がある。関連会社等に該当しなくなった場合，連結財務諸表上，残存する当該被投資会社に対する投資は，個別貸借対照表上の帳簿価額をもって評価する。

（2）株式取得の会計処理

①評価差額がないケース

投資会社は，被投資会社のM社株式を取得したとき連結修正仕訳は不要であるが，「投資差額」（投資額－被投資会社の資本×投資会社の持分比率）を計算する。

例えば，投資会社I社は×1年3月31日（決算日），M社株式20％を4,000円で取得し持分法の適用会社とした。×1年3月31日のM社の貸借対照表は資本金10,000円，利益剰余金5,000円であった。投資差額は4,000－(10,000＋5,000)×20％＝1,000，投資差額の償却はのれんと同様に20年以内の定額法（1,000÷5年＝200）で計算する。

　　　　　　　　　　　（持分法による投資損益）200　　（投資有価証券）　　200

投資差額が貸方に生じる場合，株式取得時に一括して持分法による投資損益で処理する。

②評価差額があるケース

持分法では，被投資会社の資産と負債の評価替えに関する仕訳は不要であるが，被投資会社の資産と負債の時価と帳簿価額との差額のうち「投資会社の持分に相当する額」を全面時価評価法で計算する。評価差額は（資産等の時価－帳簿価額）×投資会社の持分比率で計算され，被投資会社の資本として処理する。次に，投資差額は，投資額－（被投資会社の資本×投資会社の持分比率＋

評価差額）として計算される。投資差額はのれんとして投資有価証券に含まれ，合理的な方法で償却される。

　例えば，投資会社I社は×1年3月31日（決算日），M社株式20％を4,000円で取得し，持分法の適用会社とした。同日のM社の資本金10,000円，利益剰余金5,000円である。M社資産8,000円のうち土地帳簿価額5,000円の時価は6,000円である。

■投資差額の計算と償却

　投資持分の計算（資本金・利益剰余金）（10,000＋5,000）×20％＝3,000

　関連会社の資産に関する評価差額　（6,000－5,000）×20％＝200

　投資差額　4,000－(10,000＋5,000)×20％＋200＝1,200

　投資差額の償却（定額法5年）　1,200÷5＝240

　　　　　　　　　　（持分法による投資損益）240　　（投資有価証券）　　240

■持分法適用における当期純利益の計上

　投資会社は，被投資会社の株式を取得した後，被投資会社が当期純利益を計上する場合，投資持分に応じて投資勘定を増やす。相手勘定は「持分法による投資損益」で処理する。当期純損失では投資勘定を減らす。

　例えば，I投資会社がM社株式（投資有価証券）を20％保有している場合，当該被投資会社の当期純利益が1,000円となった。

　　　　　　　　　　（投資有価証券）　　200　　（持分法による投資損益）200

　逆に損失1,000円の場合，次の連結修正仕訳となる。

　　　　　　　　　　（持分法による投資損益）200　　（投資有価証券）　　200

■持分法適用における剰余金の配当の修正

　被投資会社が剰余金を配当すると純資産が減少する。投資会社はその分だけ投資勘定を減らす。被投資会社の配当は投資会社の受取配当金として処理される。

　例えば，I投資会社は，×1年3月31日にM社株式20％を取得し持分法を適用した。M社は当期に剰余金の配当600円を行った。連結修正仕訳は次になる。

　　　　　　　　　　（受取配当金）　　120　　（投資有価証券）　　120

③持分法適用における未実現利益の消去

　投資会社と被投資会社間の商品やその他資産の取引に利益が含まれる場合，これに含まれる未実現利益は消去する必要がある。

　投資会社の売上高に未実現利益が含まれるダウンストリームでは，未実現利益の分（持分比率）だけ投資会社の収益勘定を減額する。被投資会社が非連結子会社の場合には未実現利益の全額が対象となる。

　　　（売上高）又は（持分法による投資損益）××　　（投資有価証券）　××

　投資会社の資産勘定に未実現利益が含まれているダウンストリームでは，未実現利益を計算し，その分だけ投資会社の資産勘定を減額する。

　　　　　　　　　　　（持分法による投資損益）××　　（商品など）　　　××

④投資残高の計算と連結開始仕訳

　連結財務諸表に記載する投資勘定の金額は，投資会社の個別財務諸表の金額に連結修正仕訳を加減して求められる。上記②評価差額があるケースでは，これまでの当期連結修正仕訳から当期×2年3月31日の投資額を計算すると，当期のM社株式は，4,000－240（投資差額償却）＋200（当期純利益）－120（剰余金の配当）＝3,840となる。

　次期に連結財務諸表を作成するには，以前に行った連結修正仕訳を連結開始仕訳とする。「持分法による投資損益」と「受取配当金」はすべて「利益剰余金当期首残高」で処理する。

　　　　　　　　　（利益剰余金当期首残高）160　　（投資有価証券）　　160

7 連結会計における税効果会計

1 連結法における税効果会計

　連結財務諸表における税効果会計により計上される繰延税金資産と繰延税金負債が，親会社か子会社のどちらに帰属するのかを明確にする必要がある。税効果会計は，①子会社を支配し取得した時点で，その資産と負債を時価評価

した場合，②連結会計上資産に含まれる未実現利益を消去した場合，③債権債務の相殺消去によって貸倒引当金を消去した場合に適用される。

（1）資本連結における子会社の資産と負債を時価評価した場合

評価差額×実効税率の税金相当額は，繰延税金資産あるいは繰延税金負債として会計処理される。これらの金額は子会社に帰属する。

例えば，P社は，×1年3月31日，S社株式80％を対価4,000円で取得し，支配した。当日のS社貸借対照表は，諸資産が20,000円，諸負債が5,000円，資本金10,000円，利益剰余金は5,000円であった。S社の諸資産の時価が22,000円であった。税効果会計（実効税率35％）を適用する。

　　　　　（諸資産）　　　　　2,000　　　（繰延税金負債）　　　700
　　　　　　　　　　　　　　　　　　　　　（評価差額）　　　　1,300

例えば，上記の資産の時価が19,000円であった場合，次の仕訳となる。

　　　　　（繰延税金資産）　　　350　　　（諸資産）　　　　　1,000
　　　　　（評価差額）　　　　　650

（2）未実現利益の消去

■ダウンストリームの場合

販売会社は未実現利益を消去し，税効果会計を適用する。これは将来減算一時差異である。販売会社は，売却年度の売却利益に対して課税済みであるので，この部分を繰延税金資産として計上する。税率の変更があっても繰延税金資産はその影響を受けない。未実現利益に係る支払税額は，他の繰延税金資産と異なり回収可能性の判定や見直しは不要である（連結税効果実務指針16項）。未実現利益の消去に係る繰延税金資産は，未実現利益の実現年度に取り崩される。

例えば，P社は当期にS社に対して原価率60％（内部利益率40％）の商品を販売した。S社の期首商品1,000円と期末商品2,000円はP社から仕入れたものである。P社は未実現利益の消去にあたり税効果会計（実効税率35％）を適用する。

　　□期末商品の未実現利益消去　　2,000×内部利益率0.4＝800

|(売上原価)|800|(商品)|800|

　　税効果会計の適用　800×35％＝280

|(繰延税金資産)|280|(法人税等調整額)|280|

　□期首商品の未実現利益の消去　1,000×内部利益率0.4＝400

|(利益剰余金当期首残高)|400|(売上原価)|400|

　　税効果会計の適用　400×35％＝140

|(法人税等調整額)|140|(利益剰余金当期首残高)|140|

■固定資産（非償却性資産）の未実現利益消去と税効果会計

　例えば，P社がS社に土地（帳簿価額800円）を1,000円で売却した。実効税率35％である。

|未実現利益の消去|(固定資産売却益)|200|(土地)|200|

|税効果会計の適用|(繰延税金資産)|70|(法人税等調整額)|70|

■償却性資産

　例えば，当期首にP社はS社に備品（帳簿価額500円）を800円で売却した。定額法（耐用年数5年，残存価額ゼロ）。

|未実現利益消去|(固定資産売却益)|300|(備品)|300|

|300÷5年＝60|(減価償却累計額)|60|(減価償却費)|60|

　　税効果会計の適用　(300−60)×35％＝84

|(繰延税金資産)|84|(法人税等調整額)|84|

■未実現利益の消去　アップストリーム（全額消去・持分按分負担方式）の場合

　販売会社は，まず未実現利益の消去を行い，次に税効果会計を適用するが，販売会社に非支配株主持分が存在する場合には按分計算して負担させる。

　例えば，S社は当期にP社（発行株式80％取得）に対して原価率70％で製品を販売する。P社の期首製品1,000円と期末製品2,000円はS社から仕入れたものである。未実現利益の消去にあたり税効果会計（実効税率35％）を適用する。

　□期末製品の連結修正仕訳：

　　期末製品の未実現利益2,000×内部利益率0.3＝600

|(売上原価)|600|(製品)|600|

　　税効果会計の適用　600×35％＝210

　　　　　　　　　（繰延税金資産）　　　210　　　（法人税等調整額）　　210
　非支配株主持分への負担（600 − 210）× 20% = 78
　　　　　　　　　（非支配株主持分当期変動額）78　　（非支配株主損益）　　78
□期首製品の連結修正仕訳
　期首製品の未実現利益（1,000 ×内部利益率 0.4 = 400）
　　　　　　　　　（利益剰余金当期首残高）400　　（売上原価）　　　　400
　税効果会計の適用 400 × 35% = 140 円
　　　　　　　　　（法人税等調整額）　　140　　（利益剰余金当期首残高）140
　非支配株主持分への負担（400 − 140）× 20% = 52
　　　　　　　　　（非支配株主持分当期首残高）52　（利益剰余金当期首残高）52
　　　　　　　　　（非支配株主損益）　　52　　（非支配株主持分当期変動額）52

■固定資産（非償却性資産）のアップストリームにおける未実現利益消去
　例えば，S社はP社（発行株式80%取得）に土地（帳簿価額800円）を1,000円で売却した。実効税率35%である。
　未実現利益の消去
　　　　　　　　　（固定資産売却益）　　200　　（土地）　　　　　　200
　税効果会計の適用
　　　　　　　　　（繰延税金資産）　　　70　　（法人税等調整額）　　70
　非支配株主持分へ負担　（200 − 70）× 20% = 36.5
　　　　　　　　　（非支配株主持分当期変動額）36.5　（非支配株主損益）　36.5

■償却性資産のアップストリームのケース
　当期首にS社はP社（発行株式80%取得）に備品（帳簿価額500円）を800円で売却した。減価償却は定額法（耐用年数5年，残存価額ゼロ）。
　未実現利益の消去
　　　　　　　　　（固定資産売却益）　　300　　（備品）　　　　　　300
　　300 ÷ 5 年 = 60　（減価償却累計額）　　60　　（減価償却費）　　　60
　税効果会計の適用（300 − 60）× 35% = 84
　　　　　　　　　（繰延税金資産）　　　84　　（法人税等調整額）　　84
　非支配株主持分への負担　（300 − 60 − 84）× 20% = 31.2
　　　　　　　　　（非支配株主持分当期変動額）31.2　（非支配株主損益）　31.2

（3）債権債務の相殺消去によって貸倒引当金を消去[17]

■ダウンストリームでは，まず貸倒引当金の消去を行い，次に税効果会計を適用する。

例えば，P社は，S社に対する売掛金の期首に1,000円（貸倒引当金100円），期末に2,000円（貸倒引当金150円）がある。実効税率35％，ただし，債権債務の相殺仕訳をしない。

期首の貸倒引当金を消去

　　　　　　　　　（貸倒引当金）　　　100　　（利益剰余金当期首残高）100

税効果会計適用 100 × 35％ = 35

　　　　　　　　　（利益剰余金当期首残高）35　　（繰延税金負債）　　　35

期末の貸倒引当金消去 150 − 100 = 50

　　　　　　　　　（貸倒引当金）　　　50　　（貸倒引当金繰入）　　50

税効果会計の適用 50 × 35％ = 17.5

　　　　　　　　　（法人税等調整額）　17.5　（繰延税金負債）　　17.5

■アップストリームでも，まず貸倒引当金の消去を行い，次に税効果会計を適用する。さらに非支配株主が存在する場合にはこれを負担させる。

例えば，S社はP社（発行株式80％取得）に対する売掛金の期首に1,000円（貸倒引当金100円），期末に2,000円（貸倒引当金150円）がある。ただし，実効税率は35％，債権債務の相殺仕訳はしない。

□期首貸倒引当金を消去

　　　　　　　　　（貸倒引当金）　　　100　　（利益剰余金当期首残高）100

税効果会計の適用 100 × 35％ = 35

　　　　　　　　　（利益剰余金当期首残高）35　　（繰延税金負債）　　　35

非支配株主持分へ負担　（100 − 35）× 20％ = 13

　　　　　　　　　（利益剰余金当期首残高）13　（非支配株主持分当期首残高）13

□期末貸倒引当金の消去　150 − 100 = 50

　　　　　　　　　（貸倒引当金）　　　50　　（貸倒引当金繰入）　　50

税効果会計の適用 50 × 35％ = 17.5

　　　　　　　　　（法人税等調整額）　17.5　（繰延税金負債）　　17.5

非支配株主持分へ負担　（50 − 20）× 20％ = 6

　　　　　　　　　（非支配株主損益）　　　6　　（非支配株主持分当期変動額）6

■繰延税金資産と繰延税金負債の表示

　繰延税金資産あるいは負債の表示区分は，流動項目と固定項目に分類される。流動資産（繰延税金資産）と流動負債（繰延税金負債）は相殺してどちらか一方を表示する。固定資産と固定負債の場合も同様である。ただし，親会社に帰属する繰延税金資産と子会社の繰延税金負債及び子会社に帰属する繰延税金資産と親会社の繰延税金負債と相殺することはできない。

2 税効果会計の持分法への適用

　持分法にも税効果会計が適用される。その場合，持分法の適用対象となる被投資会社（以下，持分法適用会社という）は，税効果会計を適用していることが前提である。その主な項目は①資産と負債の時価による評価差額の計算と，②未実現利益の消去において行われる。

　ただし，持分法における税効果会計では，投資会社が税効果を認識する場合には，「繰延税金資産・負債」，「法人税等調整額」の勘定科目で計上する。持分法適用会社が税効果を認識する場合には，「持分法による投資損益」，「投資有価証券」の勘定を利用する。また，持分法適用会社ごとに繰延税金資産を集計し，適用会社の回収可能性の検討が必要となる[20]。

（1）株式取得日における評価差額の税効果

　持分法適用会社の評価差額は（資産等の時価－帳簿価額）×持分比率×（1－実効税率）として計算される。持分法における評価差額は，繰延税金資産・負債として認識されるが，仕訳処理を行わない。評価差額は，結果として投資差額ののれんの計算に影響し，持分法による投資損益が変化する。投資差額は，投資額から被投資会社の資本に対する投資会社の持分比率を乗じた金額と計算された評価差額を控除した金額で計算される。

　例えば，投資会社 I 社は×1年3月31日，M社株式の20%を4,000円で取得し，持分法適用会社とした。この時点でM社の資本金は10,000円，利益剰余金は5,000円，M社の資産（土地帳簿価額5,000円）の時価は6,000円であった。

税効果会計（実効税率35％）を適用した場合の投資差額を計算する。投資差額は10年で償却する。

　計算　評価差額：$(6,000 - 5,000) \times 20\% \times (1 - 0.35) = 130$
　　投資差額と償却：$4,000 - \{(10,000 + 5,000) \times 20\% + 130\} = 870$
　　　$870 \div 10$ 年 $= 87$
　　　　　　　　　　　（投資有価証券）　　　87　　（持分法による投資損益）87

（2）未実現損益の消去に税効果会計を適用する場合[21]

　販売側が投資会社であるか，持分法適用会社であるかで税効果会計の勘定科目が異なる。利益をつけた側に一時差異が帰属することになる。

　ダウンストリームの場合，投資会社は，通常の税効果会計と同じく，「法人税等調整額」と「繰延税金資産あるいは繰延税金負債」で処理する。

　例えば，投資会社Ｉ社は×1年3月31日，Ｍ社株式20％を取得し，持分法適用会社とした。Ｉ社は，Ｍ社に利益率20％で商品を販売し，当期のＭ社の期末商品のうち600円はＩ社から仕入れたものである。税効果会計（実効税率35％）を適用した場合の連結会社の未実現利益を消去する連結修正仕訳を示す。

　未実現利益の消去　$600 \times$ 利益率 $20\% \times$ 持分比率 $20\% = 24$
　　　　　　　　　（売上高）　　　　24　　（投資有価証券）　　24
　税効果会計の適用　$24 \times$ 税率 $35\% = 8.4$
　　　　　　　　　（繰延税金資産）　8.4　（法人税等調整額）　8.4

　アップストリームの場合，持分法適用会社は，「持分法による投資損益」と「投資有価証券」で処理する。

　例えば，投資会社Ｉ社は，×1年3月31日，Ｍ社株式20％を取得し，持分適用会社とした。Ｍ社はＩ社に利益率20％で商品を販売し，当期のＩ社の期末商品のうち600円はＭ社から仕入れたものである。税効果会計（実効税率35％）を適用した場合の持分法適用会社の連結修正仕訳を示す。

　未実現利益の消去　$600 \times$ 利益率 $20\% \times$ 持分比率 $20\% = 24$
　　　　　　　　　（持分法による投資損益）24　（商品）　　　　　24
　税効果会計の適用　$24 \times$ 税率 $35\% = 8.4$
　　　　　　　　　（投資有価証券）　8.4　（持分法による投資損益）8.4

8 連結会計における退職給付会計

　平成24年会計基準では退職給付会計における未認識数理計算上の差異や未認識過去勤務費用は、「その他包括利益」に計上されることになった。

　例えば、P社は退職給付会計を行っていないS社を連結する。P社は、個別損益計算書では退職給付費用50万円、個別貸借対照表には退職給付引当金200万円、当期に数理計算上の差異20万円（借方）が発生した。これは翌期から10年で償却する。この認識数理計算上の差異20万円は、連結では「退職給付に係る調整額」として「退職給付に係る負債」に計上される。次に、未償却分20万円は連結包括利益計算書に「その他の包括利益」として表示される。それは連結株主資本等変動計算書において退職給付に係る調整累計額の当期変動額として計上される[22]。これらは下記の通りとなる。

P社　個別　退職給付引当金		（単位：万円）
	期首	150
	退職給付費用	50

連結　退職給付に係る負債		（単位：万円）
	期首	150
	退職給付費用	50
	退職給付に係る調整額	20

P社　連結包括利益計算書	（単位：万円）
少数株主損益調整前当期純利益	1,000
その他の包括利益	
退職給付に係る調整額	△20
包括利益	980

連結株主資本等変動計算書	（単位：万円）
退職給付に係る調整累計額	
当期首残高	0
当期変動額	△20
当期末残高	△20

例えば，P社は，退職給付会計を行っていないS社と連結する。P社の期首の退職給付債務が10,000円，年金資産6,000円，当期の勤務費用600円，利息費用（利率年4%），長期期待運用収益率3%であった。当期に数理計算上の差異200円（借方）が発生し，翌年から5年で償却する（定額法）。ただし，税効果会計は適用しない。

退職給付費用の計算：当期の勤務費用600＋利息費用（10,000×4%）－期待運用収益（年金資産6,000×長期期待運用収益率3%）＝820

❶退職給付引当金：退職給付債務10,000－年金資産6,000＋退職給付費用820＝4,820

連結　退職給付に係る負債　　　　　　　　（単位：円）

年金資産	6,000 ❶	期首	10,000
		退職給付費用	820
		❷退職給付に係る調整額	200

❶　　　　　　　（退職給付引当金）4,820　（退職給付に係る負債）4,820
❷　　　　　　　（退職給付に係る調整額）200　（退職給付に係る負債）200

退職給付に係る負債：❶4,820＋❷200＝5,020

例えば，P社は，退職給付会計を行っていないS社と連結する。P社の当期の退職給付引当金200円であった。当期の退職給付費用が200円，当期末の実際退職給付債務が500円，実際年金資産が300円であった。当期に数理計算上の差異100円が発生したが，償却しない。ただし，税効果会計を適用しない。

❶個別から連結へ振替
　　　　　　　（退職給付引当金）　200　（退職給付に係る負債）200
❷未認識数理計算上の差異を退職給付に係る負債に計上
　　　　　　　（退職給付に係る調整額）100　（退職給付に係る負債）100

P社は，上記取引例と同じ条件であるが，当期から未認識数理計算上の差異を償却（5年）した。ただし，税効果会計を適用しない。

❶　　　　　　　（退職給付引当金）　200　（退職給付に係る負債）200
❷未認識数理計算差異を退職給付に係る負債に計上，100－（100×1／5）＝80
　　　　　　　（退職給付に係る調整額）80　（退職給付に係る負債）80

上記取引例と同じ条件であるが，P社は当期の数理計算上の差異100円を償却し，税効果会計を適用した。ただし，実効税率35％とする。
❶　　　　　　　　　（退職給付引当金）　200　　（退職給付に係る負債）200
❷未認識数理計算上の差異を退職給付に係る負債として計上，100－(100
　×1／5)＝80
　　　　　　　　　（退職給付に係る調整額）80　　（退職給付に係る負債）80
税効果会計の適用　80×35％＝28
　　　　　　　　　（繰延税金資産）　　　28　　（退職給付に係る調整額）28

9 在外子会社等の財務諸表の換算

1 在外子会社等の会計処理

　在外子会社及び関連会社（以下，在外子会社等という）の連結財務諸表を作成する場合，親会社及び子会社が採用する会計処理の原則及び手続は，原則として統一しなければならない（企業会計基準第22号17項）。在外子会社等の財務諸表は所在地国で法的に求められるものや外部に公表されるものに限らず，連結決算上利用するために内部的に作成されたものを含む。だが，在外子会社については，財務諸表を国際財務報告基準又は米国会計基準に準拠して作成している場合，当面，それを連結決算手続に利用することができる。ただし，その場合であっても，次に示す項目については重要性が乏しい場合を除き，連結決算上，当期純利益が適切に計上されるよう在外子会社の会計処理を修正しなければならない。

- のれんの償却，減損処理後の減価償却
- 退職給付会計における数理計算上の差異の費用処理
- 研究開発費の支出時費用処理
- 投資不動産の時価評価及び固定資産の再評価
- 非支配株主損益の会計処理

2 在外子会社等の財務諸表項目の換算

(1) 適用する為替レート

　連結財務諸表の作成又は持分法の適用にあたり，在外子会社等の外国通貨で表示されている財務諸表項目の換算は次の方法による。

　①すべての資産及び負債は，決算時の為替レートによる円換算額による。

　②親会社による株式の取得時における資本（純資産）項目は，株式取得時の為替レート，親会社による株式の取得後に生じた純資産に属する項目は，当該項目の発生時の為替レートによる。

　③親会社との取引により生じた収益と費用については，原則として「期中平均レート」による円換算額とする。ただし，決算時の為替レートによる円換算額を付することを妨げない。なお，親会社との取引による収益及び費用の換算については，親会社が換算に用いる為替相場による。この場合に生じる差額は，当期の為替損益として処理する（注12）。

　④換算差額の処理は「為替換算調整勘定」として貸借対照表の純資産の部に計上する。

　⑤当期純利益は，原則，期中平均相場（AR）による。決算時の為替相場（CR）も容認される。

(2) 換算の手順

　その換算の手順は，まず，①損益計算書項目から換算し，円建の当期純利益を計算する。損益計算書項目（収益，費用，当期純損益）は，原則，期中の平均為替レート（AR）で換算する。決算日レートで換算することも認められる。その結果，親会社との取引から生じた換算差額を為替差損益で処理する。次に，②円建当期純利益を株主資本等変動計算書に計上し，各項目を換算する。親会社による在外子会社株式の取得時における金額は，取引発生時の為替レート（HR）で換算する。最後に，③貸借対照表項目を換算する。資産と負債は，決算日の為替レート（CR）により換算する。純資産の項目は，株主資本等変動計算書から換算された金額を記入する。純資産は株式取得時あるいは発生時のレート（HR）で換算されるために，この貸借差額は為替換算調整勘定（純資産）

で処理される。

例えば、P社は、前期末×1年3月31日、在外子会社のS社株式すべてを取得し支配した。P社がS社を取得した日の為替レートは100円／ドルであった。以下の資料からS社の外貨建財務諸表を円換算財務諸表に作り替える。

S社　損益計算書
自×1年4月1日　至×2年3月31日　（単位：ドル）

費用	400	収益	500
当期純利益	100		
	500		500

S社　株主資本等変動計算書
自×1年4月1日　至×2年3月31日　（単位：ドル）

資本金当期末残高	150	資本金当期期首	150
剰余金の配当	10	利益剰余金当期期首残高	50
剰余金当期末残高	140	当期純利益	100
	300		300

収益500ドルのうち100ドルはP社に対するものである。P社はS社への売上を101円／ドル、その他の収益と費用については期中平均レート102円／ドルで換算する。

S社　貸借対照表　×2年3月31日　（単位：ドル）

資産	350	負債	60
		資本金	150
		利益剰余金	140
	350		350

資産と負債の為替レートは当期の決算時104円／ドル、剰余金配当の確定時のレートは103円／ドルである。

■在外子会社S社の円換算による財務諸表

S社　損益計算書
自×1年4月1日　至×2年3月31日　（単位：円）

費用	@102×400	40,800	収益	@101×100	
当期純利益	@102×100	10,200		@102×400	50,900
			為替差益		100
		51,000			51,000

S社　株主資本等変動計算書
自×1年4月1日　至×2年3月31日　　（単位：円）

資本金当期末残高	15,000	資本金当期期首 @100×150	15,000
剰余金の配当 @103×10	1,030	利益剰余金当期期首残高 @100×50	5,000
剰余金当期末残高	14,170	当期純利益	10,200
	30,200		30,200

S社　貸借対照表　×2年3月31日　　（単位：円）

資産 @104×350	36,400	負債 @104×60	6,240
		資本金	15,000
		利益剰余金	14,170
		為替換算調整勘定	990
	36,400		36,400

（3）為替換算調整勘定

　在外子会社等の貸借対照表上で生じた換算差額は，「為替換算調整勘定」として純資産の部に記載される。この勘定は在外子会社等の資本に係る為替の含み損益を示す項目である。2001年3月期以降から，その他有価証券評価差額金が資本の部に直入されることに伴い，決算日レート法に基づく為替換算調整額も純資産に直入されることになった。この勘定は親会社持分と非支配株主持分に按分される。在外子会社等の資本がプラスであり，決算時の為替レートが円高になると，資産と負債の差額である資本が目減りしマイナスに変化する。一方，決算時の為替相場が円安になるとプラス方向に変化する。この含み損益の変動額は，当期の純利益には含まれないが，包括利益やその他の包括利益の定義を満たすことになる。含み損益である為替換算調整額は，当該子会社等の売却により実現し，これまでの連結貸借対照表の純資産の部で繰り延べられてきた累積金額が当期純利益に含まれることになる[23]。当初の投資時より円高になっている場合には累積の為替換算調整勘定もマイナスになる。子会社の売却時点で当該為替の含み損が純損益に計上される[24]。

10 連結四半期報告書

　四半期報告制度は，金融市場の公平性を確保するため2008年4月1日以後に開始する事業年度から導入された。金融商品取引法は，上場会社に四半期（3ヵ月間）ごとに外部開示資料として「四半期報告書」を開示することを法定した。四半期報告書は，毎四半期末日から45日以内に内閣総理大臣に提出する義務がある。その意義は，会社情報の適時性と迅速性の確保にある。上場会社等以外の会社であっても任意に提出できる。また，上場会社等以外の会社は，従来どおり半期報告書を提出する義務がある。四半期財務諸表は，四半期貸借対照表，四半期損益計算書（包括利益計算書），四半期キャッシュ・フロー計算書及び一定の注記事項である。株主資本等変動計算書はその対象にならない。

　有価証券報告書を補完する四半期報告書は，原則として連結ベースでの開示が求められている。連結財務諸表作成会社は，個別の四半期報告書の開示は求められていない。四半期報告書は公認会計士のレビューを受けるが，2011年の企業会計基準第12号「四半期財務諸表に関する会計基準」が改定されてその簡素化が図られた。一定の注記を条件に，第1四半期と第2四半期の連結キャッシュ・フロー計算書の作成が省略された。財務諸表を作成する側の負担を軽減するためである。金融庁はEDINETを通じてこれを開示する。本章末に株式会社シマノの『企業情報，企業の概況』四半期報告書（平成25年12月期第3四半期報告書）を掲載する。

　この四半期報告書制度が実施されるようになってから，上場会社等は半期報告書を提出する義務がなくなった。ただし，四半期報告書を提出しない有価証券報告書会社は，半期報告書（中間財務諸表の作成）を上半期から3カ月以内に提出する義務を負う。日本基準は，中間会計期間を事業年と並ぶ一会計期間と捉えた上で，年度財務諸表と同じ会計処理基準を適用して中間財務諸表を作成する実践主義の考え方をもつ。

11 連結会計制度の課題

1 連結納税制度

　日本の連結納税制度は2002年に導入された。米国をはじめヨーロッパ諸国には長い歴史があるが，各制度の仕組みはまちまちである。わが国の連結納税制度は，連結会計制度を基礎として課税所得を計算することはなく，連結納税を行う子会社は持株制度に基づく100％子会社に限られる。グループ会社は，連結納税を連結事業年度開始の6カ月前に申請する。申請が承認されると，親会社は連結親法人，子会社は連結子法人と呼ばれる。グループは選択制であるが，その特色は，①親会社と子会社の所得と欠損金を通算できること，②グループ内の利益と損失を繰り延べたり，③投資修正が行われる点にある。連結納税の適用開始にあたり，原則として子会社の有する繰越欠損金を連結申告において損金の額に算入できない。ただし，損益通算できる子会社は国内の全額出資会社に限る。連結対象に加わる前に，子会社が抱えた欠損金はグループ全体の課税所得から差し引けない。それは赤字子会社を安く買収し，連結グループの欠損金を損益通算することを防止するためである。また，子会社が有する一定金額以上の資産を時価評価する必要がある。これは，多額の含み損を抱える法人を安く買収して，連結グループに加入後，売却損を計上するなどの租税回避を阻止するためにある。新たに連結納税対象に加える場合，その子会社がもつ土地や有価証券の含み損益を時価評価し，事業所得と合算して課税する。子会社が連結納税に加わる前に含み損益を精算しておかないとグループ全体の課税所得の調整に使われる懸念がある。

2 連結の範囲と特別目的会社

　わが国では，特別目的会社（「資産の流動化に関する法律」〔1998年6月〕が規定する特定目的会社及び事業内容の変更が制限されているこれと同様の事業を営む事業体）については，適正な価額で譲り受けた資産から生ずる収益を当該特別目的会社が発

行する証券の所有者に享受させることを目的として設立されていることから，当該特別目的会社の事業がその目的に従って適切に遂行されているときは，当該特別目的会社に資産を譲渡した企業から独立しているものと認め，当該特別目的会社に資産を譲渡した企業の子会社に該当しないものと推定する（連結財務諸表基準7-2項）。ただし，特別目的会社のうち親会社自らがその資産を譲渡するのではなく，出資のみの場合には，この連結除外規定が適用されなくなった（企業会計基準第22号改正，2013年4月以後開始の事業年度から適用）。

今日，こうした特別目的会社を利用する取引が増加し，複雑化し，多様化している。米国史上最悪のエンロン粉飾事件が2001年に発生したが，この事件でエンロン社は特別目的事業体（Special Purpose Entity, SPE ／ Special Purpose Vehicle, SPV）の投資組合を利用し，簿外取引を通じて本社の負債を縮小（連結外し）し，利益の水増しを図った。その手法は3,500ものSPEを使って100%所有の証券投資会社を設立し，売掛金，有価証券，不動産などの資産をSPEに移し，当該企業の倒産から債権者を隔離し資金提供と流動性を確保するためのものであった。SPEは社外の持分投資家から少額3%の資金を調達（3%ルール適用）して独立したパートナーシップとして認められた。エンロンは，このSPEを巧みに利用して合弁企業体を運用し，調達した資金は資産に付帯する負債を清算するために使用し，本社のバランスシートを操作した。この事件を契機に，FASBは，変動持分事業体（variable interest entity）という考え方を打ち出し，その損益が親会社に影響する特別目的事業体を連結対象とし，連結範囲の拡大や情報開示の拡充を通じて損失リスクの所在を明確にした。

▶▶▶ 注 ◀◀◀

1) 連結会計基準の適用にあたり，企業会計基準適用指針第8号，第15号，第22号，日本公認会計士協会会計制度委員会報告第7号「連結財務諸表における資本連結手続に関する実務指針」，及び追補を参照する必要がある。
2) 比例連結説では連結財務諸表が親会社株主に向けて作成されると考え，親会社持分を重視し親会社だけの比例持分を連結する。だが，この比例連結は企業の経済活動を適正に表示しないという批判がある。
3) 2013年9月13日企業結合会計基準改正で少数株主持分が非支配株主持分に変更された。

4）のれんは日本基準では「買入のれん方式」のみを認め，非支配株主持分に係るのれんを認識しない。「全部のれん方式」は，非支配株主持分を公正価値（時価）評価し，親会社だけでなく非支配株主持分ののれんも認識することである。IFRSでは選択できる。

5）（注1）連結財務諸表を作成するにあたっては，企業集団の財政状態，経営成績及びキャッシュ・フローの状況に関する利害関係者の判断を誤らせない限り，連結の範囲の決定，子会社の決算日と連結決算日と異なる場合の仮決算の手続き，連結のための個別財務諸表の修正，子会社の資産及び負債の評価，のれんの処理，未実現損益の消去，連結財務諸表に関して「重要性の原則」が適用される。

6）（注2）親会社及び子会社の財務諸表が，減価償却の過不足，資産や負債の過大又は過少計上等により当該企業の財政状態及び経営成績を適正に表示していない場合には，連結財務諸表の作成上これを適正に修正して連結決算を行う。ただし，連結財務諸表に重要な影響を与えないと認められる場合には，修正しないことができる。

7）小規模子会社は，子会社であってもその資産，売上高，利益，及び剰余金の4項目を考慮して連結の範囲から除外しても企業集団の財政状態と経営成績に関する合理的な判断を妨げない程度に重要性が乏しい場合，連結の範囲に含めないことができる。

8）（注4）子会社の決算日と連結決算日の差異が3カ月を超えない場合，子会社の正規の決算を基礎にして連結決算を行うことができる。

9）（注5）支配獲得日，株式の取得日又は売却日等が子会社の決算日以外の日である場合には，当該日の前後いずれかの決算日にそれらが行われたものとみなして処理することができる。

10）（注10）①相殺消去の対象となる債権又は債務には前払費用，未収収益，前受収益及び未払費用で連結会社相互間の取引に関するものを含む。②連結会社が振り出した手形を他の連結会社が銀行割引した場合には連結貸借対照表上これを借入金に振り替える。③引当金のうち連結会社を対象として引き当てられたことが明らかなものは，これを調整する。④連結会社が発行した社債で一時所有のものは相殺消去の対象としないことができる。

11）2012年6月29日，ASBJは包括利益の個別財務諸表への適用と包括利益に係る主な情報が現行の株主資本等変動計算書から入手可能なことから当面適用しないこととした。

12）IFRSベースを最初に採用した日本電波工業株式会社（平成25年3月期）は，1計算方式を採用し，連結包括利益計算書を表示する。

13）企業結合会計基準改正（2013年9月13日）では，①取得企業は，すべての識別可能な資産及び負債が把握されているか，また，それらに対する取得原価の配分が適切に行われるかを見直し，②見直してもなお取得原価が資産や負債に配分された純額が下回り，負ののれんが生じる場合には事業年度の特別利益として処理する。

14）支配獲得日後の段階法では，評価差額の計上方法との関係から親会社の投資と子会社の資本の相殺消去には次の三つの方法，①部分時価評価法と関係する段階法（原則），②部分時価評価法に関係する一括法（簡便法），③全面時価評価と関係する「一括法」がある

15）TAC簿記検定講座，2008年，『合格テキスト日商簿記1級 商業簿記会計学III』TAC出版，110–115頁参考。

16）福島三千代，2012年，『サクッとうかる日商1級 商業簿記・会計学3』ネットスクール出版，177–187頁参考。

17）同上書，194-202頁参考。
18）同上書，205-208頁参考。
19）同上書，257-261頁参考。
20）有限責任監査法人トーマツ編，2013年，『税効果会計の経理入門』，中央経済社，261-266頁，参考。
21）福島三千代，前掲書，262-264頁参考。
22）同上書，289-296頁参考。
23）新日本有限責任監査法人編，2013年，『為替換算調整額勘定の会計実務』，中央経済社，4頁参考。
24）同上書，7頁参考。在外子会社の純資産額が大きければ，その変動幅が大きくなるので，子会社の剰余金の配当，有償減資，出資から借入への移行が考えられる。

▶▶▶ 上記以外の参考文献 ◀◀◀

1 新日本有限責任監査法人編，2013年，『図解でざっくり会計シリーズ5 連結会計のしくみ』中央経済社。
2 新日本有限責任監査法人編，2014年，『会計実務ライブラリー4 外貨建取引会計の実務（第2版）』中央経済社。

株式会社シマノ
有価証券報告書（第106期）

【連結貸借対照表】

（単位：百万円）

	前連結会計年度 （平成23年12月31日）	当連結会計年度 （平成24年12月31日）
資産の部		
流動資産		
現金及び預金	82,252	94,950
受取手形及び売掛金	※2　25,189	※2　27,845
商品及び製品	19,269	25,613
仕掛品	14,971	17,209
原材料及び貯蔵品	4,419	5,091
繰延税金資産	1,878	2,232
その他	3,168	3,090
貸倒引当金	△306	△236
流動資産合計	150,842	175,798
固定資産		
有形固定資産	44,943	52,061
建物及び構築物	39,974	48,757
減価償却累計額	△22,773	△24,102
減損損失累計額	△154	△155
建物及び構築物（純額）	17,046	24,499
機械装置及び運搬具	44,943	52,061
減価償却累計額	△33,720	△37,394
減損損失累計額	△191	△173
機械装置及び運搬具（純額）	11,031	14,493
土地	11,152	11,256
リース資産	107	489
減価償却累計額	△59	△57
リース資産（純額）	47	431
建設仮勘定	3,733	5,800
その他	36,712	40,226
減価償却累計額	△32,905	△35,612
減損損失累計額	△22	△19
その他（純額）	3,784	4,594
有形固定資産合計	46,797	61,076
無形固定資産		
のれん	3,737	3,727
ソフトウエア	1,610	1,916
ソフトウエア仮勘定	175	333
その他	2,583	3,112
無形固定資産合計	8,106	9,090

(単位：百万円)

	前連結会計年度 （平成 23 年 12 月 31 日）	当連結会計年度 （平成 24 年 12 月 31 日）
投資その他の資産		
投資有価証券	※1　6,714	※1　8,569
繰延税金資産	1,472	1,058
その他	2,554	2,602
貸倒引当金	△ 488	△ 488
投資その他の資産合計	10,253	11,742
固定資産合計	65,157	81,908
資産合計	216,000	257,707
負債の部		
流動負債		
買掛金	7,750	10,161
短期借入金	4,136	5,915
リース債務	19	21
未払法人税等	3,608	6,582
繰延税金負債	298	222
賞与引当金	1,217	1,268
役員賞与引当金	161	193
返品調整引当金	55	81
その他	9,556	11,218
流動負債合計	26,803	35,665
固定負債		
長期借入金	2,928	1,070
リース債務	25	366
繰延税金負債	784	742
退職給付引当金	2,425	2,681
役員退職慰労引当金	1,130	―
その他	126	816
固定負債合計	7,422	5,677
負債合計	34,225	41,342
純資産の部		
株主資本		
資本金	35,613	35,613
資本剰余金	5,822	5,822
利益剰余金	159,597	176,808
自己株式	△ 124	△ 47
株主資本合計	200,908	218,197
その他の包括利益累計額		
その他有価証券評価差額金	47	913
為替換算調整勘定	△ 19,767	△ 3,462
その他の包括利益累計額合計	△ 19,719	△ 2,548
少数株主持分	584	716
純資産合計	181,774	216,364
負債純資産合計	216,000	257,707

【連結損益計算書】

(単位：百万円)

	前連結会計年度 (自 平成23年1月1日 至 平成23年12月31日)	当連結会計年度 (自 平成24年1月1日 至 平成24年12月31日)
売上高	221,770	245,843
売上原価	※2.※3 144,884	※2.※3 156,711
売上総利益	76,885	89,132
販売費及び一般管理費	※1.※2 45,143	※1.※2 48,171
営業利益	31,742	40,961
営業外収益		
受取利息	690	743
受取配当金	512	318
補助金収入	―	242
その他	423	340
営業外収益合計	1,626	1,645
営業外費用		
支払利息	292	334
寄付金	320	152
固定資産除却損	157	135
自主回収費用	17	35
訴訟和解金	290	―
為替差損	296	2,291
その他	291	118
営業外費用合計	1,666	3,066
経常利益	31,701	39,539
特別損失		
工場建替関連費用	715	1,061
投資有価証券評価損	1,430	―
特別損失合計	2,145	1,061
税金等調整前当期純利益	29,555	38,477
法人税，住民税及び事業税	8,985	11,231
過年度法人税等	19	239
法人税等調整額	606	△542
法人税等合計	9,612	10,929
少数株主損益調整前当期純利益	19,943	27,548
少数株主利益	81	60
当期純利益	19,862	27,487

【連結包括利益計算書】

(単位：百万円)

	前連結会計年度 (自 平成 23 年 1 月 1 日 至 平成 23 年 12 月 31 日)	当連結会計年度 (自 平成 24 年 1 月 1 日 至 平成 24 年 12 月 31 日)
少数株主損益調整前当期純利益	19,943	27,548
その他の包括利益		
その他有価証券評価差額金	169	865
為替換算調整勘定	△5,943	16,377
その他の包括利益合計	△5,773	※ 17,243
包括利益	14,170	44,792
(内訳)		
親会社株式に係る包括利益	14,133	44,658
少数株主に係る包括利益	37	133

【連結株主資本等変動計算書】

(単位:百万円)

	前連結会計年度 (自 平成23年1月1日 至 平成23年12月31日)	当連結会計年度 (自 平成24年1月1日 至 平成24年12月31日)
株主資本		
資本金		
当期首残高	35,613	35,613
当期末残高	35,613	35,613
資本剰余金		
当期首残高	5,822	5,822
当期変動額		
自己株式の処分	0	0
自己株式の消却	－	△0
当期変動額合計	0	△0
当期末残高	5,822	5,822
利益剰余金		
当期首残高	145,661	159,597
当期変動額		
剰余金の配当	△5,719	△6,336
当期純利益	19,862	27,487
自己株式の消却	－	△3,939
連結範囲の変動	△206	－
当期変動額合計	13,936	17,211
当期末残高	159,597	176,808
自己株式		
当期首残高	△121	△124
当期変動額		
自己株式の取得	△2	△3,863
自己株式の処分	0	0
自己株式の消却	－	3,939
当期変動額合計	△2	76
当期末残高	△124	△47
株主資本合計		
当期首残高	186,974	200,908
当期変動額		
剰余金の配当	△5,719	△6,336
当期純利益	19,862	27,487
自己株式の取得	△2	△3,863
自己株式の処分	0	0
自己株式の消却	－	－
連結範囲の変動	△206	－
当期変動額合計	13,933	17,288
当期末残高	200,908	218,197

(単位：百万円)

	前連結会計年度 (自 平成23年1月1日 至 平成23年12月31日)	当連結会計年度 (自 平成24年1月1日 至 平成24年12月31日)
その他の包括利益累計額		
その他有価証券評価差額金		
当期首残高	△122	47
当期変動額		
株主資本以外の項目の当期変動額（純額）	169	865
当期変動額合計	169	865
当期末残高	47	913
為替換算調整勘定		
当期首残高	△13,867	△19,767
当期変動額		
株主資本以外の項目の当期変動額（純額）	△5,899	16,305
当期変動額合計	△5,899	16,305
当期末残高	△19,767	△3,462
その他の包括利益累計額合計		
当期首残高	△13,990	△19,719
当期変動額		
株主資本以外の項目の当期変動額（純額）	△5,729	17,170
当期変動額合計	△5,729	17,170
当期末残高	△19,719	△2,548
少数株主持分		
当期首残高	615	584
当期変動額		
株主資本以外の項目の当期変動額（純額）	△31	131
当期変動額合計	△31	131
当期末残高	584	716
純資産合計		
当期首残高	173,600	181,774
当期変動額		
剰余金の配当	△5,719	△6,336
当期純利益	19,862	27,487
自己株式の取得	△2	△3,863
自己株式の処分	0	0
連結範囲の変動	△206	—
株主資本以外の項目の当期変動額（純額）	△5,760	17,301
当期変動額合計	8,173	34,590
当期末残高	181,774	216,364

【注記事項】
(連結貸借対照表関係)
※1 非連結子会社及び関連会社に対するものは、次のとおりであります。

	前連結会計年度 (平成23年12月31日)	当連結会計年度 (平成24年12月31日)
投資有価証券	1,434百万円	1,519百万円
(うち、共同支配企業に対する投資の金額)	599百万円	661百万円

※2 当連結会計年度末日が、金融機関の休日であるため、連結会計年度末日が満期日である手形の会計処理は、手形交換日をもって決済処理をしております。なお、次の連結会計年度末日が残高に含まれております。

	前連結会計年度 (平成23年12月31日)	当連結会計年度 (平成24年12月31日)
受取手形	48百万円	22百万円

(連結損益計算書関係)
※1 販売費及び一般管理費のうち主要な費目及び金額は、次のとおりであります。

	前連結会計年度 (自 平成23年1月1日 至 平成23年12月31日)	当連結会計年度 (自 平成24年1月1日 至 平成24年12月31日)
給料及び手当	10,693百万円	11,532百万円
広告宣伝費	6,408百万円	6,996百万円
研究開発費	4,931百万円	4,769百万円

※2 一般管理費及び当期製造費用に含まれる研究開発費は、次のとおりであります。

前連結会計年度 (自 平成23年1月1日 至 平成23年12月31日)	当連結会計年度 (自 平成24年1月1日 至 平成24年12月31日)
10,021百万円	10,245百万円

※3 通常の販売目的で保有する棚卸資産の収益性の低下による簿価切下げ額は、次のとおりであります。

	前連結会計年度 (自 平成23年1月1日 至 平成23年12月31日)	当連結会計年度 (自 平成24年1月1日 至 平成24年12月31日)
売上原価	293百万円	412百万円

(連結包括利益計算書関係)

当連結会計年度（自　平成24年1月1日　至　平成24年12月31日）
※　その他包括利益に係る組替調整額及び税効果額

その他有価証券評価差額金	
当期発生額	1,342 百万円
組替調整額	0 百万円
税効果調整前	1,343 百万円
税効果額	△477 百万円
その他有価証券評価差額金	865 百万円
為替換算調整勘定	
当期発生額	16,377 百万円
税効果調整前	16,377 百万円
為替換算調整勘定	16,377 百万円
その他の包括利益合計	17,243 百万円

第9章 財務諸表分析

学習目標

財務諸表から企業の経済的リアリティをどこまで知ることができるのであろうか。財務諸表分析は，過去の企業の経済活動を分析し，将来を予測し，企業の基本的価値を知ることを目的とするファンダメンタル分析である。本章はこの分析技法を身につけることを目標とする。

1 財務諸表分析の意義

1 財務諸表の有機的関係と分析の注意点

財務諸表は企業の物語ともいえる。この物語を読むためには，基本財務諸表の貸借対照表，損益計算書，キャッシュ・フロー計算書及び株主資本等変動計算書の相互関係を知る必要がある。

ちなみに，その関係は株式会社シマノの2013年12月期決算短信（連結財務諸表）を参考にすると下記の通りになる。

連結キャッシュ・フロー計算書
自平成 25 年 1 月 1 日　至平成 25 年 12 月 31 日　　（単位：億円）

営業活動によるキャッシュ・フロー	490
投資活動によるキャッシュ・フロー	△272
財務活動によるキャッシュ・フロー	△71
現金及び現金同等物に係る換算差額	164
現金及び現金同等物の増減額	310
現金及び現金同等物の期首残高	948
現金及び現金同等物の期末残高	1,258

期首　連結貸借対照表（単位：億円）

資産	2,577	負債	413
内（現金預金）	950	総資産	2,164

期末　連結貸借対照表（単位：億円）

資産	3,192	負債	483
内（現金預金）	1,288	純資産	2,709

連結株主資本等変動計算書
当連結会計年度（自平成 25 年 1 月 1 日　至平成 25 年 12 月 31 日）　（単位：億円）

純資産合計			
当期首残高			2,164
当期変動額	剰余金の配当	△75	
	当期純利益	350	
株主資本以外の項目当期変動額		270	545
当期末残高			2,709

連結損益計算書及び連結包括利益計算書
（自平成 25 年 1 月 1 日　至平成 25 年 12 月 31 日）　（単位：億円）

売上高	2,710
売上原価	1,746
売上総利益	964
販売費及び一般管理費	546
営業利益	418
営業外収益	67
営業外費用	10
経常利益	475
特別損失	23
税金等調整前当期純利益	452
法人税, 住民税及び事業税	117
法人税等調整額	△16
法人税等合計	101
当期純利益（少数株主利益控除後）	350
その他包括利益合計	270
包括利益	620

財務諸表による物語は，ストックである期首の連結貸借対照表を読むことから始まる。株主は，期首に持分である純資産（equity）がいくらあるか，1年後にはそれが増加したのか否かを期末の連結貸借対照表で確認する。当期中に純資産がどのように変動したのか，その要因は連結株主資本等変動計算書から読むことができる。シマノのケースでは期首の純資産額は，差額2,709 − 2,164 ＝ 545 だけ増加したことがわかる。期首の純資産残高は，配当によって減額されるが，当期純利益 350 及び株主資本以外の項目の当期変動額 270 が加算されて，期末残高が計算される。ストックの変化（フロー）は，収益と費用の対応として連結損益計算書及び連結包括利益計算書に，少数株主利益控除後の当期純利益とその他包括利益が加算されて，包括利益が表示される。その計算の結果は株主資本等変動計算書に示される。また，連結キャッシュ・フロー計算書に表示されるキャッシュ（現金及び現金同等物）の期首と期末残高は，連結貸借対照表に表示される期首と期末の現金及び預金と等しくなるはずである。しかし，実際に連結貸借対照表に表示される現金預金には，1年以内の定期預金が含まれることから，その部分の差異が生じる。

　財務諸表分析においては，以下の点にも注意を払う必要がある。

①財務諸表は財政状態や経営成績について，貨幣金額で表現される事柄だけを表示する。

②財務諸表は過去に生じた歴史的な事柄だけを表示する。

③固定資産は，償却後に未費消原価で報告されるが，現実的価値を示すものではない。

④一つの事象にいくつかの会計処理方法が選択できる。この柔軟性は棚卸資産の価額の決定や売上原価を変える結果，会社の純利益に影響を及ぼす。

⑤減価償却の耐用年数や減損会計のように多くの会計数値は見積もりに依拠する。

　財務諸表にはこうした情報内容に制限があるものの，分析者（経営者による内部分析や投資家等による外部分析）は，その分析目的に応じて，財務諸表を部分集合として他の情報と合わせて利用する。

2 主要な財務比率

　財務諸表分析は，企業内部の経営比較，企業間比較，企業が属する産業の平均値のベンチマーク（benchmarking）との比較に利用される。その手法には，会計数値の実数と実数の差額，実数と予測との比較，各数値間の比率分析がある。また，同時点における他の企業との比較が，クロス・セクション分析（cross section analysis）であり，この分析では，財務諸表を共通サイズ化する百分率分析（common-size analysis）が利用される。企業自体の歴史的比較では，時系列分析（time sires analysis）が利用される。その分析には過去5年間の変化を把握する趨勢分析（trend analysis）などがある。さらに，総合的な企業分析では，多変量解析法（multivariate analysis）が展開されている（例えば，日経 NICES がある）。

　財務比率（financial ratios）の有効な利用は，詳細な分析比率を計算するだけでなく，さまざまな比率の相互関係を知ることにある。本章では「資本と利益の関係」を示す「投下資本利益率」（広義の収益性）と，これに関係して個々の局面に焦点を当てた①売上高に対する各経営段階の利益との関係を示す「売上高収益性」（profitability），②一定期間における投下された資本の利用度あるいはその効率を示す資本の回転率などの「投資の効率性」，③企業が拡大していく割合を示す「成長性」，④資金繰りや弁済能力を示す「財務流動性」（liquidity），⑤経済的貢献度を判断する「生産性」（付加価値分析）を取り上げる[1]。

3 投下資本の効率性と構造

　「投下資本利益率」（Return on Investment, ROI という）は，企業に投下された資本と，その成果である事業活動の利益との関係，つまり経営効率を示す。資本の効率性は，各種の資本に対する損益計算書上の各種利益との関係を示す。

投下資本利益	比率の意味と類型
❶ 使用総資本利益率	経営活動に利用される資産と経常利益（事業利益）との割合
❷ 経営資本利益率	経営活動のために保有される資産に対する営業利益との割合
❸ 自己資本利益率	自己資本に対する税引後利益

❶ 使用総資本利益率

この比率（Return On Assets, ROA）は「所有と経営の分離」が進んでいる企業の全体（総資本）の経済的効率性を示す。

$$（使用）総資本利益率 = \frac{事業利益あるいは経常利益}{平均総資本（資産）} \times 100\%$$

使用総資本（capital employed）とは，総資本額から（投資その他の資産や遊休資産・建設仮勘定，繰延資産）を除外したものである。使用総資本は，資本引出や借入金返済によって分母が変動することから平均有高｛(期首有高＋期末有高)÷2｝として計算される。分子の利益は「事業利益」である。事業利益とは「営業利益」（operating income）に受取利息・配当金，有価証券利息などの財務収益を加算したものである。つまり，事業利益は，利子，税金を控除する前の「利子税金控除前利益」（Earnings Before Interests and Taxes, EBIT という）である。これに代わり経常利益が使われることもある。ROA は本来の経営活動の効率性（operating efficiency）を示すが，この値が高い企業は優良であると判断される。

❷ 経営資本利益率

この比率は生産や販売のために使用される「経営資本」と営業利益との関係を示す。経営資本とは，総資産から①流動資産のうち余剰資金の利殖目的に保有される「預金，有価証券，短期貸付金」，②固定資産のうち他企業の株式保有や長期貸付金などを示す「投資その他の資産」，③有形固定資産のうち「建設仮勘定」，④株式交付費などの過去の支出で将来の収益獲得に貢献しない「繰延資産」を控除したものである。分子は「営業利益」が対応する。

$$経営資本利益率 = \frac{営業利益}{（期中平均）経営資本} \times 100\%$$

❸ 自己資本利益率

使用総資本利益率や経営資本利益率は，報告主体からみた経営全体の効率性

を判断する指標であるが,「自己資本利益率」(Return On Equity, ROE という)は株主の視点から見た経営効率の比率である。株主は配当の原資となる税引後当期純利益に関心を示し,拠出した資金がどれくらい効率的に利用されたかを判断する上で ROE を利用する。

■自己資本

下記は,株式会社シマノの 2013 年 12 月期決算短信(連結貸借対照表)における純資産の部である。株主資本(245,765 百万円)にその他の包括利益累計額(その他有価証券評価差額金と為替換算調整勘定)の合計額(24,229 百万円)が自己資本(269,994 百万円)となる。つまり,自己資本は,純資産合計から新株予約権と非支配(少数)株主持分を控除したものである。

(単位:百万円)

資本金	35,613	❶ 株主資本 ┐
資本剰余金	5,822	│ ❷ 自己資本 ┐
利益剰余金	204,388	│ │
－自己株式	△58	┘ │ ❸ 純資産 270,914
その他有価証券評価差額金	3,080	│
為替換算調整勘定	21,149	┘
新株予約権	0	
＋非支配(少数)株主持分	919	

ROE は,給料や銀行等へ利息を支払い,取引先には仕入商品の対価を支払い,税金を納めた後に残った「最終利益」(税引後当期純利益)(net income)と自己資本との関係である。

$$\text{ROE} = \frac{\text{税引後当期純利益}}{\text{(平均)自己資本}} \times 100\%$$

自己資本が一定であると,ROE は最終損益の黒字幅が大きいほど高くなる[2]。株主は配当等のインカム・ゲイン(income gain)や株価売却益のキャピタル・ゲイン(capital gain)の最大化を求めるが,その投資効率は自己資本の帳簿利回り(book yield)として計算される。ROE は投資に関連する資本コスト(株主が期待する必要最低利益率)として利用される。

■配当と株価の関係

企業が現金配当を行えば，その分だけ資金が外部に流出することから，企業価値が下落し結果として株価を押し下げる。配当政策は，投資や借入を一定とした場合に企業が株主に対してどれだけ配当を支払うかという政策である。「モジリアーニ・ミラー理論」（1961, F. Modigliani and M. H. Miller, MM 理論）によれば，資本市場が完全市場（効率的市場）であるという前提で，税金や取引コスト等を無視できれば，企業の配当政策は，企業価値つまり株価になんら影響を及ぼさないとする（配当無関連論）。しかし，現実には，税金，取引コスト，外部資金調達コスト，情報の非対称性等により，配当政策は株価に影響する[3]。

■ レバレッジ効果

例えば，Y 社の財務諸表は，総資産 1,000 万円，負債 400 万円，純資産（自己資本）600 万円，損益計算書の売上高 1,000 万円，事業利益 70 万円，営業外費用（有子負債 200 万円の 5%），税引後当期純利益 60 万円と，下記の通りであった。

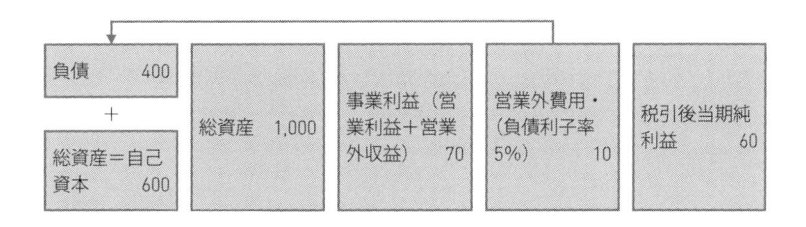

負債 400 + 総資産＝自己資本 600	総資産 1,000	事業利益（営業利益＋営業外収益）70	営業外費用・（負債利子率 5%）10	税引後当期純利益 60

ROE は次の計算となる。

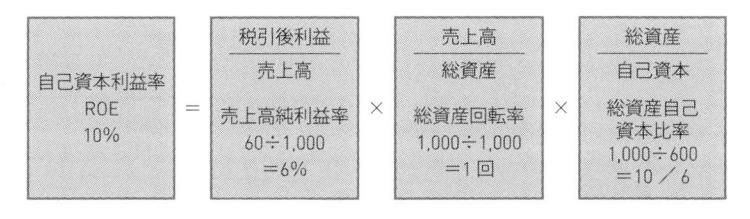

自己資本利益率 ROE 10%	＝	税引後利益／売上高 売上高純利益率 60÷1,000 ＝6%	×	売上高／総資産 総資産回転率 1,000÷1,000 ＝1 回	×	総資産／自己資本 総資産自己資本比率 1,000÷600 ＝10／6

売上高純利益率の分母（売上高）と総資産回転率の分子（売上高）を相殺し，また総資産回転率の分母と総資産自己資本比率の分子を相殺すると，ROE は 10% と計算される。総資本利益率 ROA は（事業利益 70 ÷ 総資本 1,000 ＝ 7%）と計算される。このように総資本利益率 ROA ＞ 負債利子率 i を前提に，負債の活用度だけ変化させてみる。負債の活用を 400 万円から 500 万円に増加させると，自己資本は 600 万円から 500 万円へと減少し，ROE が（60／1,000）

×(1,000／1,000)×(1,000／500)＝12％に上昇する。こうした負債の活用によって自己資本利益率を引き上げる効果を正の財務レバレッジ効果という。逆に，負債利子率が総資本利益利率を上回ると，負のレバレッジ効果が生じる。この事業利益を圧迫する営業外費用（支払利息等）が増加すれば，経営に財務的マイナスのダメージとなる。財務のレバレッジ効果は，両刃の剣（double edged sword）であるが，急成長する会社が負債を活用することは自然である。

4 株価と財務比率との関係

株主持分（owner's equity）は資本市場における株価で評価される。株価は資本市場（株主）がその将来の企業価値を判断したものである。株価に関係する主な財務比率には以下のものがある。

❶一株当たり当期純利益	株価と税引後当期純利益の割合
❷株価収益率	株価と一株当たり利益との関係
❸配当性向	株価と一株当たり利益との関係
❹配当利回り	株価と配当との関係
❺株価純資産倍率	株価と一株あたり純資産との関係

❶一株当たり当期純利益

一株当たり当期純利益（earnings per share, EPS という）は，当期純利益を普通株式の期中平均株式数で除して算定する。株式総数は，増資や株式の買戻（自己株式）によって変化することから，当該期間の加重平均値が計算される。EPS は配当と企業価値を予測する基礎となり，企業間の比較性を確保するものである（企業会計基準第2号）。

$$\text{EPS} = \frac{\text{普通株式に係る当期純利益}}{\text{普通株式の期中平均株式数}}$$

$$= \frac{\text{当期純利益} - \text{普通株式に帰属しない金額}}{\text{普通株式の期中平均発行株式数} - \text{普通株式の期中平均自己株式}}$$

EPS は，増資や自社株消却によって変化する。増資の目的は，企業の新規

投資に向けられて収益力を増強する場合や財務体質の改善に向けられる。しかし，増資は，利益が変わらなければ，株式の需給バランスを悪くし，EPS を低下させ，格付 (rating) を下げる場合もある。反対に EPS を向上させるには，自社株買いによる「自社株消却」が利用される。未上場企業の EPS は税引後純利益／発行済株式総数として計算される。

■潜在株式調整後一株当たり当期純利益

　潜在株式とは，その保有者が普通株式を取得することができる権利，あるいは普通株式への転換請求権又はこれらに準じる権利が付された証券又は契約をいい，ワラント（普通株式を取得できる新株予約権）や転換証券（普通株式への転換請求権，あるいはこれに準ずる権利の付された転換負債又は転換株式）が含まれる。「潜在株式調整後一株当たり当期純利益」は，潜在株式に係る権利を行使したと仮定することにより算定されるが，それが一株当たり当期純利益を下回る場合，希薄効果をもつことになる。

$$\text{潜在株式調整後一株当たり当期純利益} = \frac{\text{普通株式に係る当期純利益}＋\text{当期純利益調整額}}{\text{普通株式の期中平均株式数}＋\text{普通株式増加数}}$$

　「当期純利益調整額」とは，転換負債に係る当期の支払利息，社債金額よりも低い価額又は高い価額で発行した場合における当該差額に係る当期償却額及び利払に係る事務手数料等の費用の合計額から，当該金額に課税されたと仮定した場合の税額相当額を控除した金額である（企業会計基準第 2 号）。

❷ 株価収益率

　株価収益率 (Price / Earnings Ratio, PER) は，株価を，一株当たり利益 (EPS) で除した比率である。株価は平均株価が用いられる。企業価値は PER によって判断される。

PER ＝ 株価 ÷ 一株当たり当期純利益 (EPS)

　例えば，Y 社の株価が 2,000 円，純利益が 10,000,000 円，発行株式数が 100,0000 株であると仮定すると，PER ＝ {2,000 ÷（純利益 10,000,000 ÷ 発行株式数 100,0000 株)} ＝ 20 倍となる。この PER20 は，投資家が会社の利益 1

円に対して，一株につき20円を支払うことを意味する。PERが10であるとすれば，利益1円に対して当該の株式を購入するには10円を支払うことになる。投資家がある会社のPERをいままで以上に高く払うことは，その株価が潜在的に成長すると信じる結果である。PERは金融商品市場ではポピュラーな株価の測定比率の一つである。だが，PERは会社の全体評価の一部であってすべてではないから，これにのみ基づいて株式の売買意思決定をすることは危険である。例えば，10年以上も前の日本の日経平均株価指数（225社）は，38,957円（1989年12月29日）の異常高値をつけた。当該市場に参加する東証1部企業のPER倍率（61.74倍）が異常に高く，市場はバブルであった。当時の投資はファンダメンタル分析（理論株価）を無視し，投機が投機を生み出した。

ちなみに，PERに関係して，PEGレシオ（Price Earnings Growth Ratio）がある。これは株式の予想株価収益率（PER）を，EPSの予想成長率で割って計算する。このレシオは，営業利益などの成長率を考慮した株価水準を示す。例えば，PERが22倍，利益成長率が25％の会社では，PEGレシオは20÷25＝0.8倍となる。1以下であれば，株価は割安と判断される。

❸ 配当性向

当期の利益に対して表明された現金配当の割合が配当性向（dividend payout）である。

> 配当性向＝配当金／（税引後）当期純利益×100％

配当性向は「一株当たり配当÷一株当たり利益」としても計算される。配当性向は利益水準が低下すると上昇する。配当性向が一時的に高いからといって，優良企業である証とはならない。企業の論理から，配当性向が低い場合，自己金融政策がとられている可能性がある。配当性向が低い会社は，安定して成長することが多いが，反面，株主軽視という批判にさらされる。配当と対比される「留保利益」(retained earnings) は，借入，社債の発行，増資などと同じ企業の資金源泉である。企業は，魅力的な投資条件がなければ，配当や自社株買い（株価アップ）で株主に現金を配分するという経営戦略が求められる。

❹配当利回り

株価に対する配当の水準を示す。一株当たり配当額（うち中間配当額を含む）は，一株当たり年間配当金÷株価で計算される。2014年5月現在，東証1部の平均は2%である。

❺株価純資産倍率

企業価値はストックの面からも判断される。その一つが株価純資産倍率（Price Book-value Ratio，PBRという）である。

> PBR＝株式時価総額÷純資産＝1倍以上であれば，成長する市場。
> 　　　（発行株式数×株価）
> 　　＝株価／一株当たり純資産
> 　　｛一株当たり純資産＝（純資産・自己資本）／（発行株式数）｝

PBRは，株式時価総額を純資産で割った値であり，水準が1倍を超えて大きくなるほど，企業の価値創造が高いことを示す。PBRの純資産は「企業の解散価値」であるが，それを推定することは困難であるため，決算時において確定した純資産の帳簿価額が利用される。PBRは，株価が一株当たり株主資本の何倍まで買われているのかを示す。市場全体や業界の平均と比較する必要があるが，PBRの1倍割れが割安の目安となる。1989年12月29日のバブルピーク時，PBRは5.6倍であった。投資家は，時価であれ簿価であれ，理論上の解散価値より株式を安く買えば，会社が解散したときに投資した以上にお金が戻ってくる。PBRはPERと同様に株主が投下した資本を事業活動によってどれだけ増やしたかをみる指標で，純資産に対する株価の割高あるいは割安を判断する指標である。PBRは株価の割安な企業を探し出す場合に活用される基本的な株価指標である。日本企業のPBRは過去20年にわたり低落している。東証一部の平均PBRは2010年10月15日時点で1.04倍である[4]。

例えば，Y社は，発行済株式数が1億株，純資産が500億円のY社の株価が1,000円の場合，単純計算するとPBR＝1,000／(500÷1)＝2（倍）となる。純資産は株主が出資分に応じて分配する原資になる「解散価値」であり，PBRが1倍の企業に投資すれば仮に解散しても理論上は投資額が戻ってくる。PBR

が 2 倍の企業は解散した場合，1,000 円で株式を購入した株主には 500 円しか戻ってこない。PBR2 倍は投資判断で割高となる。

5 企業価値の評価

投資家の関心は，投資対象の株価が割安か割高か，その投資判断の基準となる企業価値に向けられる。企業価値とは企業がもつ有機的一体としての事業の価値であり，いわゆる会社の値段である。会社が株主だけのものと考えれば，バランスシートの総資産から総負債を控除した純資産の価値が企業価値となる。

しかし，実際の企業価値計算は，財務諸表分析（ファンダメンタル分析）から始まって，その他の情報やさまざまな経営指標を評価し，定性分析をも試みる。企業価値の計算技法の割引キャッシュ・フロー法（Discounted Cash Flow method, DCF 法という）の基本的な考え方によると，企業価値は，将来にわたり利益を創出する事業用の資産価値（事業価値）と非事業用価値の合計から計算される。事業価値は，損益計算書の営業利益からフリーキャッシュ・フロー（FCF）を求める。この場合の FCF は｛営業利益×（1－実効税率）｝を資本コスト（利回り）で除して計算される。次に，非事業用資産は，現金及び現金同等物や投資等から有利子負債を控除したものである。事業価値と非事業用資産の合計額が企業価値である。この企業価値を発行株式総数で割ると，一株当たりの理論株価が得られる。投資家は，この理論株価と現実の株価を比較し，投資判断を行う。

2 主要な財務比率分析

1 収益性の分析

（1）売上高収益率

売上高収益率（profit margins on sale, profitability）は，売上高に対する利益との比率である。売上高はマーケットにおける人気バロメータであり，その推移

は投資判断における重要な指標である。企業の収益構造の各種比率を分析すると，その裏側にある費用構造もみえてくる。かつてわが国の企業は，ROIと利益を犠牲にして，売上高最大化あるいはマーケットシェア最大化を目標にした。その背景には，従業員の利益あるいは雇用の確保と安定を重視する経営姿勢があった。雇用数拡大が経営者のステータスを高めるという経営理念が存在したのである。

売上高収益率の類型	計算方法
❶売上高総利益率	売上総利益（粗利益）÷売上高
❷売上高営業利益率	営業利益÷売上高
❸売上高経常利益率	経常利益÷売上高
❹売上高税引前当期純利益率	税引き前純利益÷売上高
❺売上高純利益率	税引き後純利益÷売上

❶売上高総利益率

売上高総利益率は売上総利益／売上高（gross profit rate on net sales）で計算される。売上総利益（粗利益）は売上高と売上原価の差額である。この指標は商品あるいは製品の収益力（儲け力）と企業が利益率の高い商品・製品を販売しているか否かを示す。景気が好調のときにはこの比率が上昇し，不景気時には下降する。売上高総利益率がしだいに下降するときには，企業はその原因を究明し何らかの対策を講じる必要がある。また，売上高総利益率は，業種によって基本的な違いもある。粗利益率が高いのは医薬品業界（2006年12月，武田薬品76.7%），清涼飲料水業界（2006年12月，キリン40.7%，コカコーラボトラーズ42%）である。粗利益率が高い企業は，製品の差別化による高価格政策が取れるか，規制により保護されている，あるいは流通市場における独占的な強みがあると考えられる。

❷売上高営業利益率

売上高営業利益率（net sales cost of goods sold - operating expenses / net sales）は，販売活動と管理活動から生みだされる事業力を表す。営業利益は売上高－営業費用（売上原価＋販売費及び一般管理費）として計算される。経営者の経営能力を

判断する指標でもある。この数値を同業他社と比較すると，販売活動の効率性を判断できる。また，経営の合理化を推進するためにもこの比率が利用される。販売費の内訳項目である広告宣伝費を分析することによりマーケティング戦略などの相違が把握できる。また，無理な販売によって営業収益を嵩上げしている可能性や，代金の回収に遅延や滞りなど財務に悪い影響がないかを知るための指標となる。多角化企業の場合には事業ごとの業績をみる必要がある。

❸ 売上高経常利益率

　売上高経常利益率（net income before extraordinary items / net sales）は，経常利益に対する売上高との関係を示す。経常利益は営業利益に，資金の獲得と運用から生じた「財務収益」と「財務費用」を加減したもので本業の総合的な収益力を示す。この指標から企業全体の「経営効率性」を判断する。通常の経営活動から得られた収益力以外に金融収支の良し悪しや資金調達能力を判断できる。この比率が下降すると，企業の生命力が問われる。投資有価証券の売買や評価行為，外貨建為替差損などに注意を払う必要がある。日本企業はこの経常利益率を重視する。

❹ 売上高税引前当期純利益率

　経常損益から，特別利益と特別損失を加減して「税引前当期純利益」が計算される。この比率は企業の持続力（サスティナブル）を示す。本業が堅実な企業はこの利益があまり変動しない。ただし，この利益は操作される可能性が高く，売上高税引前当期純利益率の分析では高度な会計知識が問われる。

❺ 売上高純利益率

　売上高純利益率（margin）は，税引後当期純利益と売上高との関係である。税引後当期純利益は，経常利益を受けて，通常の企業活動以外の要因で発生した特別損益，土地や建物の固定資産売却損益を加減し，また災害や訴訟によって発生する損失やリストラによる損失，減損損失等が特別損失として減算される。税金等調整前当期純損益は，「法人税，住民税，及び事業税」と税効果会計を適用し法人税等調整額を計算した「法人税等合計」を控除し，非支配株主

利益を調整した後の最終損益である。この比率は企業の総合力を示し，投資家が重視する指標である。

（2）費用（原価）の管理と損益分岐点分析

売上高利益率の収益性を向上させるには，逆の方向でコストダウンに取り組む必要がある。その指標が原価率である。売上高に対する費用比率分析では，原材料費や労務費，販売と経営管理活動に発生する人件費，マーケティング費用，資金調達と運用に伴って発生する支払利息・割引料等の費用構造が分解される。

❶売上高原価率	原価経済性あるいは原価能率性，製品の原価と販売価格との関係を示す。40％のマークオンとは販売価格が原価の140％をいう。
❷売上高人件費比率	人員を急激に増やし余剰人員を抱えると上昇し収益圧迫の要因となる。売上の減少に人件費の削減が追いつかない企業が高い。
❸金融費負担率	金融費用÷売上高

■固定費の管理と損益分岐点分析

費用は，操業度の増減に関係なく発生する固定費（fixed cost）とその変動に比例して発生する変動費から構成される。変動費は原材料費や商品の仕入など売上高の増減に応じて変動するコストである。固定費は給料などの人件費，建物等の減価償却費，金利負担など売上高に関係なく恒常的に発生する費用である。固定費の管理が企業の将来収益力に左右し，ビジネスの骨となる。その技法が損益分岐点分析（break-even point analysis）である。この分析は，企業全体とセグメント（事業部別，商品別など）の売上と費用の目標設定に利用される。損益分岐点は費用と収益とが均衡する点であり，損益がゼロとなる採算点といわれる。損益分岐点分析では，費用を「変動費」と「固定費」に区別することから始まる。

損益分岐点は次式から求められる。

①損益分岐点の売上高＝固定費÷限界利益率
　　　　　　　　　　＝固定費÷（1－変動比率）
　　　　　　　　　　＝固定費÷（1－変動費／売上高）

②売上高−変動費＝限界利益

限界利益＝固定費＋営業利益

限界利益率＝限界利益／売上高

例えば、Y社の当期損益計算書は下記の通りである。売上原価3,600,000円（すべて変動費）、販売費及び一般管理費4,400,000円（すべて固定費）、営業利益2,000,000円と仮定する。損益分岐点の売上高は次の計算になる。

損益計算書 （単位：円）

売上高	10,000,000	変動費	3,600,000
		限界利益 6,400,000	固定費 4,400,000
			営業利益 2,000,000

①売上高 10,000,000 − 変動費 3,600,000 ＝ 限界利益 6,400,000

②損益分岐点の売上高（X）＝固定費÷限界利益率＝固定費÷（1−変動比率）
　　　　　　　　　　　　　　＝固定費÷（1−変動費／売上高）

　X ＝ 4,400,000 ÷ （1 − 3,600,000 ÷ 10,000,000）＝ 6,875,000

■目標利益と損益分岐点分析

目標利益達成のための損益分岐点（売上高）は、

＝（固定費＋目標利益）÷（1−変動比率）の計算となる。

例えば、上記の設例に関して、将来に向けた目標利益（営業利益 2,500,000 円）を損益分岐点分析で求める。

売上高＝（4,4000,000 ＋ 2,500,000）÷（1−変動比率）
　　　＝ 6,900,000 ÷（1 − 3,600,000 ÷ 10,000,000）＝ 10,781,250

■損益分岐点分析は、また、会社全体の収益構造を変化させるプロダクト・ミックスの手法である。損益分岐点分析売上高の割合を損益分岐点比率という。

損益分岐点比率＝損益分岐点売上高／純売上高

損益分岐点比率が低いほど収益性が高く、売上高の減少に対する抵抗力が強いことを意味する。逆に、販売不振で売上高が損益分岐点売上高を下回ると赤字になる。企業は売上高をのばす努力に加えて、損益分岐点比率を引き下げる費用削減努力が問われる。

2 投資の効率性分析

　ROIは，売上高利益率（利益／売上高）と資本回転率（売上高／資産）の要素からなる。資本回転率（turnovers）は，資源利用の活動性（activity）を示し「能率性比率」ともいわれる。資本回転率の種類には，①短期経営活動比率と②長期経営活動比率の類型がある。

■短期経営活動比率の類型と運転資本管理

短期経営活動比率の類型	計算方法
❶ 棚卸資産回転（率） 　在庫棚卸の平均日数	売上高（売上原価）／平均棚卸資産 365日／棚卸資産回転率
❷ 受取勘定回転（率） 　受取勘定決済の平均日数	売上高／平均受取勘定 365日／受取勘定回転
❸ 仕入債務の回転期間	仕入債務÷1カ月当たり売上原価
❹ 運転資本回転率	売上高／平均運転資本

❶棚卸資産回転率と在庫期間

　棚卸資産回転率（inventory turnover）は，売上高（売上原価）／平均棚卸資産との比率である。例えば，売上高（1,000万円）÷棚卸資産（200万円）＝500％（5回転），一年間（365日）を棚卸資産回転率5回で割ると，在庫の平均日数73日（在庫期間）が求められる。在庫期間が短いほど，企業の販売力が優れている。在庫を大量に抱え込むと，資産の現金化が遅れて経営を圧迫する。企業が市場での販売見込みを誤れば大量の在庫を抱え，不良資産化し，いずれは資産整理損が発生する。これはマクロ的には景気を判断する重要な指標ともなる。これに類似する指標に製品回転率（売上原価／平均製品残高），仕掛品回転率（当期製品製造原価／平均仕掛品残高），原材料回転率（材料費／平均材料残高）が用いられる。

❷受取勘定回転率と決済期間

　受取勘定回転率（account receivable turnover）は，（売上高／売掛金＋受取手形）として計算され，会計期間における回転数を表す。資金繰りの指標であり，財務安全性の判断に利用する。例えば，Y社の年間売上高が1,000万円，平均受取勘定残高100万円とすると，受取勘定回転率は10回となる。1年間（365日）

を受取勘定回転（率）と比較すれば、売上債権の回収期間が36.5日となる。

❸ 仕入債務の回転期間

この指標は、何カ月分の仕入債務（買掛金と支払手形）が滞留しているか、仕入債務の支払に何カ月かかるかを示し、取引先からの売上代金回収の判断となる。120日の手形であれば、四カ月後に資金化する。業種の特性によるが、資金的には仕入債務の回転期間が売上債権の回収期間と比較し長い方に余裕が出る。これは資金の余裕度を推測するために使われる（危ない会社を見分ける指標）。

❹ 運転資本回転率

この回転率は売上高を運転資本（流動資産と短期借入金以外の流動負債との差額）で除した指標である。売上高に対して運転資本が過大であると、運転資本の回転率が低下する。

■ 長期経営活動比率と固定資産の管理

財務比率	計算の方法
❶ 使用総資本回転率	売上高／平均総資産
❷ 総資本回転期間	365日÷総資産回転率
❸ 固定資産回転率	売上高／平均固定資産

❶ 使用総資本回転率

使用総資本回転率（turnover ratio on capital）は、売上高と使用総資産（期首資本と期末資本の平均資本）から計算される。この比率は設備投資などの資本回転の速度を示す。資産効率をみる代表的な指標の一つで、回転率が高いほど借入金や機械設備などを効率的に利用した売上高の増加に結びつくことを示す。それは支払能力の維持という意味で流動性にも関係する。

❷ 総資本回転期間

これは事業活動に投下された資本が売上高として1回転して回収されるのに要する期間をいう。資本回転率の逆数に12カ月あるいは365日を乗ずることによって得られる。回転期間が短いほど資本効率が良好である。

❸固定資産回転率

　この比率は売上高／有形固定資産平均在高で算定される。固定資産投資は流動資産投資とは異なり，長期に資本を固定し，企業経営に多大な影響を与える。回転率が低下すると，過剰設備投資を意味し稼働効率の悪化を招く。固定資産は簿価で記載されるが，インフレの影響も勘案して時価で換算して評価することも必要である。

3 成長性と規模の分析

　企業価値を評価する場合，収益性と並んで成長性（growth rate）が重視される。成長率は売上高，利益額，配当の増加率であり，産業成長率，競争条件，そして企業の戦略が関数となる。成長性を測る指標には次のものがある。

成長性比率の類型	計算の方法
❶売上高伸び率	（当期売上高－前期売上高）÷前期売上高
❷総資本伸び率	規模の拡大
❸固定資産伸び率	設備投資の動向
❹従業員数伸び率	雇用創出と社会的責任
❺増益率	（当期純利益－前期純利益）÷前期純利益
❻サステイナブル成長率	内部留保率×ROE

（1）成長性

　これら❶から❺までの比率は，投資家の視点からは企業価値の評価を長期的な視野で把握するものである。収益性と平行して会社の成功度と評価に関係する。仮に市場占有率と該当する産業成長率を所与とすると，企業は製品価格戦略，原価構成，資金調達方法，配当政策を考慮に入れてその市場価値を最適にしなければならない。

（2）サステイナブル成長率

　売上高の成長を目指すと，外部資金調達の必要性が高まる。では，外部資金

調達に依存しないで，企業はどこまで成長できるのであろうか。これに答える理論上の成長率が，サステイナブル成長率（sustainable growth rate, g比率という）であり，DCF法により企業価値を評価する定率成長モデルで使用される指標である。これは外部資金調達を行わないで，内部留保による投資のみで実現できる長期的に持続可能な成長率であり，将来の一株当たり利益（EPS）を予測する目安として利用される。g比率の前提としては，財務諸表のすべての項目は，現在の相互関係を維持したまま均等に成長する状態にある[5]。新株を発行しない，負債と資本の比率（レバレッジ）を増加させないという制約では，企業は，資本の増加率（g比率）を超えて成長できない。g比率は次の計算式となる。

g比率（サステイナブル成長率）＝内部留保率（再投資率）× ROE

内部留保率は 1 － 配当性向として計算される。

例えば，Y社の資産総額が2,000万円（負債1,000, 自己資本1,000），内部留保率60%である。税引後当期純利益は100万円であった。当期ROE（100 ÷ 1,000）＝ 10%, 内部留保率60%から，当期純利益100の40% ＝ 40 が配当に回されて，残り60が内部留保される。g比率は0.6 × 10% ＝ 6%と計算される。下記のように，Y社の投下資本（自己資本），利益，配当，内部留保は6%で成長していく。

（単位：万円）

	×1年度	×2年度	×3年度
自己資本	1,000	1,060	1,191
当期純利益　（10%）	100	106	119
配当　　　　（40%）	40	42.4	47.6
内部留保　　（60%）	60	63.6	71.4

これより高いg比率を目指すには，増資や負債と自己資本の比率を変える必要がある。最大のg比率は配当性向をゼロ，つまり内部留保率を100%にすることである。かくして，収益性と財務構造を一定と仮定した場合，EPSを成長させるのは配当性向で決まる。g比率は，利益の内部留保によって長期的に持続達成することができる成長率を意味し，EPSを予想する目安となる。

4 財務の流動性分析

　流動性分析（liquidity analysis）は，財務リスク水準を評価し，短期支払能力と資金の流れを把握する手法である。経営者は収益性や成長性だけに目を奪われることなく，財務流動性の「信頼性，資金管理，支払能力」に注意を払う必要がある（財務安全性ともいう）。無理な販売により，売上高を嵩上げし，収益性を高く維持しても，適切な流動性が確保されない場合，黒字倒産となる恐れがある。逆に，流動性が過大すぎても経営の効率性に深刻な問題を引き起こす。増収，増益は望ましいが，会社が固定資産に過大な投資をし，多くの在庫を抱え多額の借入金に依存したりすると，流動性が悪化し経営が立ち行かなくなる。経営者は日々の営業活動に必要な最低限のキャッシュを保持しなくてならない。血液の流れに喩えると，企業は，現金→仕入→在庫→販売→現金という循環が滞ることがないように注意を払う必要がある。ときには，掛仕入と掛売上，短期の借入金と貸付金によるキャッシュサイクルを維持し，また資金調達コストを見据えた長期資金調達が財務戦略として行われる必要がある。

流動性比率の類型	意味と計算方法
❶流動比率	流動資産／流動負債＝200％以上が望ましい
❷当座比率	当座資産／流動負債＝100％以上
❸自己資本比率 　負債比率	自己資本／総資産（資本） →負債比率と逆の関係＝負債÷総資本
❹固定比率	固定資産÷自己資本＝100％以上
❺固定長期適合率	固定資産／自己資本＋固定負債
❻売上高純金利負担率	受入金利と支払金利の差額と売上高の関係
❼有利子負債と関係比率	
❽自己金融比率	利益準備金，剰余金，引当金の増加額と減価償却費の合計を有形固定資産増加額と減価償却費の合計で割ったもの

❶流動比率と運転資本

　流動比率（current ratio）は短期支払能力（solvency）を示す。米国の銀行家ウォールが開発した流動比率は，現金や棚卸資産の流動資産と支払手形や借入金の流動負債との割合である。一般には200％以上が望ましいとされるが，

その比率は産業間において異なる。流動資産と流動負債との差額は「正味運転資本」(net working capital)，単に「運転資本」ともいい，支払能力を示す差額概念である。流動負債がゼロであれば流動資産そのものが運転資本となる。流動比率が100%以下となれば，運転資本はマイナス (negative working capital) となる。運転資本は直接に支払手段として利用できる現金・預金，売上債権，手形，貸付金，有価証券が該当する。運転資本は短期支払に備えて適切な資金保有が倒産や資金ショートを防止するが，過剰な資金保有は経営の効率性をゆがめることになる。また，現金，預金，短期の有価証券を合せて手元流動性という。

❷当座比率

　当座資産とは，直接の支払手段として利用できる財である。現金預金＋売上債権＋有価証券＋短期貸付金等が該当する。これと流動負債との関係が「当座比率」(quick ratio) である。この比率は「酸性試験比率」(acid test ratio) とも言われる。会社は日々の資金繰りがうまくいかないと資金ショートのリスクを抱える。当座比率の割合は100%以上が望ましい。

❸自己資本比率と負債比率

　自己資本比率 (equity ratio) は，総資本と自己資本の割合である。通常，自己資本比率が低く，借入金など負債の依存度が高すぎると，経営が不安定になる。ただし，高収益企業は負債利子率を上回るROEが確保されれば，利益を拡大する負債を利用する。高度経済成長期，設備投資などの資金需要から外部資金調達を増加させたために，株主資本比率は20%台という低い水準にあった。バブル期に新株発行を伴う資金調達のエクイティ・ファイナンスが進み，デフレ下では有利子負債を低める経営努力が行われて自己資本比率が高まった。多くの企業はROEを重視して自社株を消却することによって株主資本のスリム化を進めている。この反対が負債比率 (debt ratio) で「(期末) 負債合計÷(期末) 総資産」として算定される。第二次リスクを負担する負債利子率は契約において確定する。

　ちなみに，各国の中央銀行が出資して創設された国際決済銀行 (Bank for

International Settlement）は，国際業務を営む銀行に対して自己資本比率 8％以上の規制（BIS 規制）を定めた。銀行資産の中心は貸付金であるから，もし企業が倒産して銀行に貸付金が返済されないと，自己資本比率（＝自己資本÷総資産）の BIS 基準を維持することが困難になることから銀行の貸し渋りの原因となっている

❹固定比率

　この比率（fixed ratio）は，固定資産÷自己資本（純資産）で算定される。企業財務構造の基本的な良否の判定基準である。この比率は低いほど企業経営が安定していると判断される。固定資産投資の資金は，長期資本から調達されることが望ましい。

❺長期固定適合比率

　固定資産に対する資金調達は長期資本（固定負債と自己資本）との関係から判断される。長期資本適合率ともいい，企業の長期支払能力を測定する比率であり，固定比率と併用して利用される。多額の固定資産を必要とする企業が，投下資本を自己資本だけで賄いきれない場合，返済の期限が長期の固定負債に依拠することが短期資金調達をより安全にする。流動比率の逆である。

❻売上高純金利負担率

　経営資金を銀行など外部に依存すると支払利息，割引料等の財務費用が生じるが，金融商品等への運用成果として受取利息や配当金等の財務収益を手にする。この財務費用から財務収益を差し引いたものが「純金利負担」である。上場企業はエクイティ・ファイナンスによって借入金を減らし，年々この比率が低下している。売上高純金利負担率の低下は企業の収益安定化と財務体質強化の表れともいえる。低金利の時代，企業の金融コスト負担の軽減が続いている。

❼有利子負債と関係比率

　有利子負債は，会社が負っている負債のうち利子をつけて返済しなければな

らない負債である。借入金，社債，CP が該当する。負債の中でも買掛金，支払手形，未払金などは利子がかからない。割引手形も手形売却損として処理されるように利子がつかない。保証債務も同様である。有利子負債の安全性分析では下記の比率が用いられる。

- 有利子負債比率＝有利子負債残高÷自己資本　負債の依存度を知る。
- 有利子負債依存度＝有利子負債÷総資産　収益増などで総資産が膨らむ一方，余剰資金を借入金返済に振り向けたことによる。
- 有利子負担率＝支払利息・割引料÷有利子負債額の期首・期末平均

❽ 自己金融比率

この比率（self-finance ratio）は，自己金融残高（期中平均）÷負債・資本の残高（期中平均）で計算される。自己金融とは，借入や増資など外部からの資金調達以外のものであり，利益の内部留保（準備金，引当金等）の増加額や資金支出を伴わない減価償却費をいう。

5 キャッシュ・フロー情報の分析

（1）キャッシュ・フロー計算書の分析

　CF 計算書は，過去の資金の「増加あるいは減少の変化」（フロー）を示す（本書第 7 章参照）。

　営業活動によるキャッシュ・フロー（CFO）はマイナスであってはならない。CFO は，売上高や営業利益と比較して妥当な水準にあるか。CFO の余剰資金は，新規事業への投資活動や借入金等を返済し，配当金を支払うため使用されているか。CFO 情報は，売上高営業利益率や運転資本を構成する貸借対照表の増減額と比較して利用される。直接法による営業収入÷営業支出として計算される「営業収支比率」が 100％を超えているか否かが問われる。間接法では，正味キャッシュ・フローがプラスである必要がある。ところで，営業利益や純利益を計上しながら，財務破綻することを黒字倒産という。発生主義に基づく「勘定合って銭足らず」という現象である。黒字倒産した企業の多くは CFO が前の期から連続してマイナスである。黒字倒産の直近決算期の流動比率が大幅

に下回る傾向がある。

　投資活動によるキャッシュ・フロー（CFI）は，将来の CFO を獲得する能力を高めるための資本投下の程度を示す。これまでの投資活動を評価するために利用される。また，投資有価証券は企業グループの株式持ち合いなどの情報を示す。一般には，企業が成長を続ける限り，CFI はマイナス数値となる。また，CFI の資金がどこから調達されているのかを判断する必要がある。

　財務活動によるキャッシュ・フロー（CFF）は，CFO と CFI を調整する役割を担う。CFF は，両者の活動を維持するためにどれだけ資金が調達され，返済されたかを示す情報を提供する。CFF 情報は，収益力に関連する指標として「CFO マージン」（CFO ÷ 売上高），支払能力に関連する指標として「CFO 対流動負債比率」（CFO ÷ 流動負債），投資活動関連指標として「設備投資比率」（設備投資 ÷ CFO）などに利用される。

（2）フリーキャッシュ・フローの分析

　フリーキャッシュ・フロー（FCF）は，経営者が自由に使用できる資金であるが，明確な定義があるわけではない。一つの FCF は，損益計算書を利用して，営業利益 ×（1 － 実効税率）＋ 減価償却費 － 設備投資額 － 正味運転資本増加額として計算される。もう一つは，簡易的には，CF 計算書に着目し，その FCF は，CFO から，CFI「正味の固定資産投資」（事業投資 ＋ 金融投資）を控除したものである。FCF が潤沢であることが望ましい。

（3）支払利息・税金・償却控除前利益と簡易買収率

　支払利息・税金・償却控除前利益（Earnings Before Interest, Tax, Depreciation and Amortization, EBITDA，イービットディエィ）は，財務分析上の概念で，損益計算書の税引前利益に支払利息と減価償却費（有形固定資産と無形固定資産）を加算して算出される利益である。EBITDA マージンは，EBITDA ÷ 売上高で算出される。EBITDA は，簡易的には営業利益 ＋ 減価償却費で計算され，「フリーキャッシュ・フロー」の代替として利用される。EBITDA は，負債や投資の影響を除いて，企業の収益力を示す指標で，IT 関連や高成長会社等，多額の先行投資によって金利負担が大きい企業の収益力を測る物差しである。この指標の利用

が広がったのは，企業の収益力の国際的比較に使える点にある。EBITDAマージンは，税引後当期純利益と異なり，金利水準，税率，減価償却方法など国ごとに異なる要因に左右されないで収益力をつかめる。企業価値を算出し，異なる国の同業他社と比較するときに多く用いられる。

EBITDAを適正な株価水準を測る投資指標（簡易買収率）として使う場合には，事業価値と「現金同等物・投資から有利子負債を控除した値＝非事業用資産」（マイナスの場合，純負債）を合計した企業価値（Enterprise Value, EV）が，EBITDAの何倍にあたるかをみる。これは「EBITDA倍率」と呼ばれ，業界全体の平均値など適当と思われる倍率水準（6〜7倍前後）を使うことで適正株価を算出することができる。実際の株価は，これ以上であれば，割高と判断される。

EBITDA倍率＝企業買収価値（EV）／EBITDA
 ＊企業価値（EV）＝事業価値＋非事業用資産（現金同等物・投資－有利子負債）
 ＊EBITDA＝営業利益＋減価償却費

---

6 生産性分析と付加価値

（1）生産性の意味

生産性（product ability）は，生産要素の投入（input）に対する成果の産出（output）との関係を示す指標である。生産性分析は，①生産の能率性尺度と②成果分配を分析する。測定は物的生産性と価値的生産性とに分類される。

（1）物的生産性＝産出高／生産要素投入量（労働指数）
（2）価値的生産性＝産出価値額／投入価値額（貨幣的価値測定）

	生産性比率の類型	指標の意味と計算方法
生産性尺度	❶労働生産性比率	粗付加価値÷平均従業員数
	❷付加価値率	粗付加価値÷売上高（生産高）
	❸一人当たり売上高	売上高÷従業員
	❹労働装備率	有形固定資産÷従業員数
	❺設備投資効率	付加価値÷固定資産

成果分配	❶労働分配率	人件費÷粗付加価値
	❷資本分配率	資本÷粗付加価値
	❸社会分配率	当座資産／租税公課÷粗付加価値

経営者は各事業部門の生産性を考慮し，生産性の高い部門に事業をシフトしていく必要がある。生産性を高めるということは少ない資源の投入でより高い価値の生産を求めることである。しかしながら，生産性の高い企業が必ずしも収益性が高いとはいえない。

(2) 付加価値の意味

付加価値（value added）は，企業内部で生産あるいは販売した額から外部からの購入価値（非付加価値あるいは前給付原価）を控除したものである。前給付原価とは，原材料費，外注加工費，動力費等である。付加価値は減価償却額を加えた「粗付加価値」とそれを除外した純付加価値（広義）とに区別される。付加価値率は次の粗付加価値と売上高（生産高）との関係である。

	前給付費用・原価	
粗付加価値	❶人件費	生産高（売上高）
	❷賃借料	
	❸租税公課	
	❹負債利子（債権者）	
	❺減価償却費（再投資）	
	❻税引後純利益（内部留保）	

付加価値は，給料，賃金，地代，他人資本の利子，税金，株主資本の配当，経営者の報酬として分配される。付加価値の計算方法には加算法（付加価値加算）と控除法（総生産－前給付原価＝純生産高）がある。控除法（減算法）は，売上高あるいは生産高から前給付原価（非付加価値項目）を控除して求める方法である。

付加価値＝総生産高－前給付費用・原価（中間生産物）

前給付原価の把握方法によって，付加価値の概念が次のように変化する。
①原材料費，買入部品費，燃料費，外注加工費→（広義の付加価値）

②電力料，ガス，水道料，修繕料，減価償却費→（中間の付加価値）
　③運賃，保険料，旅費，交通費，通信費，広告料，雑費→（狭義の付加価値）
　加算法は付加価値を形成する各項目を加算して粗付加価値を求める方法で，その計算は次の通りである。

$$\text{粗付加価値} = \text{税引後純利益} + \text{人件費} + \text{金融費用} + \text{賃借料} + \text{租税公課} + \text{減価償却費}$$

（3）労働の生産性分析

　労働の生産性は従業員一人が付加価値をどれだけ生み出すかを示す。この比率は付加価値額／従業員数で算定される。企業が内部で新たに生み出し付加価値額を期首と期末の従業員数の平均で割った数値である。

$$\text{労働生産性} = \frac{\text{付加価値額（利払後事業利益）}}{\text{平均従業員数}}$$

$$(\text{付加価値生産性}) = \underbrace{\frac{\text{付加価値額}}{\text{売上高}}}_{（\text{労働装備率}）} \times \underbrace{\frac{\text{付加価値額}}{\text{有形固定資産}}}_{（\text{設備投資効率}=\text{生産性}）}$$

有形固定資産との関係

$$\text{労働生産性} = \underbrace{\frac{\text{有形固定資産}}{\text{従業員数}}}_{（\text{労働装備率}）} \times \underbrace{\frac{\text{付加価値額}}{\text{有形固定資産}}}_{（\text{設備投資効率}=\text{生産性}）}$$

　一人当たりの付加価値を高めるには省力化が必要になる。機械の導入は設備投資効率の生産性を上げ，労働の生産性も上昇する。一人当たりの売上を増やし，売上に占める付加価値を高めると労働生産性も高まるが，労働の機械化は雇用の機会を奪い，固定資産を増加させる。労働生産性を維持し，一人当たりの売上を増やすためには回転のきく商品を取り扱う必要がある。

付加価値生産性の指標

付加価値生産性	指標の意味と計算方法
❶従業員一人当たり付加価値額（労働生産性）	粗付加価値額×2／期首・期末の平均総従業員数　経営者や臨時工を含めるかが問題となる
❷付加価値率	付加価値額÷売上高（生産性を知る手掛かり）
❸一人当たり売上高	純売上高÷従業員数
❹資本集約度	（自己資本＋負債）÷従業員数
❺労働装備率	（有形固定資産－建設仮勘定）÷従業員数
❻資本投資効率	（資本生産性）＝付加価値額÷資本
❼設備投資効率	付加価値額÷（有形固定資産－建設仮勘定）
❽機械装備率	機械・器具÷従業員数

（4）付加価値の分配

付加価値の分配状況は，分配先（従業員，土地・建物所有者，債権者，国・地方公共団体，株主・役員・社内留保）の粗付加価値に占める割合を計算して把握される。

$$\text{一人当たり人件費} = \text{人件費} \div \text{平均従業員数}$$
$$= \frac{\text{付加価値額}}{\text{平均従業員数}} \times \frac{\text{人件費}}{\text{付加価値額}}$$
$$= （\text{労働生産性}） \times （\text{労働分配率}）$$

優秀な人材を確保するためには，労働生産性又は労働分配率を高める必要がある。労働分配率は賃上げ余力や合理化の程度を判断する指標である。ただし，労働分配率を高めると株主に帰属すべき税引き後利益が減少するなど他の分配項目に影響する。

（5）経済的付加価値

経済的付加価値（Economic Value Added, EVA という）とは，株主利益を最大にすることを目標とし，税引後事業利益から負債調達コストと自己資本調達コストで構成する資本調達コストを差し引いて計算する。EVA は，株主の期待に応えて経済価値をどれだけ生み出したかを示す指標である。それは株式投資の運用益を企業のコストとして把握する。EVA の概念は下記となる。

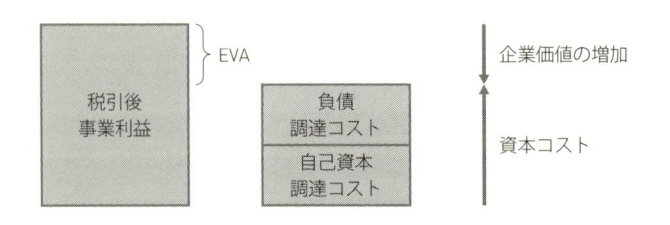

EVA は残余利益であり，税引後営業（事業）利益－（自己資本調達コスト＋有利子負債）として計算される。税引後営業利益（Net Operating Profit After Tax, NOPAT）は，売上高－（事業活動に関わる費用＋事業活動に関わる税金）として計算される。

3 連結財務諸表に固有の分析問題

連結財務諸表は，利益の確定に伴う利益分配より，むしろ投資家が将来の企業価値を判断するための有用な情報として機能することが期待される。また，投資家は親会社単体の財務諸表と連結財務諸表から総資産，売上高，利益等の連単倍率を求め，親会社に対して親会社を含むグループの貢献度を知ることができる。

■連結貸借対照表の分析

連結貸借対照表を分析するには，企業グループの企業価値を判断する事業資産の評価基準，固定資産の減価償却方法，引当金の計上基準，のれんの償却方法と償却期間を検討する必要がある。また，非支配株主持分の割合も確認する必要がある。

■連結損益計算書と包括利益計算書の分析

連結損益計算書の構造は，基本的には個別損益計算書と同じである。2015年4月（企業会計基準第22号）からは，純損益計算の区分において，税金等調整前当期純利益からの表示は，法人税等を控除した，親会社株主と非支配株主の利益額の合計を当期純利益とし，その当期純利益から非支配株主に帰属する当期純利益を控除して，親会社に帰属する当期純利益を控除する（これは経済的単

一説に対応する)。また，包括利益計算書に表示される包括利益は，当期純利益にその他の包括利益の内訳項目を加減して表示される。その他の包括利益は，その他有価証券評価差額金，繰延ヘッジ損益，為替換算調整勘定，持分法適用会社に対する持分相当額，退職給付に係る調整額が該当する。

■連結株主資本等変動計算書

　連結の利益剰余金がゼロになると，過去のもうけの蓄積がなくなったことを意味する。マイナスになると「連結欠損金」，損失の蓄積を「累積赤字がある」という。株主が払い込んだ資本金・資本準備金が欠けてしまうことから「資本に欠損が生じている」という。また，包括利益の導入から，単体の「評価・換算差額等」は「その他包括利益累計額」として表示され，「前期末残高」が「当期首残高」に変更された。この計算書は連結四半期報告書では開示されない。

■連結キャッシュ・フロー計算書

　連結キャッシュ・フロー計算書は，企業グループ全体の資金の流れを示すが，とりわけ資金範囲の変更，その理由，連結範囲の変更による影響（のれんの償却，非支配株主持分への利益配分等）に着目する必要がある。

■連結四半期報告書の分析

　連結四半期報告書は，会計ディスクロージャー制度を充実し，会計情報の適時性と迅速性を確保するためのものである。その構成は四半期の連結貸借対照表，連結損益計算書（包括利益計算書），連結キャッシュ・フロー計算書からなる。分析者は通期の財務諸表と比較することにより，将来の変化をより正確に予想することができる。

■連結財務諸表の注記事項

　注記は，重要な会計方針の記載，変更に関する記載，その他の注記事項（重要な後発事象，その他の重要事項）からなる。注記は，財務諸表記載事項の全体又は特定項目に対する補足的な説明であり，利害関係者が企業の財政状態及び経営成績を判断する上で不可欠と思われる重要な情報を補足開示する。

■セグメント情報

　企業グループの特色は異なる業種（製造，金融，サービス等）が混在している点である。したがって，連結財務諸表を構成するサブユニットのリターンとリスクを克明に分析するためには，売上高，売上総損益，営業損益，経常損益，そ

の他の財務情報を，事業の種類別，会社や事業所の所在地別等に区分単位（セグメント）を分別して分析する必要がある。

例えば，株式会社シマノの決算短信「セグメント情報等」（2013年12月期）によると，事業部は「自転車部品」，「釣り具」，「その他」の三つの事業別セグメント（報告セグメント）から構成される。各報告セグメントは売上高，利益又は損失，資産その他項目の金額を提供する。報告セグメントの構成比率分析から主力事業の推移が読み取れる。その関連情報には，売上高，有形固定資産，主要な顧客，のれんの償却額に関する地域ごとの情報（日本，北米，ヨーロッパ，アジア，その他地域）などが含まれる。

▶▶▶ 注 ◀◀◀

1) Fraser, L.M. (1992) *Understanding Financial Statements* (Third edition), Prentice-Hall International Editions, p.145.
2) 日本の経営者は会社を従業員，消費者，取引先，銀行，地方自治体，政府などステークホルダーとの共同体とみなす傾向がある。
3) ツヴィ・ボディ，ロバート・C・マートン，大前恵一朗訳，1999年，『現代ファイナンス論──意思決定のための理論と実践』，ピアソンエデュケーション，262–272頁参考。
4) 「賃貸不動産の時価表示」が上場企業に義務づけられた。このことから一部の不動産の時価や含み益がわかるようになり，実質的なPBRの算出が可能となった。
5) ツヴィ・ボディ，ロバート・C・マートン，大前恵一朗訳，1999年，前掲書，537–539頁参考。

▶▶▶ 上記以外の参考文献 ◀◀◀

1 桜井久勝，2010年，『財務諸表分析　第4版』，中央経済社。
2 森久，関理恵子，長野史麻，徳山英邦，蒋飛鴻，2008年，『財務分析からの会計学』，森山書店。
3 大津広一，2005年，『企業価値を創造する会計指標入門──10の代表指標をケーススタディで読み解く』，ダイヤモンド社。
4 Breitner, L. K. and Robert N. Anthony (2013) *Core Concepts of Accounting*, Eleventh Edition, Pearson.

5 Horngren, C. T. , Gary L. Sundem, John A. Elliott, and Donna R. Philbrick (2012) *Introduction to Financial Accounting,* Tenth Edition, Pearson.
6 Penman, Stephen (2011) *Accounting For Value*, Columbia Business School Publishing.
7 スターンスチュワート社,2001年,『EVAによる価値創造経営』,ダイヤモンド社。

株式会社シマノ「有価証券報告書」

第一部【企業情報】
第1【企業の概況】
1【主要な経営指標等の推移】
(1)連結経営指標等

回次		第103期	第104期	第105期	第106期	第107期
決算年月		平成21年12月	平成22年12月	平成23年12月	平成24年12月	平成25年12月
売上高	(百万円)	186,686	213,596	221,770	245,843	271,037
経常利益	(百万円)	20,135	27,763	31,701	39,539	47,549
当期純利益	(百万円)	9,553	19,121	19,862	27,487	35,088
包括利益	(百万円)	—	—	14,170	44,792	62,073
純資産額	(百万円)	166,548	173,600	181,774	216,364	270,914
総資産額	(百万円)	190,830	205,248	216,000	257,707	319,223
1株当たり純資産額	(円)	1,748.96	1,844.81	1,932.32	2,326.13	2,912.40
1株当たり当期純利益	(円)	99.79	202.78	211.83	296.50	378.50
潜在株式調整後1株当たり当期純利益	(円)	—	—	—	—	—
自己資本比率	(%)	87.0	84.3	83.9	83.7	84.6
自己資本利益率	(%)	5.8	11.3	11.2	13.9	14.5
株価収益率	(倍)	37.3	20.4	17.7	18.6	23.9
営業活動によるキャッシュ・フロー	(百万円)	42,579	31,118	25,484	38,187	49,021
投資活動によるキャッシュ・フロー	(百万円)	△13,766	△10,590	△9,521	△18,928	△27,205
財務活動によるキャッシュ・フロー	(百万円)	△12,456	△10,617	17	△11,083	△7,194
現金及び現金同等物の期末残高	(百万円)	54,058	65,107	78,549	94,809	125,867
従業員数 (外、平均臨時雇用者数)	(名)	9,612 (2,172)	11,066 (2,580)	11,610 (1,478)	12,368 (1,799)	12,967 (2,022)

(注) 1 売上高には,消費税及び地方消費税(以下「消費税等」という)は含まれておりません。
　　 2 潜在株式調整後1株当たり当期純利益については,潜在株式がないため,記載しておりません。

平成25年12月期　決算短信〔日本基準〕(連結)

平成26年2月5日
上場取引所　東

上場会社名　　株式会社シマノ
コード番号 7309　　　URL　http://www.shimano.com
代表者　　　　　　(役職名)代表取締役社長　　(氏名)島野　容三
問合せ先責任者　(役職名)経理部長　　　　　　(氏名)井上　伸宏　　　TEL 072-223-3254
定時株主総会開催予定日　平成26年3月27日　　　配当支払開始予定日　平成26年3月28日
有価証券報告書提出予定日　平成26年3月28日
決算補足説明資料作成の有無　：　有
決算説明会開催の有無　：　有

1. 平成 25 年 12 月期の連結業績（平成 25 年 1 月 1 日～平成 25 年 12 月 31 日）　（百万円未満切捨）
(1) 連結経営成績　　　　　　　　　　　　　　　　　　　　　　　　　　　（％表示は対前期増減率）

	売上高		営業利益		経常利益		当期純利益	
	百万円	％	百万円	％	百万円	％	百万円	％
25 年 12 月期	271,037	10.2	41,775	2.0	47,549	20.3	35,088	27.7
24 年 12 月期	245,843	10.9	40,961	29.0	39,539	24.7	27,487	38.4

(注) 包括利益　25 年 12 月期　62,073 百万円（38.6％）　24 年 12 月期　44,792 百万円（216.1％）

	1 株当たり当期純利益	潜在株式調整後 1 株当たり当期純利益	自己資本当期純利益率	総資産経常利益率	売上高営業利益率
	円　銭	円　銭	％	％	％
25 年 12 月期	378.5	—	14.5	16.5	15.4
24 年 12 月期	296.5	—	13.9	16.7	16.7

(参考) 持分法投資損益　25 年 12 月期　―百万円　24 年 12 月期　―百万円

(2) 連結財政状況

	総資産	純資産	自己資本比率	1 株当たり純資産
	百万円	百万円	％	円　銭
25 年 12 月期	319,223	270,914	84.6	2,912.40
24 年 12 月期	257,707	216,364	83.7	2,326.13

(参考) 自己資本　25 年 12 月期　269,995 百万円　24 年 12 月期　215,648 百万円

(3) 連結キャッシュ・フローの状況

	営業活動によるキャッシュ・フロー	投資活動によるキャッシュ・フロー	財務活動によるキャッシュ・フロー	現金及び現金同等物期末残高
	百万円	百万円	百万円	百万円
25 年 12 月期	49,021	△27,205	△7,194	125,867
24 年 12 月期	38,187	△18,928	△11,083	94,809

2. 配当の状況

	年間配当金					配当金総額（合計）	配当性向（連結）	純資産配当率（連結）
	第 1 四半期末	第 2 四半期末	第 3 四半期末	期末	合計			
	円　銭	円　銭	円　銭	円　銭	円　銭	百万円	％	％
24 年 12 月期	—	37.50	—	37.50	75.00	6,953	25.3	3.5
25 年 12 月期	—	43.50	—	43.50	87.00	8,065	23.0	3.3
26 年 12 月期（予想）	—	43.50	—	43.50	87.00		25.6	

(注) 25 年 12 月期期末配当金の内訳　特別配当　37 円 25 銭

3. 平成 26 年 12 月期の連結業績予想（平成 26 年 1 月 1 日～平成 26 年 12 月 31 日）
　　　　　　　　　　　　　　　　　　　（％表示は，通期は対前期、四半期は対前年同四半期増減率）

	売上高		営業利益		経常利益		当期純利益		1 株当たり当期純利益
	百万円	％	百万円	％	百万円	％	百万円	％	円　銭
第二四半期（累計）	138,200	3.8	22,100	4.1	22,100	△10.5	15,400	△13.4	166.12
通期	280,000	3.3	45,000	7.7	45,000	△5.4	31,500	△10.2	339.79

(セグメント情報等)
【セグメント情報】
1 報告セグメントの概要

　当社の報告セグメントは，当社の構成単位のうち分離された財務情報が入手可能であり，取締役会が経営資源の配分の決定及び業績を評価するために，定期的に検討を行う対象となっているものであります。

　当社は各事業部にて事業を展開しており，「自転車部品」，「釣具」，「その他」の3つの事業別セグメントから構成されていることから，これを報告セグメントとしています。

　各セグメントに属する主な製品は，下記の通りであります。

セグメント	主な製品
自転車部品	フリーホイール，フロントギア，変速機，ブレーキ他
釣具	リール，ロッド他
その他	冷間鍛造品他

2 報告セグメントごとの売上高，利益又は損失，資産その他項目の金額の算定方法

　報告されている事業セグメントの会計処理の方法は，「連結財務諸表作成のための基本となる重要な事項」における記載と同一であります。

　報告セグメントの利益は，営業利益ベースの数字であります。

3 報告セグメントごとの売上高，利益又は損失，資産その他項目の金額に関する情報
　　前連結会計年度（自平成24年1月1日　至平成24年12月31日）

	報告セグメント				調整額 （百万円）	連結 財務諸表 計上額 （百万円）
	自転車部品 （百万円）	釣具 （百万円）	その他 （百万円）	計 （百万円）		
売上高 (1) 外部顧客に対する売上高 (2) セグメント間の内部売上高 　　又は振替高	198,190 —	47,234 —	419 —	245,843 —	— —	245,843 —
計	198,190	47,234	419	245,843	—	245,843
セグメント利益又は損失（△）	39,012	2,274	△326	40,961	—	40,961
セグメント資産	99,367	25,867	769	126,003	131,703	257,707
その他の項目 　減価償却費 　のれんの償却費 　有形固定資産及び無形固定資産 　　の増加額	8,449 182 13,359	1,484 62 1,550	43 — 6	9,977 245 14,916	— — 7,913	9,977 245 22,829

(注) 1　セグメント資産の調整額は，131,703百万円であり，その主なものは余資運用資産（現金預金）及び管理部門に係る資産等であります。なお，調整額に含まれる有形固定資産及び無形固定資産の減価償却費等は，各報告セグメントに配分しております。
　　 2　セグメント利益の合計額は，連結損益計算書の営業利益と一致しております。

当連結会計年度（自平成25年1月1日　至平成25年12月31日）

	報告セグメント				調整額 （百万円）	連結 財務諸表 計上額 （百万円）
	自転車部品 （百万円）	釣具 （百万円）	その他 （百万円）	計 （百万円）		
売上高 (1) 外部顧客に対する売上高 (2) セグメント間の内部売上高 　　又は振替高	217,263 —	53,398 —	376 —	271,037 —	— —	271,037 —
計	217,263	53,398	376	271,037	—	271,037
セグメント利益又は損失（△）	39,505	2,404	△135	41,775	—	41,775
セグメント資産	111,275	29,402	707	141,384	177,838	319,223
その他の項目 　減価償却費 　のれんの償却費 　有形固定資産及び無形固定資産 　の増加額	10,177 211 15,628	1,701 69 1,413	45 — 10	11,923 280 17,051	— — 7,358	11,923 280 24,410

(注)　1　セグメント資産の調整額は，177,838百万円であり，その主なものは余資運用資産（現金預金）及び管理部門に係る資産等であります。なお，調整額に含まれる有形固定資産及び無形固定資産の減価償却費等は，各報告セグメントに配分しております。
　　　2　セグメント利益の合計額は，連結損益計算書の営業利益と一致しております。

【関連情報】
地域ごとの情報
売上高

前連結会計年度（自平成24年1月1日　至平成24年12月31日）

日本 （百万円）	北米 （百万円）	ヨーロッパ （百万円）	アジア （百万円）	その他の地域 （百万円）	合計 （百万円）
29,569	29,454	84,643	88,991	13,184	245,843

(注)　売上高は顧客の所在地を基礎とし，国又は地域に分類しております。

当連結会計年度（自　平成25年1月1日　至　平成25年12月31日）

日本 （百万円）	北米 （百万円）	ヨーロッパ （百万円）	アジア （百万円）	その他の地域 （百万円）	合計 （百万円）
31,545	33,223	93,357	99,246	13,664	271,037

(注)　売上高は顧客の所在地を基礎とし，国又は地域に分類しております。

謝　辞

　本書の出版に際して，これまで研究と教育の心の糧を与えてくださったドクトア・ファーター鈴木義夫先生（明治大学名誉教授），マテシッチ教授（Richard Mattessich, British Columbia University in Canada），研究活動拠点のグローバル会計研究会（Global Accounting Association）の皆様，そして唯学書房村田浩司様に深く感謝申し上げます。

2014 年 4 月
岡本治雄

索　引

ア行

アップストリーム取引　273
洗替法　95
イービットディエィ　359
一時差異　233
一括法　160, 286
一般に公正妥当と認められる監査基準
　　33, 57
一般に公正妥当と認められる企業会計の基準　30
インカム・アプローチ　86
インカム・ゲイン　340
インサイダー取引　69
インデックスファンド　92
受取勘定回転率　351
売上原価　210
売上総利益　212
売上高営業利益率　347
売上高経常利益率　348
売上高純金利負担率　357
売上高純利益率　348
売上高総利益率　347
運転資本　356
運転資本回転率　352
永久差異　233
営業外収益　214
営業外費用　214
営業活動によるキャッシュ・フロー　252
営業循環基準　82
営業利益　213
影響力基準　274, 306
オプション　123
オペレーティング・リース取引　137
親会社　270

親会社説　271

カ行

買入のれん　110, 273
外貨建取引　218
会計監査　54
会計基準編纂書　32
会計公準　8
会計参与　44, 47
会計主体論　17
会計責任　17
会計等式　12
会計の認識　202
会計発生高　264
会計ビッグバン　26
会計方針　39
開始仕訳　289
会社計算規則　43
会社法　42
回収可能性テスト　237
概念フレームワーク　31
解約不能　132
拡大した実現主義　207
確定給付型年金　164
確定拠出型年金　164
過去勤務債務　167
過去勤務費用　169
貸倒引当金　87
課税所得　231
株価収益率　343
株価純資産倍率　345
株式会社　17
株主資本　152
株主資本等変動計算書　161

貨幣性資産　83
貨幣的評価の公準　9
貨幣的利益　199
為替換算額　218
為替換算調整勘定　321
為替差損益　220
為替予約　225
関係会社　270
監査委員会　57
監査の意見不表明　68
監査報告書　67
監査法人　56
監査リスク　59
換算の手順　319
勘定記入の原理　12
間接法によるCFO　255
完全子会社　281
簡便法　178
関連会社　270, 306
関連会社株式　91
企業会計改革法　33
企業会計基準委員会　27
企業会計原則　25
企業会計審議会　27
企業価値　346
企業実体の公準　8
企業主体理論　18
企業の事業力　213
企業の持続力　214, 348
期待運用収益　167
キャッシュ・フロー計算書　249
キャピタル・ゲイン　340
級数法　105
切放法　95
勤務費用　167
金融資産　115
金融商品　115
金融商品取引法　45
金融負債　116

金利スワップ　121
区分法　160
組替調整　180
クリーン・サープラス　215
繰延資産　114
繰延税金資産　232
繰延ヘッジ会計　125
繰延ヘッジ損益　126
繰延法　234
繰延法人税費用　237
黒字倒産　358
クロス・セクション分析　338
経営資本　339
経営資本利益率　339
経済耐用年数基準　133
経済的単一説　271
経済的付加価値　363
計算関係書類　43
計算書類　43
計算書類等　43
経常利益　214
継続記録法　100
継続事業体の公準　9
継続性の原則　40
決算短信　46
決算日レート　219
減価償却　104
減価償却累計額　106
原価比例法　239
研究開発費　128
現金及び現金同等物　250
現金主義　202
現在価値基準　132
原資産　118
原則主義　35
減損会計　111
減損損失　112
減損の兆候　112
限定付適正意見　67

減耗償却　106
公開会社　42
公開会社会計監視委員会　33
工事完成基準　239
工事進行基準　239
工事損失引当金　242
公正価値　85
公正な評価単価　183
後発事象　39
効率的資本市場仮説　7
コール・オプション　124
子会社　270
子会社株式　91
子会社株式の追加取得　297
子会社株式の売却　298
国際会計基準　30
国際会計基準審議会　34
国際財務報告基準　34
コスト・アプローチ　86
固定資産　103
固定性配列　83
固定比率　357
固定負債　147
個別財務諸表基準性の原則　274
個別予約　231
コンピレーション　68

サ 行

在外子会社等　318
在外子会社等の財務諸表項目の換算　319
財産法　15
財務会計概念書　31
財務会計基準書　32
財務会計基準審議会　30
財務活動によるキャッシュ・フロー　260
財務諸表　4
財務諸表等規則　45
債務超過　151

財務比率　338
先物為替相場　220
先物為替レート　225
先物取引　119
先渡し契約　119
サステイナブル成長率　354
時価　84
時価会計処理　121
時価ヘッジ会計　125
直先差額　228
直々差額　228
直物為替相場　220
事業報告　43
事業利益　339
時系列分析　338
自己株式　157
自己資本　153, 340
自己資本比率　356
自己資本利益率　339, 340
自己創設のれん　110
資産除去債務　186
試算表　14
資産負債アプローチ　201
資産負債の両建処理　187
資産負債法　234, 236
自社株買い　344
自社株消却　342
実現主義　203
実効利子率　89, 96
実質的利益　199
支配力基準　272, 274
支払対価　110
支払不能　151
四半期報告書　322
資本金　17, 44
資本主理論　18
資本的支出　103
資本取引　9
資本取引・損益取引区分の原則　37

社債　147
収益　203
収益的支出　103
収益費用アプローチ　201
重要性の原則　37
取得原価　84
取得原価主義　84
使用価値　113
償却基金法　106
償却原価法　88, 91, 147
償却債権取立益　90
証券取引等監視委員会　56
使用総資本回転率　352
使用総資本利益率　339
消費税　50
情報の非対称性　8
正味売却価額　211
剰余金の分配　44
所有権移転ファイナンス・リース取引
　133
仕訳　12
仕訳帳　12
新株予約権　158
新株予約権付社債　159
人件費の会計　213
真実性の原則　36
心理的利益　199
数理計算上の差異　167, 174
ストック・オプション　158, 182
スワップ取引　121
正規の簿記の原則　36
税効果会計　231, 288
生産性　360
生産高比例法　105
清算取引　119
成長性　353
税引後当期純利益　215
税引前当期純利益　214
税務会計　48

セール・アンド・リースバック　143
セグメント情報　365
全額消去・親会社負担方式　302
全額消去・持分比率負担方式　302
前期損益修正　214
潜在株式調整後一株当たり当期純利益
　343
全部純資産直入法　97
全面時価評価法　275
全面時価評価方法　284
総額主義の原則　82, 208
総勘定元帳　12
総合的な収益力　348
想定元本　121
測定　202
租税法律主義　48
その他の包括利益　216, 316
その他有価証券　92
ソフトウェア制作費　130
損益取引　9
損益分岐点分析　349
損益法　16

タ 行

退職給付会計　164
退職給付債務　165, 166
退職給付制度　163
退職給付に係る調整額　179, 316
退職給付に係る調整累計額　179
退職給付に係る負債　316
退職給付費用　167
代理人理論　18
ダウンストリーム取引　272
棚卸計算法　100
棚卸減耗費　211
棚卸資産　99
棚卸資産回転率　351
棚卸評価損　211

索　引　377

棚卸法　81
単一性の原則　42
段階法　286
遅延認識　174
注記　40, 163
注記表の作成　163
中小企業の会計に関する基本要領　47
中小企業の会計に関する指針　47
長期請負工事　238
長期固定適合比率　357
直接法によるCFO　253
通貨スワップ　122
低価基準　211
定額法　105
低価法　101
定率法　105
出口価格　85
手元流動性　356
デリバティブ　118
デリバティブ評価損益　125
転記　12
電子記録債権　90
転リース　142
投下資本利益率　338
討議資料　27, 201
当座資産　356
当座比率　356
投資活動によるキャッシュ・フロー　260
投資差額　307
投資その他の資産　111
投資のポジション　28
投資のリスクからの解放　207
投資ファンド　92
投資有価証券　111, 306
特別損益項目　214
特別目的会社　323
独立処理　226
取替法　106
取引日レート　219

ドル売り　220
ドル買い　220
ドル建て　220
トレーディング　119
トレーディング目的　103

ナ 行

内部監査　73
内部統制　72
内部統制報告書　72
内部利益　213
値洗い　120
値洗基準　119
年金資産　166
のれん　109, 276

ハ 行

パーチェス法　109
配当性向　344
売買目的有価証券　91, 262
端数利息　93
発生主義　202
販売基準　204
販売費及び一般管理費　213
非貨幣性資産　83
非支配株主持分　272, 276
非支配株主持分当期変動額　290
ビッグバス　70
一株当たり当期純利益　342
百分率分析　338
費用　207
評価　203
評価差額　275, 314
費用収益対応の原則　208
比例連結説　271
非連結子会社　274, 306
ファイナンス・リース取引　132

付加価値　361
複式簿記　5
負債　146
負債比率　356
プット・オプション　124
不適正意見　67
負ののれん　110, 283
部分時価評価法　273
部分時価評価方法　285
部分純資産直入法　97
部分所有子会社　284
部分のれん方式　273
振当処理　228
フリーキャッシュ・フロー　264, 359
フルペイアウト　132
粉飾決算　70
分配可能額　154
平均原価法　93
平成24年会計基準　166
ヘッジ　118
ヘッジ会計　125
包括予約　231
包括利益　200, 216
法人税　49
法人税等調整額　232
法廷会計　72
法定実効税率　49, 232
簿外資産　82
簿外負債　82
簿記一巡の手続　14
保守主義　204
保守主義（安全性）の原則　41

マ 行

マーケット・アプローチ　86
満期保有目的債券　91
未実現利益　204
未成工事支出金　239

無形固定資産　108
無限定適正意見　65, 67
無借金経営　150
明瞭性の原則　38
モジリアーニ・ミラー理論　341
持株基準　272, 274
持分法　306
持分法による投資損益　306
持分法の適用会社　307

ヤ 行

有価証券届出書　45
有価証券評価損益　94
有価証券報告書　45
誘導法　81
有利子負債　357
予定取引　229

ラ 行

リース取引　132
利益剰余金当期首残高　302
利益調整　70
利益の質　251
リスク・アプローチ　59
利息費用　167
利息法　89
流動性配列　82
流動性分析　355
流動比率　355
流動負債　147
理論株価　346
レバレッジ効果　341
レバレッジド・リース　143
レビュー　68
連結会社　270
連結株主資本等変動計算書　280
連結キャッシュ・フロー計算書　265

連結決算日　275
連結子会社　274
連結財務諸表規則　45
連結財務諸表に関する会計基準　271
連結四半期報告書　322
連結仕訳　289
連結精算表　281
連結損益及び包括利益計算書　277, 278
連結損益計算書　278
連結納税制度　323
連結の範囲　274
連結包括利益計算書　278
連単倍率　364
連邦証券取引委員会　56
労働の生産性　362
労働分配率　363

ワ行

割引キャッシュ・フロー法　346
割引現在価値　84

A 英数字

EBITDA倍率　360
PEGレシオ　344
TOPIX先物　119
XBRL　161
1株当たり純利益　215
1計算書方式　278
1取引基準　223
1年基準　82
2計算書方式　278
2取引基準　223

岡本 治雄(おかもと・はるお)

拓殖大学商学部教授，博士・商学（明治大学），明治大学大学院商学研究科及び経営学研究科講師。

会計と財務諸表分析

2014年9月30日　第1版第1刷発行

著者 ─── 岡本治雄

発行 ─── 有限会社 唯学書房
　　　　　〒101-0061
　　　　　東京都千代田区三崎町2-6-9 三栄ビル302
　　　　　TEL 03-3237-7073　FAX 03-5215-1953
　　　　　E-mail yuigaku@atlas.plala.or.jp
　　　　　URL http://www.yuigaku.com

発売 ─── 有限会社 アジール・プロダクション

装幀 ─── 米谷豪

印刷・製本 ── 中央精版印刷株式会社

　　　　　©OKAMOTO Haruo 2014 Printed in Japan
　　　　　ISBN 978-4-902225-88-4 C3034

乱丁・落丁はお取り替えいたします。
定価はカバーに表示してあります。